L'EXPERIENCE ADOLESCENTE

PSYCHOLOGIE ET SCIENCES HUMAINES

Michel Claes

l'expérience adolescente

4ᵉ édition

MARDAGA

© Pierre Mardaga éditeur
Rue Saint-Vincent 12 – 4020 Liège
D. 1994-0024-34

Remerciements

La rédaction d'un ouvrage, même modeste, ne peut se concevoir sans l'aide de supports multiples. J'ai eu surtout recours, parmi tous les appuis qui m'entouraient, à l'inépuisable disponibilité de Jean-Louis Laroche qui a lu la plus grande partie du manuscrit, m'a offert ses encouragements constants et a formulé des commentaires critiques qui m'ont été extrêmement précieux tout au long de ce travail de rédaction. J'ai également pu bénéficier des commentaires très éclairants d'Ellen Corin pour le chapitre qui traite des perspectives anthropologiques. Christian Altamirano m'a fourni une bibliographie fouillée sur le développement de la pensée formelle à l'adolescence. J'adresse ici à chacun d'eux mes sentiments d'amitié et de reconnaissance.

J'ai dû souvent me soustraire au plaisir de partager les jeux de mes enfants pour m'isoler et écrire ce livre. Je leur dédie cet ouvrage, espérant leur clémence le jour où ils le liront: à Antoine qui sera adolescent bientôt, à Delphine qui sera adolescente un jour, puisqu'il s'agit là d'un bienfait héréditaire.

Michel Claes.

Préface

> *« Je ne crois pas que l'histoire d'un homme soit inscrite dans son enfance. Je pense qu'il y a des époques très importantes où les choses s'insèrent : l'adolescence, la jeunesse... »*
>
> Jean-Paul Sartre
> *Situations*, X, 1976.

L'adolescence est la période de la vie située entre l'enfance et l'âge adulte. Cette localisation banale n'est pas sans poser problème, car si le phénomène biologique de l'avènement de la puberté constitue un point de départ aisément repérable, il en va autrement pour convenir du point de clôture. L'accès au statut adulte n'est pas institutionnalisé dans notre culture et si on peut dégager un certain nombre d'événements qui départagent l'adolescence de l'âge adulte, c'est pour constater que cette frontière est mobile et qu'elle a fluctué au cours de l'histoire récente. L'adolescence telle que nous la connaissons est née au milieu du 19ᵉ siècle, lors de la révolution industrielle, lorsque le contrôle de la famille sur les adolescents se prolongera pour s'étendre progressivement jusqu'au mariage.

Il a donc paru judicieux d'entamer cet ouvrage par un chapitre rapportant les travaux récents des historiens qui tentent de situer l'éclosion et de suivre l'évolution de cette expérience particulière que nous appelons aujourd'hui l'adolescence. Ce chapitre retrace également l'itinéraire des idées essentielles sur l'adolescence qui ont prévalu dans les sciences humaines, au cours du 20ᵉ siècle.

Il y a plus de cinquante ans, diverses recherches menées sur le terrain par l'anthropologie culturelle démontraient déjà de façon convaincante combien les aménagements culturels mis en place par une société pour assurer le passage à l'âge adulte sont déterminants sur l'expérience adolescente. Le second chapitre expose ces perspectives et mentionne diverses interprétations psychologiques et sociologiques mises en avant pour dégager la signification des rites d'initiation qui garantissent le passage de l'adolescence à l'âge adulte et l'agrégation des générations dans les tribus primitives.

Ces deux perspectives, historique et culturelle, permettent de mieux fonder une réflexion sur l'adolescence dans notre culture et serviront de guide pour évaluer la portée des changements observés au cours des dernières années dans divers secteurs de la psychologie de l'adolescence. Le troisième chapitre s'interroge sur la durée et sur la problématique spécifique de l'adolescence dans le cycle de la vie pour convenir, sur la base de données empiriques, que l'adolescence ne constitue nullement une période normale de crise dans le développement ni la simple réactivation de conflits qui ont ponctué l'histoire de l'enfance. L'adolescence est dominée par la notion de changement; au cours de cette période, diverses réalités nouvelles s'insèrent dans l'expérience et la conscience et imposent des choix fondamentaux qui engagent l'individu pour la vie. A l'adolescence, l'organisme va subir des modifications majeures qui vont affecter successivement tous les aspects de la vie biologique, mentale et sociale : le corps est profondément transformé par la poussée pubertaire, la pensée modifie également sa manière d'aborder le réel, la vie sociale évolue sous un double mouvement d'émancipation de la tutelle parentale et d'engagement de relations nouvelles avec les pairs et, enfin, la représentation de soi se modèle et dessine une subjectivité nouvelle.

Ces quatre zones de développement qui occupent successivement le foyer de la vie psychique à l'adolescence organisent les chapitres suivants de l'ouvrage : le quatrième chapitre traite des modifications biologiques et psychologiques de la puberté et de la vie sexuelle à l'adolescence, le cinquième décrit les diverses transformations de la vie cognitive, le chapitre suivant relate l'évolution de la vie sociale au sein et à l'extérieur de la famille et le dernier détaille divers courants de pensée qui s'intéressent à la genèse de l'identité à l'adolescence.

Les différents chapitres s'efforcent de rapporter aussi fidèlement que possible les travaux empiriques les plus saillants et les principales données des recherches contemporaines ou récentes sur l'adolescence. Cet ouvrage a en effet pris le parti de privilégier la recherche empirique plutôt que les spéculations théoriques, en s'alimentant aux travaux réalisés en Europe et en Amérique du Nord.

Ces données laissent entrevoir une évolution importante de l'expérience adolescente au cours des quinze dernières années sur le plan des comportements, des attitudes et des représentations, ainsi qu'au niveau du programme qui régit le passage de l'état d'adolescent à celui d'adulte. Ces données démontrent également que parmi les grandes sources de discrimination de l'expérience adolescente, le fait d'être fille ou garçon joue un rôle central car la pression des rôles sexuels s'exerce dans tous les domaines de la vie psychique et entraîne, particulièrement chez les adolescentes, des effets majeurs au niveau des représentations, des modèles de vie et des projets personnels.

Chapitre 1
L'adolescence dans une perspective historique

L'adolescence est une période du cycle de la vie particulièrement marquée par le cours de l'histoire. En effet, les catégories d'âge qui découpent les étapes de la vie et fixent les bornes entre les générations varient selon les époques et la frontière entre l'adolescence et l'âge adulte fluctue au cours de l'histoire. Le style de vie et les valeurs préconisées sont directement affectés par les événements historiques et plus que d'autres périodes de la vie, l'adolescence est vulnérable à l'impact du changement social. Enfin, les institutions consacrées à la jeunesse ont considérablement évolué, modifiant substantiellement l'expérience adolescente. Ainsi, par exemple, la scolarisation massive de la jeunesse a entraîné des effets majeurs sur le découpage et la ségrégation des groupes d'âge.

Il faut pourtant constater l'absence de considérations historiques dans la littérature psychologique contemporaine sur l'adolescence, comme d'ailleurs dans l'ensemble de la psychologie du développement. La volonté des psychologues de retracer les lois universelles du développement constitue peut-être un écran masquant l'impact de l'histoire sur le cours de la genèse individuelle. Debesse (1947), qui fut pendant longtemps le spécialiste de l'adolescence en France, n'estimait-il pas que:

«l'erreur serait de penser que la jeunesse change suivant les époques... Il est vrai que la jeunesse reflète les engagements de son temps... mais ces images vieilliront... Derrière les visages changeants de la jeunesse, il y a la jeunesse éternelle, remarquablement identique à elle-même au cours des siècles dans ses tendances, ses lois du développement, sa façon de se représenter le monde des choses et des êtres. Ce sont ces permanences qu'il faut chercher à découvrir et définir» (Debesse, 1947, p. 9-10).

Mais depuis, divers courants de pensée et notamment les recherches récentes de ce qu'il est convenu d'appeler la nouvelle histoire sociale ont pu démontrer qu'il était illusoire d'imaginer une psychologie du développement fondée sur des lois immuables, conçues en dehors des conditions historiques, matérielles et culturelles. Cette histoire s'intéresse à la masse des hommes et des femmes ordinaires, qui n'ont pas laissé de traces écrites telles que biographies, généalogies ou lettres et sont restés en marge de l'histoire officielle. Philippe Ariès fut sans conteste le novateur en la matière, en ouvrant la voie avec son ouvrage magistral sur l'histoire de l'enfant et de la vie familiale sous l'Ancien Régime français (1973). Pour Ariès, l'Europe préindustrielle ne faisait pas de distinction entre l'enfance et l'adolescence. Au 18e siècle, on n'avait aucunement l'idée de cette catégorie d'âge que nous appelons aujourd'hui l'adolescence et cette idée sera longue à se former. Ce n'est, suivant Ariès, qu'à la fin du 19e siècle que la jeunesse, qui est alors l'adolescence, va devenir un thème littéraire dominant et un souci de moraliste ou de politicien. On commence alors à se demander sérieusement ce que pense la jeunesse et à publier des articles sur cette question. L'adolescence apparaît à l'époque comme recelant des valeurs nouvelles, susceptibles de vivifier une société vieillie et sclérosée. Cette idée imprègne d'ailleurs toute l'œuvre de Stanley Hall qui publiera en 1904 le premier ouvrage scientifique sur l'adolescence.

Si Ariès fait naître l'adolescence vers 1900, la conscience de jeune, ce sentiment d'appartenir à un groupe ayant des préoccupations et des aspirations communes, ne deviendra un phénomène général, en Europe, qu'au terme de la première guerre mondiale, lorsque les combattants du front s'opposeront en masse aux vieilles générations de l'arrière. Dès lors, l'adolescence s'étendra, refoulant l'enfance en amont, la maturité adulte en aval. On assistera progressivement au clivage des générations qui caractérisent notre époque, avec une prolongation de l'adolescence qui recouvre pratiquement la décennie située entre 10 et 20 ans.

On serait ainsi passé d'une époque sans adolescence à une époque, le 20e siècle, où l'adolescence est l'âge favori. On désire y accéder tôt et s'y attarder longtemps. Tout se passe, selon Ariès, comme si à chaque époque correspondait un âge privilégié et une période de la vie spécifique: l'homme jeune est privilégié au 17e siècle, l'enfant au

19ᵉ siècle, l'adolescent au 20ᵉ. Ces variations, estime Ariès, dépendent largement des rapports démographiques entre les diverses générations (Ariès, 1973, p. 18-21).

Ce courant de recherche inauguré par Ariès devait susciter une série de travaux historiques qui ont tenté de cerner l'émergence et l'origine de la famille moderne (Shorter, 1977) ou l'apparition de l'adolescence contemporaine (Katz, 1975). Ces travaux confirment largement les idées d'Ariès en datant plus précisément la naissance de la famille moderne, lieu privilégié de la vie privée, de l'intimité et de l'affection, au cours de la seconde moitié du 19ᵉ siècle. Cette époque qui coïncide avec l'industrialisation, verra apparaître le séjour prolongé des adolescents au sein de la famille jusqu'au mariage, créant de ce fait le phénomène adolescent contemporain.

1. Les étapes de la vie et la recherche historique

Trois modalités temporelles dessinent le développement humain, tout en marquant les contours de chacune des générations: l'âge chronologique, l'âge social et l'âge historique.

L'âge chronologique inscrit inéluctablement l'individu dans les différentes étapes qui jalonnent la croissance, de la naissance à la vieillesse. La psychologie du développement se donne pour tâche de cerner les lois de cette évolution, puisqu'elle tente d'identifier et de décrire les étapes ou les stades de la croissance sur le plan cognitif, social, sexuel, etc.

L'âge social relève du système des normes, des contraintes et des comportements appropriés à un âge donné, dans une société donnée. Chaque société alloue des rôles particuliers aux couches d'âge et sanctionne le caractère précoce ou tardif de certains événements comme, par exemple, le départ de la maison parentale, l'accès à l'indépendance économique ou le mariage.

Eisenstadt (1960) qui s'est attaché à décrire cette allocation de rôles dans diverses cultures, estime que la division du travail qui prévaut dans les sociétés industrielles exclut les adolescents de la participation aux rôles significatifs et brouille le passage au statut adulte, dont l'attribution est dictée par des règles complexes de spécialisation, de maîtrise d'habiletés ou de formation scolaire. Dans la société préindustrielle, la participation des divers groupes d'âge aux activités publiques et aux tâches est explicite et la clarté des rôles d'âge facilite l'accès au statut adulte.

Enfin, l'âge historique réfère à la localisation des individus à l'intérieur des cohortes d'âge qui se succèdent au cours de l'histoire. Il est évident que l'expérience de vie de la jeunesse, les idées prépondérantes et les normes de conduite varient au cours de l'histoire. Que l'on songe ici à ceux qui ont vécu leur adolescence durant la dépression de 1930 ou durant la dernière guerre mondiale, en 1968 ou ... aujourd'hui. Les phénomènes démographiques ont également un poids variable et ces variations exercent leur influence sur le comportement des jeunes, comme sur l'attitude des adultes à leur égard. Crubellier (1979) démontre la réduction de la part des jeunes dans la société française, le groupe de 0-19 ans passant de 43 % de la population totale qu'il occupait en 1775, à 37 % en 1851 et à 30 % en 1948. « A la jeune génération s'oppose désormais celle des parents et des grands-parents, plus pesante... moins disposée à partager les postes-clés » (Crubellier, 1979, p. 11). Sauvy (1970) a d'ailleurs interprété les événements de mai 68 en France comme le résultat de la poussée démographique des années 50 qui, quinze ans plus tard, fera de l'adolescence et de la jeunesse un groupe majoritaire, dans un système politique et social ne disposant ni de structures ni de mentalités d'accueil, créant ainsi une situation explosive.

Il serait toutefois erroné de prétendre que les événements historiques offrent une résonance identique auprès de tous les adolescents engagés dans un même moment historique. De toute évidence, tel n'est pas le cas. Dans un texte déjà ancien — il date de 1928 — Mannheim a établi une distinction entre ce qu'il nomme la « génération actuelle » et les « unités de générations ». La notion de génération actuelle fait appel au fait démographique de cohortes d'âge engagées dans un même processus socio-historique; la « génération actuelle » trouve son origine dans le rythme biologique de succession des générations et ne constitue rien d'autre qu'un type d'identité de localisation dans l'histoire. La notion d'unité de génération transcende le fait démographique, elle implique à la fois la conscience d'une signification particulière dans le moment historique et l'expérience sociale partagée, en vue d'agir sur ces réalités historiques. Chaque génération biologique entre en contact avec l'héritage culturel de la société et interprète « naïvement » cette réalité, sans les entraves d'une idéologie préalable et, de ce fait, transforme la réalité sociale. L'unité de génération émerge du groupe de la génération actuelle comme conscience qui tente d'intégrer les dimensions économiques, politiques et morales de l'époque, dans une vision qui lui permettra de réaliser un destin commun.

*
* *

Une conception exacte de la psychologie de l'adolescence se doit d'inclure ces trois perspectives temporelles afin que l'étude des divers secteurs de l'adolescence tienne compte à la fois des informations sociologiques, des données de la psychologie génétique et des perspectives historiques. Ceci s'impose plus particulièrement dans les domaines plus vulnérables au changement social comme les modèles d'autorité parentale, les attitudes et les comportements sexuels, les rôles sexuels, etc... et se révèle indispensable dans l'étude de l'idéologie ou des attitudes des adolescents face à la société.

2. L'adolescence, le temps historique et le changement social

On dispose de peu de données permettant de retracer l'effet de l'histoire sur l'organisation de la vie familiale quotidienne. Pourtant, si on examine l'évolution du contrôle exercé par les parents auprès des adolescents, on constate une importante fluctuation au cours du siècle dernier. Au 18e siècle, une pratique établie de longue date permet à l'individu de quitter ses parents au moment de la puberté, pour vivre ce que nous appelons aujourd'hui l'adolescence et la jeunesse, dans une autre unité domestique que celle de sa famille, avant de s'engager dans le mariage qui est assez tardif. Entre la puberté et le mariage, l'individu connaît donc une période de «semi-autonomie»; garçons et filles sont placés comme apprentis ou comme servantes dans des lieux parfois très éloignés du foyer; le contrôle parental est réduit et favorise la prise en charge de sa vie propre. Un changement apparaît au milieu du 19e siècle: l'adolescent va rester de plus en plus longtemps dans sa famille; bientôt, il ne la quittera que pour se marier et fonder une famille à son tour. Cette évolution rapide est attribuable à trois facteurs: le déclin de l'apprentissage des métiers avec l'avènement de l'industrialisation, l'extension progressive de la scolarité et le développement du sentiment domestique entraînant le repli de la vie familiale au sein du foyer. Shorter fait naître la famille moderne à cette même période, au cours du 19e siècle; à cette époque se serait développée la famille moderne constituée de la cellule restreinte du père, de la mère et des enfants, partageant la vie quotidienne au sein du foyer qui constitue, aujourd'hui encore, le lieu privilégié de la vie privée et de l'affection. La naissance de la famille contemporaine coïncide avec l'avènement de l'adolescence; une longue période s'installe entre la puberté et le mariage, que l'individu passera désormais au sein de sa famille, sous la tutelle de ses parents. L'accroissement du contrôle des parents sur les adolescents et la réduction de l'indépendance des jeunes constituent les changements les plus prononcés qu'apportera l'industrialisation sur la famille (Elder, 1980).

Katz (1978) a réalisé une importante recherche historique sur la période allant de 1850 à 1870 à Hamilton, ville de taille moyenne située en Ontario, au Canada. Cette ville a été choisie en raison des effets particulièrement sensibles de l'industrialisation dans la région des Grands Lacs canadiens, Hamilton passant de l'état «d'ambitieuse petite cité» en 1820, au titre de «Birmingham du Canada», comme la nomment orgueilleusement les édiles municipales en 1870. Katz a suivi l'évolution de diverses données au sein de la population à cette époque, comme les faits démographiques, l'enregistrement scolaire et profesionnel, les délibérations du conseil de ville, etc... afin de saisir les relations entre divers événements-clés qui marquent la vie des jeunes: quitter l'école, quitter la maison, s'engager sur le marché du travail, se marier, «tous événements qui interagissent les uns avec les autres pour constituer cette expérience particulière que nous appelons aujourd'hui adolescence et qui émerge comme un modèle différent de ce qui avait existé jusque-là» (Katz, 1978, p. 256).

Avant 1850, le cours de la vie des jeunes se caractérise à Hamilton par une période de «semi-autonomie» entre la puberté et le mariage. A 16 ans, la majorité des adolescents et des adolescentes trouvent un emploi, quittent leurs parents pour vivre comme pensionnaires ou comme servantes dans un autre foyer, pendant une période pouvant atteindre dix ans. A la même époque, beaucoup de jeunes «vagabondent» dans la ville, sans fréquenter l'école ni occuper un emploi; de nombreux efforts dont on trouve trace dans les rapports du conseil municipal, sont tentés, afin de créer des organismes susceptibles de recueillir ces jeunes vagabonds. Le mariage est tardif: 24 ans en moyenne pour les filles, 27 ans pour les garçons.

Vingt ans plus tard, la situation a fortement évolué. En 1871, 15 % des garçons et 20 % des filles seulement résident en dehors de la maison familiale; les jeunes quittent la maison beaucoup plus tard: à 22 ans en moyenne pour les garçons, 20 ans pour les filles. La date de mariage reste tardive mais le départ de la maison ne coïncide plus avec le début de la vie professionnelle.

A cette époque, la majorité des jeunes sont enrôlés dans le système scolaire ou professionnel; alors qu'en 1851, près de 50 % des adolescents ne fréquentaient ni l'école ni le milieu de travail, en 1871, 75 % d'entre eux sont engagés dans la vie scolaire ou professionnelle. L'origine sociale est déterminante ici, car si l'évolution de la jeunesse d'Hamilton au tournant du 19e siècle entraîne une prolongation de la tutelle parentale entre la puberté et le mariage, elle démontre aussi clairement l'accentuation des différences de classes dans l'orientation vers la vie scolaire ou la vie professionnelle.

Les historiens s'entendent pour convenir que l'adolescence comme nous la connaissons aujourd'hui est née avec la résolution industrielle. L'émergence d'une longue période entre la puberté et l'accès au statut adulte, vécue sous la tutelle parentale, coïncide avec l'avènement de la famille moderne. Cette famille se définit comme l'ensemble des parents et des enfants vivant sous un même toit, à l'exclusion des ascendants et des collatéraux. Suivant Shorter (1977), la naissance de la famille moderne est le fruit de «l'esprit domestique» qui s'impose progressivement au cours du 19e siècle, le maternage et l'amour consacré aux tout-petits éveillant l'attachement aux enfants, qui, bientôt, fera éclore l'affection et la tendresse liant les époux. Parallèlement, la famille rompt avec les traditions séculaires, dictées par deux impératifs contrôlés par l'ensemble de la communauté: assurer la lignée et faire fructifier les biens légués par héritage. La «famille moderne» se replie progressivement sur la vie privée pour se concentrer sur ses tâches éducatives: assurer la promotion sociale des enfants et garantir la persistance de son système de valeurs.

Il n'est pas facile de dater précisément cette émergence de la famille moderne. Shorter la situe tout au long du 19e siècle, en constatant une précocité de la modernité en Angleterre et dans les pays scandinaves, plus évolués que la France rurale et conservatrice. «Le nouveau modèle [de famille] est à peine discernable en France en 1950» (Crubellier, 1979, p. 34).

Ce modèle prévaut largement aujourd'hui, sauf que la taille du noyau familial tend à se réduire par la limitation volontaire des naissances. Pourtant, selon Shorter, le déclin de ce modèle est engagé au profit d'un modèle «post-moderne». Le projet «romantique» qui motive l'engagement dans la vie de couple ou la décision d'avoir des enfants, se révèle plus fragile que les impératifs anciens de lignage ou de sauvegarde du patrimoine hérité. Deux événements actuels menacent la pérennité de ce modèle familial, selon Shorter: l'instabilité des couples et l'éclatement du nid familial d'une part, la perte du contrôle sur ies adolescents et la discontinuité des valeurs entre parents et adolescents, d'autre part.

Concernant ce second point, il faut pourtant constater que Shorter, historien méthodique, a posé un regard plus distrait sur les travaux réalisés auprès de l'adolescence contemporaine. Car l'idée d'une rupture entre le système de valeurs des parents et des adolescents trouve peu d'appui dans les enquêtes récentes. Comme nous aurons l'occasion de le noter plus loin, l'examen de l'expérience adolescente contemporaine montre plutôt que la conformité aux valeurs parentales prévaut largement sur les aspects de confrontation et que la majorité des adolescents d'aujourd'hui épousent les valeurs traditionnelles de leur communauté familiale.

Le programme qui régit le passage de l'adolescence à l'état adulte a subi pour sa part des modifications majeures au cours du 20e siècle et poursuit aujourd'hui encore une évolution importante. Modell et ses collaborateurs (1976) ont comparé divers événements qui assurent la transition du statut d'adolescent au statut d'adulte, à la fin du siècle dernier et en 1970. Vers 1890, les événements qui marquent l'accès au statut d'adulte — quitter sa famille, se marier ou fonder un habitat autonome — se déroulaient plus tardivement qu'aujourd'hui et la longue préparation de ces événements occupait un plus grand espace de vie. En revanche, l'abandon de l'école pour le milieu du travail s'effectuait plus tôt et plus rapidement qu'un siècle plus tard. En 1890, le passage de l'adolescence à l'âge adulte s'opérait en abandonnant un statut pour un autre et la famille avait sa part à jouer en offrant un support dans cette démarche, afin d'aider les jeunes à surmonter les difficultés financières attachées au mariage et à l'établissement d'un nouveau foyer.

En 1970, la rupture des liens de dépendance familiale se réalise plus tôt et avec plus de souplesse, alors que l'abandon des études et l'accès à l'emploi se situent beaucoup plus tard. C'est que les règles de ce passage échappent désormais à la famille car elles sont dictées par des impératifs sociaux: les exigences de scolarité imposées par la certification professionnelle et les aléas du marché de l'emploi. Aujourd'hui, le passage de l'adolescence à l'état adulte est essentiellement régi par un programme social qui se dérobe à la famille. Cette prolongation de l'état prémarital qui échappe au contrôle de la famille explique sans doute la tolérance croissante des parents devant les jeunes couples qui quittent la famille pour cohabiter sans être mariés, alors qu'il n'y a guère, de telles situations engendraient des drames familiaux.

3. L'évolution des institutions de la jeunesse

A. *L'école secondaire*

Il faudrait suivre toute l'histoire de l'enseignement secondaire au cours des deux derniers siècles pour dégager les effets des conditions de la vie scolaire sur le développement des adolescents. Il existe de nombreux ouvrages de qualité décrivant l'histoire de l'éducation, mais l'évaluation des effets de l'école sur la socialisation des jeunes est une préoccupation récente et cette histoire reste à faire.

L'ouvrage de Crubellier (1979) s'est attaché à dresser l'évolution de l'entreprise vaste et complexe de «conditionnement et de conformation des individus» à travers le développement des institutions éducatives en France, entre 1800 et 1950. Il ne s'agit pas ici de rapporter les multiples questions traitées dans cet ouvrage, même dans leurs grandes lignes, mais plutôt de situer, à la suite de Crubellier, quelques points de repères dans l'histoire de l'école secondaire et des mouvements de jeunesse en France[1].

Au 18e siècle, l'internat est le régime scolaire habituel pour l'école secondaire. Les conditions de vie y paraissent très éprouvantes de nos jours: l'absence d'hygiène atteint un degré effarant et le strict emploi du temps reflète l'idéal laborieux que la société tente d'inculquer à ses adolescents. On s'y lève tôt — à 5.30 heures — et l'emploi du temps rigoureusement contrôlé se partage entre les heures de classe et les heures d'étude, entrecoupées de rares récréations surveillées. «La surveillance est de tous les instants, elle fait partie du système de formation, elle est au cœur du système» (Crubellier, 1979, p. 148).

La France fut sans doute exemplaire dans son effort de scolarisation massive des enfants. Dès 1850, «l'école pour tous», décrétée comme un bien absolu, est devenue réalité et l'accès à l'école primaire devient universel. Pourtant, à cette attitude uniforme en faveur

---

[1] Cette histoire est très proche de celle de la Belgique et de la Suisse, malgré les spécificités nationales. Le «cours classique» québécois fut directement calqué sur le système des Humanités classiques françaises.

des enfants s'oppose une discrimination à l'égard des adolescents dans les trois secteurs de la formation secondaire identifiés par Crubellier: celui des Humanités, le secteur moyen «moderne» et tout le vaste secteur de la formation professionnelle et technique. Le premier secteur, celui où «s'opère la reproduction des privilèges culturels, garants des privilèges sociaux», est celui des collèges classiques. Ce qui frappe dans l'histoire de ce «camp retranché», c'est l'étonnante permanence des effectifs (73.000 élèves en 1880 - 77.000 en 1930) et la stabilité remarquable des contenus pédagogiques. Pendant plus d'un siècle, malgré les bouleversements industriels et scientifiques, ce système d'enseignement s'appuiera sur trois piliers indéfectiles: le latin, dont la vertu formatrice trouvera toujours d'éloquents défenseurs, en vertu, notamment, de son caractère non utilitaire, la référence à l'Antiquité et la culture langagière, car la maîtrise de la «rhétorique»[2] fut toujours source de pouvoir.

Vers 1890 apparaît un second secteur d'enseignement secondaire qui s'est développé en continuité avec le cycle primaire: l'enseignement secondaire moyen, sans latin, qui débouchera parfois sur une formation commerciale et, d'autres fois, vers l'Ecole Normale. Cet enseignement qui s'adresse à la petite bourgeoisie ou aux enfants d'ouvriers particulièrement doués va constituer progressivement un secteur d'Humanités Modernes qui connaîtra un développement important à partir de 1930. Le troisième secteur, de loin le plus vaste, relève de la préparation au métier. Les formes d'apprentissage chez le patron ou l'artisan, qui prévalaient jusqu'en 1850, déclinent au profit d'un enseignement technique qui connaîtra une évolution problématique car, selon Crubellier, la sollicitude affichée par les autorités face au travail manuel contraste avec un état de fait. L'implantation de l'enseignement professionnel va se heurter à de multiples problèmes: préjugés humanistes, méfiance ouvrière, dérobade patronale et surtout, problèmes de coût. Les chiffres cités par Crubellier démontrent pourtant un certain succès de cet enseignement vers 1950. Mais, dans le système scolaire hautement hiérarchisé français, il s'agit d'un enseignement de relégation et non de choix, malgré le discours officiel; il est réservé aux couches exclues du secteur des Humanités et ne constitue que le dernier recours pour les élèves moins doués, refoulés par les professeurs (et par les organismes d'orientation scolaire plus tard) des sections classiques vers les sec-

---

[2] La classe terminale des Humanités classiques porte le nom de «Rhétorique», en Belgique et au Québec.

tions modernes et, de ces dernières, vers le secteur technique ou professionnel.

B. L'école des filles

Dès 1867, la loi française oblige les municipalités de plus de 500 habitants à entretenir une école primaire pour filles et l'alphabétisation des filles en France progresse rapidement, entre 1850 et 1880. Au cours du 19e siècle, c'est l'éducation des filles de la bourgeoisie qui préoccupe les pouvoirs publics; les «Cours» féminins, comme on les appelle à l'époque, se développent et se donnent pour tâche d'éveiller la culture et la pratique des arts d'agrément, afin de former des futures maîtresses de maison. Il faudra attendre les années trente pour voir l'organisation d'un système scolaire féminin aligné sur le masculin. La scolarisation des adolescentes a donc été beaucoup plus tardive que celle des garçons et, en général, plus «culturelle» dans son contenu. C'est surtout dans le domaine des Lettres et des Sciences humaines que les filles se retrouvent sur un pied d'égalité avec les garçons, vers les années cinquante.

Mais les choses progressent vite et, même si tel ne fut pas l'objectif du législateur, l'école favorisera l'égalisation des sexes. Car l'enseignement secondaire semble mieux convenir au sexe féminin; en effet, les filles y réussissent mieux que les garçons, abandonnent plus rarement leurs études et expriment moins de sentiments négatifs face à l'expérience de l'école secondaire. Leur avenir dans l'enseignement supérieur est donc mieux garanti. Pour la première fois de son histoire, en 1980, l'Université de Montréal (pour prendre un exemple qui nous est familier) a enregistré un nombre égal d'inscriptions masculines et féminines; si le secteur des études d'ingénieur reste encore un bastion masculin (moins de 10 % de femmes), les femmes deviennent largement majoritaires en Médecine, secteur traditionnellement dominé par les hommes.

C. L'école secondaire contemporaine

Dans tous les pays industrialisés, la population fréquentant l'école secondaire a connu un accroissement spectaculaire au cours des années soixante et, aujourd'hui, le taux de scolarisation des adolescents est proche de 100 %. Ce développement a entraîné la nécessité de bâtir des écoles et d'adopter des réformes qui, malgré d'importantes variations entre les pays, partagent divers points en commun: l'édification de grosses unités scolaires secondaires, la mixité, la déconfessionnalisation (officielle ou de fait) et la multiplicité des profils de formation au sein des mêmes écoles. Cette dernière notion, appelée « polyvalence » au Québec, « enseignement rénové » en Belgique ou « unifié » en France, revient à regrouper les secteurs généraux et techniques autrefois répartis dans les écoles différentes, au sein d'une même bâtisse en vue d'assurer plus de flexibilité aux profils de formation.

L'école secondaire constitue un lieu spécifique d'apprentissage de la socialisation qui n'est assuré ni par la famille ni par le groupe des pairs, ne serait-ce que par l'éventail des possibilités de contacts sociaux offerts aux adolescents. Mais, en même temps, cette école secondaire qui échappe progressivement à la famille fait peur. On lui reproche d'être un lieu de circulation de drogue, d'apprentissage du vandalisme ou de politisation des jeunes. Les recherches qui ont comparé de grosses et de petites écoles secondaires (Barker et Gump, 1964), démontrent un effet de la taille de l'école sur diverses variables, sans toutefois retracer de tableau désastreux d'une école « inhumaine » ni d'élèves désemparés. Les adolescents s'adaptent à cette réalité de la « nouvelle grosse école secondaire », en créant des réseaux sociaux diversifiés; la capacité d'exploration constituerait désormais le signe de l'adaptation scolaire de l'adolescent (Kelly, 1979). Mais toutes les écoles secondaires n'ont pas des effets identiques: le climat psycho-social d'une école et les projets pédagogiques particuliers ont une incidence majeure sur la qualité des relations sociales que l'adolescent entretient avec ses pairs et avec les adultes au sein de l'école.

D. Les organismes et les mouvements de jeunesse

La scolarisation massive des jeunes a entraîné la multiplication des vacances, des congés et des temps libres. Parallèlement, de multiples opérations d'encadrement des loisirs des adolescents furent mis en place par les pouvoirs publics, l'Eglise ou d'autres organismes philanthropiques. Les patronages paroissiaux s'ouvrent dès le début du siècle pour les congés de semaine et les colonies de vacances qui encadrent les congés d'été vont connaître une croissance phénoménale entre 1910 et 1960. Les fondateurs des colonies de vacances veulent d'abord remédier aux carences familiales auprès d'enfants pauvres arrachés à la rue, en développant chez eux des principes de discipline et de morale. Plus tard, un nouveau modèle de formation sera valorisé, mettant l'accent sur le développement de l'autonomie et de la créativité.

Le scoutisme naît en France en 1911 et les milieux catholiques se montrent d'abord hostiles à ce mouvement calqué sur un modèle de formation militaire. Mais le succès du mouvement les oblige à réviser leur position et le scoutisme catholique français est fondé en 1922. Si l'idéologie du scoutisme s'apparente sur plusieurs points aux principes de la vie militaire — port de l'uniforme, respect du chef et de la discipline, sens de l'honneur — son succès s'appuie sur diverses tendances ancrées dans la mentalité adolescente: l'esprit de groupe transcendé dans la vie de patrouille, l'aventure et le rituel préconisé dans de multiples cérémonies: promesse, totémisation, feux de camp, etc...

Les jeunes travailleurs n'ont pas échappé à cet important mouvement d'encadrement des loisirs, chaque fois inscrit dans un projet idéologique particulier. Du côté catholique, la J.O.C. (Jeunesse Ouvrière Chrétienne) naît en Belgique en 1925 et se propage rapidement en Europe sous des appellations diverses: Jeunesse Agricole Chrétienne, Jeunesse Indépendante Chrétienne, etc... Les partis politiques de gauche ne sont pas en reste et fondent, dès le début du siècle, les Jeunesses socialistes et les Jeunesses communistes.

Tous ces mouvements connaîtront des fortunes diverses mais suivent une courbe d'évolution globalement identique. Ils naissent dans le premier quart de siècle, croissent progressivement pour connaître leur apogée au cours des années cinquante et se voir confrontés à des difficultés majeures au cours des années soixante: remises en question fondamentales, démissions massives de dirigeants, etc... Certains de ces mouvements ont disparu aujourd'hui et les autres, dont le scoutisme, se heurtent à des difficultés de recrutement auprès des adolescents de plus de 13 ans. Selon Crubellier (1979), le projet de confinement des adolescents dans l'enfance, présent dans le scoutisme et les mouvements de jeunesse qui s'en inspirent, expliquerait la dégradation des mouvements de jeunesse, jadis prospères. La famille bourgeoise est née au cours du 19e siècle autour de la découverte et la valorisation de l'enfance et les mouvements de jeunesse vont poursuivre ce projet de protection et de maintien de l'enfance. Plusieurs principes du scoutisme s'inscrivent profondément dans la mentalité adolescente et expliquent son succès; mais la prolongation de l'enfance, le port des culottes courtes et la ségrégation des sexes ne rejoignent plus la culture adolescente et ne font plus recette.

Cette constation devrait être rapprochée de l'observation précédente qui rapportait une modification récente du programme régissant les règles du passage de l'adolescence à l'état adulte. Ces traits laissent entendre que l'adolescence, née au milieu du 19e siècle comme période de vie prolongée vécue sous la tutelle parentale, subirait des modifications majeures dans la société occidentale. Mais il paraît prématuré de dresser les contours précis de ce nouveau modèle d'adolescence; tout au plus, peut-on signaler les modifications récentes dans des domaines comme celui de la sexualité adolescente ou celui des relations parentales.

Une dernière piste s'offre à l'investigation historique: l'évolution des idées qui ont dominé les préoccupations et le discours des sciences humaines dans le domaine de l'adolescence. La psychologie scientifique de l'adolescence est née aux Etats-Unis avec Stanley Hall. Il inaugure l'histoire de l'étude de l'adolescence qui peut être retracée en suivant des noms tels que Hollingshead et Coleman aux Etats-Unis, Mendousse et Debesse en France. Cette évolution des idées sera rapidement rapportée dans les pages qui suivent.

4. L'histoire de l'étude de l'adolescence aux Etats-Unis

A. *Stanley Hall*

L'histoire de la psychologie de l'adolescence remonte, aux Etats-Unis, à Stanley Hall, considéré dans ce pays comme le père de la psychologie génétique contemporaine. Stanley Hall, qui fut le premier à soutenir une thèse de doctorat en psychologie, possédait un esprit encyclopédique, curieux et ouvert sur tout ce qui se tramait en son temps dans le domaine de ce qu'on appelle ajourd'hui les sciences humaines, tant aux Etats-Unis qu'en Europe. C'est d'ailleurs Stanley Hall qui invitera Freud lors de l'unique séjour que ce dernier effectuera aux Etats-Unis à la Clark University, en 1909.

En 1904, Stanley Hall publie son ouvrage sur l'adolescence. On peut admirer encore aujourd'hui l'énorme quantité d'information rapportée dans ces deux gros volumes et la qualité d'analyse des données quantitatives, notamment dans les premiers chapitres qui traitent longuement des multiples aspects de la croissance physique, de la pathologie et de la délinquance propres à l'adolescence. Hall y apparaît comme un pionnier de la psychologie génétique sur les plans méthodologique et théorique, en soulevant des questions sur l'adolescence qui conservent leur actualité. Il fut également un initiateur dans le domaine de l'utilisation des questionnaires, bien avant que les sciences sociales ne mettent au point les principes et les méthodes de l'enquête systématique.

Pourtant, sa conception du développement, inspirée de la théorie de l'évolution et de la transmission génétique des caractères acquis, appartient plus au 19ᵉ siècle qu'au 20ᵉ siècle. Pour Hall, les lois du développement sont inscrites dans les données biologiques; quatre chapitres sont d'ailleurs consacrés aux transformations biologiques de la puberté. C'est que la croissance physique possède pour lui une portée génétique plus fondamentale que d'autres aspects du développement, puisqu'elle apparaît plus tôt dans l'évolution. Sa théorie du développement s'inspire en effet d'un modèle de récapitulation ontogénétique de l'histoire de l'espèce humaine, imprimé dans la constitution génétique de l'individu.

L'intérêt de Hall pour la psychologie de l'adolescent trouve son origine dans l'application des principes de la théorie de l'évolution à la compréhension du développement. En effet, à ses yeux, les changements qui vont se transmettre à l'espèce et feront progresser l'évolution de la race humaine apparaissent à l'adolescence, comme en témoignent les extraits suivants, marqués du souffle nietzschéen:

«A tous points de vue, pour les âmes prophétiques intéressées par l'avenir de notre race et désireuses de la faire progresser, le domaine de l'adolescence constitue la mine dans laquelle elles trouveront à la fois leurs objectifs et leurs moyens. Si notre race accède un jour à un niveau supérieur, ce sera le fruit de développements progressifs au stade de l'adolescence qui constitue le bourgeon de la promesse de la race» (Hall, 1904, vol. 1, p. 50).

«Si la génération doit jamais nous permettre d'accéder à un plan supérieur, l'adolescence en sera le moteur» (Hall, 1904, vol. 1, p. 324).

Les instincts récapitulatoires de l'histoire de l'espèce, qui constituent le moteur du développement de l'enfance, vont se heurter, à l'adolescence, aux pressions sociales. Pour Hall, cette époque reproduit la période de tumulte qui, dans l'histoire de l'humanité, aurait précédé l'apparition de la civilisation, quand les tendances animales, anthropoïdes et semi-barbares furent confrontées aux exigences de la vie sociale. Le concept de «storm and stress» inspiré directement du «Sturm und Drang» — tempête et oppression des Romantiques allemands — résume le plus adéquatement les tumultes de l'expérience adolescente. Ce concept va revêtir une portée centrale dans la description de la socialisation de l'adolescence, Hall percevant un fossé infranchissable entre les potentialités de l'adolescence et leurs possibilités de réalisation dans la société.

Cette vision d'une adolescence tumultueuse, en proie au stress et au conflit, où dominent l'instabilité, l'enthousiasme et la fougue et où règne la loi des contraires, marquera profondément et pendant longtemps la psychologie américaine. C'est d'ailleurs largement à partir de ces positions que seront entreprises aux Etats-Unis les recherches anthropologiques et, plus tard, les investigations empiriques sur l'adolescence.

B. De 1940 à 1970: de la ségrégation à la culture adolescente

La scolarisation va connaître un développement spectaculaire. Entre 1910 et 1940, l'enrôlement progressif des adolescents de 14 à 17 ans à l'école secondaire passe de 10 à 70 %. L'entrée à l'enseignement supérieur des jeunes de 18 à 21 ans subira une progression tout aussi prononcée au cours de la période d'après-guerre, passant de 20 % en 1950 à 60 % en 1980. Cette situation a entraîné, selon Elder (1980), deux effets majeurs: une ségrégation d'âge et une conscience accrue du phénomène des inégalités sociales des étudiants face au succès scolaire et aux opportunités sociales et professionnelles. Ces deux thèmes font l'objet de deux ouvrages classiques qui ponctuent la recherche sur l'adolescence aux Etats-Unis: *Elmtown's Youth* de Hollingshead et *Adolescent Society* de Coleman.

Hollingshead (1949) a étudié la communauté des jeunes d'Elmtown, petite ville du centre-nord des Etats-Unis, en analysant plus particulièrement le rôle de l'origine sociale sur l'expérience collective des jeunes et leur destin scolaire et professionnel. *Elmtown's Youth* offre une image saisissante de l'effet de la stratification en classes sociales et en groupes d'âge sur l'expérience adolescente et les perspectives d'avenir, en dégageant, d'une part, l'ambiguïté sociale et le statut contradictoire de l'âge adolescent et, d'autre part, le rôle de la ségrégation d'âge comme mécanisme de contrôle social. De plus, les formes d'accès au statut adulte varient d'une classe sociale à l'autre; d'ailleurs, Hollingshead estime que la société d'Elmtown met en place un système élaboré de ségrégation d'âge ayant pour fonction de tracer les lignes du développement «adéquat» pour chacune des classes sociales. En isolant les jeunes de leurs parents et en les détournant des réalités du monde adulte, la société vise «à maintenir l'adolescent ignorant de ce monde de conflits ... et lui conserver sa pureté» (Hollingshead, 1949, p. 108).

Si Hollingshead a mis en place un modèle d'identification de l'origine socio-économique qui a longuement prévalu dans la recherche psychologique et sociologique, ses idées n'ont pas vraiment soulevé un courant de pensée aux Etats-Unis, même si, comme le prétend Elder (1980), au cours des années soixante, l'accentuation des phénomènes de ségrégation d'âge et des inégalités sociales devait donner lieu à diverses explosions parmi les adolescents des ghettos des grandes villes américaines et aux mouvements de protestation parmi la jeunesse. Les travaux suivants abandonnent bientôt toute référence à la situation socio-économique, pour analyser le phénomène adolescent comme un mouvement qui se développe parallèlement et en réponse à la situation sociale générale. Les travaux de Coleman sont typiques à cet égard. L'ouvrage *Adolescent Society* de Coleman (1961) rapporte une recherche entreprise auprès de dix écoles secondaires de Chicago, qui s'efforce de dégager les systèmes de valeur et les modèles de leadership qui prévalent chez les adolescents. Coleman démontre l'existence d'une sous-culture, appartenant en propre aux adolescents, culture produisant ses normes spécifiques de conduite et ses modèles de valorisation, indépendamment de la culture des adultes. Une telle culture adolescente existe puisque ses propres normes exercent un puissant attrait auprès des adolescents, tout en entrant souvent en contradiction avec les valeurs véhiculées par le monde des adultes, celui des parents et des professeurs. Coleman estime que l'adolescent américain fait l'expérience croissante d'une existence marginale au sein du groupe de ses pairs qui détient le code des valeurs de référence et le système de punition et de récompense des conduites.

Au cours des années quarante, les idées de Stanley Hall prédominent encore et l'adolescence est considérée principalement comme un phénomène biologique. Ceci est manifeste dans le volume de 1944 de la *National Society for Study in Education* consacré, cette année, à l'adolescence: plus de la moitié des contributions à cet ouvrage portent sur des problèmes de développement physique, physiologique et moteur. Un thème prédomine, celui du «dyschronisme» adolescent qui stigmatise l'écart séparant l'accès à la maturité sexuelle et l'accès à la maturité sociale. L'adolescence est le plus souvent définie en termes de confusion de rôles sociaux ou d'absence de reconnaissance et de statut.

L'accent se déplace au cours des années cinquante, principalement sous l'influence des travaux de l'anthropologie culturelle qui a dégagé le rôle de la culture sur l'expérience adolescente: l'adolescence est de plus en plus considérée comme un phénomène culturel dont le contenu et la durée sont définis par les aménagements sociaux. L'Amérique s'interroge beaucoup sur sa jeunesse et s'inquiète de cette culture adolescente qui échappe aux adultes. C'est le début du Rock 'n roll et des concerts mouvementés d'Elvis Presley. Des films tels que *Blackboard Jungle* ou *La Fureur de Vivre* stimulent ou entretiennent la peur de la société face à une jeunesse qui échappe au contrôle des parents et des professeurs. En sciences humaines, une idée prédomine: le groupe des pairs a progressivement ravi le pouvoir et l'influence que détenaient les parents, au point de devenir le principal groupe de référence des modèles de conduite.

Les années 60-70 sont marquées, tant aux Etats-Unis qu'en Europe, par la politisation progressive et la mobilisation de la jeunesse. Les mouvements de contestation contre la guerre du Vietnam enflamment bientôt les campus et mobilisent une grande partie de la jeunesse américaine. Les travaux sur la jeunesse foisonnent. Margaret Mead (1971) estime que l'histoire récente de la société américaine est fortement marquée par un «fossé des générations» (1971), la société adulte désirant maintenir le contrôle social en proposant des modèles culturels inadéquats face à un avenir inconnu pour tous. Roszak (1972) analyse la fonction créatrice de la contre-culture, alors que Kenniston étudie la jeunesse aliénée des campus universitaires (The Uncommited, 1963), et, plus tard, les jeunes radicaux (Young Radicals, 1968), engagés dans des camps d'été préparatoires à la lutte contre la guerre du Vietnam. Pourtant, les travaux les plus consistants dans le domaine de la sociologie de la jeunesse se tournent vers les modèles formulés par Mannheim en Allemagne, quarante ans plus tôt, pour rendre compte du phénomène de la mobilisation sociale de la jeunesse. Les perspectives développées par Kandel et Lesser (1972), Bengtson et Laufer (1974) notamment, s'efforcent de cerner les mouvements de mobilisation de la jeunesse, en faisant appel aux caractéristiques des étapes du développement, aux spécificités des cohortes démographiques des jeunes générations et à la localisation des unités de génération dans le cours de l'histoire.

C. Et aujourd'hui?

Parmi l'ensemble des travaux publiés au cours de ces dernières années dans les revues spécialisées sur l'adolescence (*Adolescence, Journal of Youth and Adolescence, Youth and Society*) ainsi que dans les manuels les plus importants (Conger, 1977; Ausubel, 1977; Adelson, 1980), il est malaisé d'identifier avec une confiance suffisante les courants les plus fructueux. Pourtant, quelques observations s'imposent.

Il faut relever d'abord l'absence de grandes enquêtes portant sur les multiples aspects de la vie adolescente. En effet, il faut remonter à 1966 pour retrouver la dernière grande enquête du genre, alors que Douvan et Adelson publiaient les résultats d'une vaste exploration menée auprès d'un échantillon de plus de 30.000 adolescents répartis sur l'ensemble du territoire des Etats-Unis, les interrogeant par voie de questionnaires et d'entrevues sur des thèmes tels que l'accès progressif à l'autonomie, les perspectives d'avenir, la construction du moi, etc. Quinze ans plus tard, cet ouvrage est encore la référence la plus souvent citée dans les travaux actuels sur l'adolescence, sans qu'on ne sache exactement si certains thèmes, notamment l'effet extrêmement contrasté du sexe sur les liens de dépendance parentale et les perspectives d'avenir, ont subi des modifications majeures au cours de ces dernières années.

La seconde observation concerne la baisse de «productivité» du courant psychanalytique. Adelson (1980), lui-même d'orientation analytique, livre cette observation dans un article récent. Les écrits d'Anna Freud et d'Helen Deutch ont connu un retentissement considérable aux Etats-Unis et le livre de Peter Blos a longtemps constitué le manuel de référence de quiconque se préoccupait du traitement psychologique des adolescents. Et, malgré l'énorme prestige de la vision d'Erik Erikson auprès des intellectuels américains, sa conception de l'identité du moi n'a ni rejoint ni stimulé la perspective psychanalytique américaine de l'adolescence, figée autour des concepts de régression, de mécanismes de défense et de réactivation des conflits œdipiens. «Peut-être», estime Adelson, «cette apathie du mouvement psychanalytique relève-t-elle d'un état plus général du domaine de la psychologie de l'adolescence dans sa totalité; pourtant, d'autres approches témoignent de plus de vitalité» (Adelson, 1980, p. 112).

Parmi ces approches, il faut signaler les programmes de recherche qui examinent les relations entre la croissance et les changements historiques; Elder (1980) et Katz (1978) sont les principaux portes-parole en la matière. Mais c'est le courant de la psychologie cognitive qui se montre le plus actif aujourd'hui, notamment dans le domaine du développement intellectuel et de l'accès à la pensée formelle (Elkind, 1974; Keating, 1980) et les domaines du développement moral et de l'intériorisation des normes (Kohlberg, 1976; Hoffman, 1980), du développement de l'idéologie politique (Adelson, Gallatin, 1980), de la représentation de soi et de l'identité (Marcia, 1980). Ces recherches ont en commun d'entretenir une interaction entre la théorie et la recherche empirique. Sur le plan des théories du développement, elles s'inspirent généralement plus de Piaget que de Freud.

Il faut enfin signaler, dans une veine différente, les travaux de Weiner (1980) sur la psychopathologie de l'adolescence et les recherches en épidémiologie traitant des milliers de dossiers d'adolescents ayant fait l'objet d'une intervention psychiatrique.

5. L'histoire de l'étude de l'adolescence en Europe

Ce bref relevé se limitera à retracer les principaux courants de l'étude de l'adolescence en pays francophones, même si l'Allemagne a produit entre les deux guerres des théories originales de l'adolescence, comme la théorie de la «Geistewisenshaft» de Spangler, qui n'a toutefois pas connu de grands retentissements en dehors de ce pays. L'Angleterre s'est toujours signalée par la haute qualité de ses recherches empiriques sur l'adolescence. Les travaux de Tanner constituent une référence universelle dans le domaine du développement pubertaire et les recherches de Schoffield sont sans doute les plus valides dans le secteur de la sexualité adolescente. Aujourd'hui, Rutter et John Coleman, dont les recherches seront souvent citées dans cet ouvrage, publient régulièrement des travaux sur de multiples aspects de la psychologie de l'adolescence en Grande-Bretagne.

Si on jette un coup d'œil sur les titres où il est question d'adolescence ou de jeunesse dans la littérature francophone depuis le début du siècle, on est d'abord assailli par un foisonnement d'ouvrage à vocation éducative écrits par des prêtres, des médecins ou des éducateurs qui s'adressent aux parents et, plus récemment, aux adolescents eux-mêmes. Les titres sont jolis, quelquefois fleuris: *La vie de jeune fille* (Surbled, s.d.), *La vie en fleurs, ce qu'une adolescente doit savoir* (Casba, 1937), *Pour l'âge des fleurs* (Humblet, 1925), *La formation de la jeune fille* (Baeteman, 1922) qui connaîtra un tirage de 120.000 exemplaires, *Nos adolescents* (Renault, 1936), *La chaste adolescence* (Toth, 1936), *La crise d'adolescence* (Gugler, 1955), etc. Ces ouvrages se donnent d'emblée une vocation pédagogique et morale, évitant l'embarras des considérations scientifiques. Le Dr Surbled, dans un ouvrage datant du début du siècle, intitulé *La vie des jeunes filles*, commente ainsi la signification des menstruations:

«Ce n'est pas en vain que tous les mois la nature prive la jeune fille d'une quantité notable de matériaux organiques, la dépouille de forces en excès. Il est probable que les règles constituent pour elle une exonération naturelle, une décharge volontaire qui lui permet, jeune fille, de rester vierge, épouse, de contenir ses sens, d'être fidèle et de garder l'honneur du foyer».

Car si ces ouvrages foisonnent de conseils multiples sur l'hygiène, le port des vêtements, le choix des loisirs, etc., leur lecture dégage rapidement un objectif central: édifier les jeunes gens et les jeunes filles, élever leurs âmes vers des idéaux spirituels ou patriotiques — particulièrement les ouvrages qui paraissent après la guerre de 14-18 — en vue de les détourner du mal funeste de la masturbation. Dans son ouvrage intitulé *La crise d'adolescence*, Gugler (1955) avertit d'emblée le lecteur: «il s'agit ... d'avertir des difficultés de l'adolescence, de montrer à nos jeunes comment se préparer au combat et comment les aider à vaincre». Sous le chapitre «Genèse de la crise», l'auteur ne rapporte pas moins de douze manières de sombrer dans le vice masturbatoire et dans les deux chapitres suivants, il prodigue quinze conseils en vue de prévenir et de maîtriser le mal. Il s'agit toujours d'éviter la passivité et le rêve, «cet alcoolisme moral», ainsi que la lecture «grande pourvoyeuse de vice». «Nous voudrions rappeler que ceux-là seuls triomphent dans le combat pour la pureté qui vont travailler, car le travail s'oppose au vagabondage de l'imagination et du désir.»

Si on se tourne cette fois vers la littérature à vocation scientifique, trois noms ponctuent l'histoire de la recherche sur l'adolescence en France: ceux de Pierre Mendousse, de Maurice Debesse et de Bianka Zazzo.

A. *Pierre Mendousse*

Mendousse publie en 1910 *L'âme de l'adolescent*. S'il désire, comme il l'indique en préface, faire œuvre de psychologie positive, son œuvre s'apparente à maints endroits aux recueils de conseils pédagogiques et moraux dont il vient d'être question. C'est que, comme Mendousse s'en fait gloire, il «attribue moins d'importance aux faits qu'aux idées qu'ils suggèrent» (Mendousse, 1910, p. XI), tentant de «surprendre les faits significatifs plutôt que de les susciter» (Mendousse, 1927, p. 9). Pour ce faire, Mendousse déclare avoir amassé une abondante documentation comprenant des centaines de lettres et de nombreux journaux intimes. Cela aboutit à des ouvrages qui nous paraissent aujourd'hui très anachroniques, où la morale et les conseils foisonnent. L'auteur est omniprésent, il nous ôte l'avantage d'entrevoir ces adolescents du début du siècle et de les entendre exprimer leurs préoccupations et leurs soucis. Curieuse terminologie pour décrire les étapes de la croissance des adolescentes et titrer les chapitres: «l'âge de disgrâce» précède «l'âge d'indécision», mais tout se replace dans «l'âge de la grâce» marqué par «l'appel de l'amour», «la chasse au mari», «la dévotion au fiancé» et «avant tout le besoin de maternité».

Mendousse reproche aux auteurs américains l'emploi de la statistique, décrétant «l'inutilité des moyens statistiques en psychologie génétique» (Mendousse, 1910, p. XII). A ses yeux, les journaux intimes et les autobiographies constituent des sources de renseignement qui «laissent transparaître le fond même de l'âme adolescente»

(Mendousse, 1910, p. XII). Ce choix méthodologique influencera longuement la psychologie de l'adolescence en France, lui conférant le ton à la fois littéraire et sentencieux du découvreur de secrets. Or, le matériel des journaux intimes est sujet à caution car, comme le relève Dintzer (1956), la tentation du journal intime est de verser dans son personnage une dose massive d'irréel, si bien que le texte risque de faire écran, de modeler les masques et de s'interpréter de façon erronée. De plus, les journaux intimes sont souvent rédigés par des filles de la classe bourgeoise. Cela embarrasse peu Mendousse qui considère que « dans les classes peu cultivées, garçons et filles n'ont, en général, qu'une mentalité empruntée de toutes pièces à l'âme collective et leur développement psychologique est avant tout fonction du milieu » (Mendousse, 1926, p. 10). Comme si tel n'était pas le cas des jeunes filles des classes favorisées !

B. *Maurice Debesse*

Les travaux de Debesse dominent la psychologie de l'adolescence en France entre 1935 et 1960. Debesse s'efforce de faire œuvre objective en évitant le ton moralisateur et pédagogique de Mendousse. Il n'échappe cependant pas toujours au piège littéraire. Debesse a publié en 1936 un ouvrage intitulé *Comment étudier les adolescents*, où il considère que l'étude de l'adolescence doit s'appuyer à la fois sur les confidences spontanées, lettres, journaux intimes, rédactions d'élèves et sur « l'enquête systématique », tout en s'alimentant à l'œuvre littéraire de Goethe, Chateaubriand, Gide, etc., dont les mémoires constituent des illustrations précieuses. Il s'agit cependant d'un relevé qui spécule sur les mérites et les limites respectives des diverses approches plutôt que d'une réflexion méthodologique, à une époque où les méthodes longitudinales et transversales sont déjà développées aux Etats-Unis. Debesse offre un exemple d'enquête systématique dans les annexes de l'ouvrage. Il s'agit en fait d'un questionnaire ouvert, demandant aux répondants d'élaborer leurs réflexions personnelles autour de thèmes tels que la recherche d'originalité, le choix d'une devise personnelle, l'expérience de recueillement, etc. Mais on ne trouve ni l'appui théorique qui fonde le choix de ces thèmes, ni les consignes permettant l'analyse du contenu des réponses, ni surtout la mention des caractéristiques de représentativité de l'échantillon.

La crise d'originalité juvénile (1941), l'œuvre centrale de Debesse, occupera longtemps l'avant-plan de la psychologie de l'adolescence en France. Ce livre est issu de la thèse de doctorat d'un éducateur qui sera amené à la psychologie des adolescents à partir de son expérience d'enseignement auprès des élèves de l'école normale. C'est un ouvrage intimiste, rédigé tout en finesse, dans lequel l'intuition de Debesse et sa culture littéraire fournissent des descriptions judicieuses de plusieurs traits du caractère adolescent. Pourtant, le lecteur achève cet ouvrage aujourd'hui en s'interrogeant sur la portée théorique et clinique de ce concept de crise d'originalité juvénile. Il est vrai que Debesse lui-même poursuivra sa propre interrogation sur la notion de crise d'adolescence. Admettant d'abord la présence d'une évolution linéaire à côté d'une évolution en crise, il remettra bientôt en question l'existence d'un modèle unique de psychologie de l'adolescence qui doit laisser place à une psychologie différentielle de l'adolescence. Au terme de sa carrière, Debesse se réjouira de l'introduction des méthodes scientifiques dans le domaine de la psychologie de l'adolescence.

C. La psychologie de l'adolescence contemporaine

Il faut attendre la publication de l'ouvrage de Bianka Zazzo, *La Psychologie Différentielle de l'Adolescence* (1966), pour voir apparaître le premier ouvrage de psychologie scientifique sur l'adolescence, en France. On y retrouve les garanties permettant d'appuyer l'interprétation des thèmes explorés, le traitement statistique des données et les précisions sur les caractéristiques de l'échantillon, stratifié suivant l'âge, le sexe et l'origine socio-économique. La comparaison des réponses recueillies auprès des lycéens et des jeunes travailleurs permet notamment d'identifier l'effet déterminant de l'origine sociale sur plusieurs aspects de l'expérience adolescente, Bianka Zazzo constatant d'ailleurs qu'il existe en France deux adolescences distinctes, celle de la bourgeoisie et celle des jeunes travailleurs.

Plusieurs travaux ont été entrepris et se poursuivent encore dans la ligne tracée par Bianka Zazzo, notamment ceux de Tap sur la représentation des images parentales et les études de Tomé, encore actives aujourd'hui, sur la construction de l'identité à l'adolescence. La revue *Neuropsychiatrie de l'Enfance et de l'Adolescence* consacre régulièrement un numéro spécial qui rapporte divers travaux cliniques réalisés auprès des adolescents. Cependant, si on exclut bien sûr les travaux d'Inhelder et Piaget sur l'accès à la pensée formelle à l'adolescence — qui constitue une référence universelle en la matière — force est de constater que les travaux empiriques sur l'adolescence sont peu nombreux en Europe francophone. Peut-être est-ce un effet de cette longue tradition de littérature moralisante qui a dominé ce secteur et suscite une défiance de la part des psychologues. Toujours est-il qu'il faudra souvent se tourner vers les travaux anglo-saxons pour documenter les différents chapitres de cet ouvrage.

Chapitre II
L'adolescence dans une perspective anthropologique

1. L'apport de l'anthropologie culturelle

L'insertion progressive dans la société des adultes constitue le fait central de l'adolescence; cette transition sociale ne saurait être confondue avec le phénomène biologique du développement pubertaire. En effet, malgré certaines variations, la puberté apparaît globalement à la même époque partout et les séquences du développement pubertaire sont identiques, offrant un caractère largement universel et pourtant, la clôture de l'adolescence et la reconnaissance de l'état adulte varient considérablement d'une culture à l'autre.

Des travaux d'anthropologie déjà anciens ont fortement modifié le concept d'adolescence, dégageant le rôle central des facteurs sociaux sur le développement de cette période et démontrant que l'expérience adolescente ainsi que sa durée étaient déterminées par les aménagements culturels au moyen desquels une société assure le passage de l'état d'enfance à l'état d'adulte. Margaret Mead a entrepris, il y a plus de 50 ans, des enquêtes sur le terrain à Samoa d'abord et en Nouvelle-Guinée plus tard, afin d'y observer le déroulement de la croissance à l'adolescence. Pour Margaret Mead et Ruth Benedict, la diversité des données entre les cultures différentes offrait une sorte de laboratoire social qui allait mettre en question l'existence d'un schéma universel de la croissance et éclairer sous un jour nouveau les étapes du développement dans notre culture.

Le rôle des facteurs culturels sur le développement de la personnalité adolescente a été illustré le plus clairement dans l'ouvrage *Coming of Age in Samoa*, édité pour la première fois en 1928. Dans cet ouvrage, Margaret Mead décrit l'organisation de la vie quotidienne à Samoa et rapporte les divers aspects du développement de la jeune fille samoane. Dans le chapitre final, Margaret Mead évoque les problèmes de l'adolescente américaine à la lumière de l'expérience de la jeune fille de Samoa :

« [dans les deux cas] nous voyons des enfants qui passent par les mêmes stades du développement physique... atteignant la puberté avec les premières menstruations, accédant progressivement à la maturité physique... Le développement physique de la fille constitue un facteur constant en Amérique et à Samoa; les Américaines et les Samoanes sont pourtant différentes... Devons-nous considérer l'adolescence comme une période de l'histoire personnelle de chaque fillette entraînant des symptômes de conflits et de stress, aussi sûrement que cela implique des changements corporels?... » (Mead, 1961, p. 144-145).

La réponse de Margaret Mead est négative. Elle n'observe pas à Samoa de différences entre les filles pubères et non pubères; à part le développement physique, aucun statut particulier ne différencie la jeune fille qui a accédé à la puberté il y a deux ans de celle qui l'atteindra deux ans plus tard. L'adolescence n'est jamais décrite par les jeunes filles samoanes comme une période difficile de la vie, cette époque apparaît au contraire comme un temps d'heureuse insouciance, l'expérience de l'anxiété ou du stress leur est inconnue.

Pourquoi de telles différences entre l'expérience de la jeune Samoane et celle de l'adolescente américaine? Margaret Mead trouve une première réponse dans le climat général d'insouciance qui règne à Samoa : absence de pressions économiques et sociales et, surtout, absence de la nécessité d'opérer des choix personnels sur le plan professionnel, moral ou social. Le second facteur relève du contraste entre la rigidité de la morale sexuelle américaine auprès des adolescents et la tolérance des mœurs sexuelles à Samoa :

« la sexualité est conçue comme une chose naturelle et agréable; la liberté sexuelle n'est limitée que par de rares considérations [de caste]... les adultes ont des préoccupations trop importantes pour consacrer du temps aux nombreuses aventures des adolescents. Tout le monde partage ce point de vue dans la communauté » (M. Mead, 1961, p. 148).

Enfin, toute l'organisation sociale semble régie à Samoa en vue de réduire toute forme de liens affectifs serrés entre les personnes : très tôt, l'enfant est séparé de sa famille et entre dans un vaste réseau de parenté qui dépasse largement le cercle familial; plus tard, la fidélité n'est pas attendue entre les fiancés et les époux. Cette conception contraste fortement avec la vie familiale occidentale qui se déroule au sein du cercle restreint du foyer, lieu privilégié de l'affection, mais également des liens d'attachement et de dépendance. Comme Margaret Mead le note :

« les parents samoans rejetteraient sans doute comme inconvenante et odieuse cette morale qui s'appuie sur l'affection personnelle : « sois gentille pour faire plaisir à maman », « ne sois donc pas désagréable avec ta sœur, cela fait de la peine à ton père » (M. Mead, 1961, p. 224).

Le tableau de l'expérience adolescente est différent en Nouvelle-Guinée, où Margaret Mead a observé la croissance et les modèles d'éducation chez les Manus, population du Nord de l'île, vivant, dans des cités lacustres bâties au bord de la lagune, une existence précaire régie par un système complexe et contraignant d'interdits et de tabous.

Pour la jeune fille, la puberté signifie « le début de la vie d'adulte... la fin des jeux, des amitiés insouciantes, des heures heureuses passées à flâner nonchalamment dans le village » (M. Mead, 1958, p. 132). Car si les premières menstruations donnent lieu à plusieurs manifestations au cours desquelles la jeune fille est choyée et fêtée, cet événement correspond pour elle au retrait de toute participation à la vie sociale du village et au début « des années d'attente... entre les jeux libres de l'enfance et les obligations du mariage ».

Chez les garçons, plusieurs rites consacrent l'accès à la puberté, comme la cérémonie du percement des oreilles et la visite à l'île des ancêtres. Mais cela ne constitue qu'une courte période de retrait, car, au terme de ces cérémonies, le garçon retrouve ses campagnons et les jeux insouciants de l'enfance.

L'adolescence est décrite comme une période heureuse, tant pour les filles que pour les garçons; c'est l'accès au mariage qui est considéré comme la période sombre de la vie. A ce moment, la jeune épouse partagera avec indifférence la maison d'un mari qu'elle n'a pas choisi et celui-ci lui exprimera longtemps une hostilité hargneuse, car il vivra pendant plusieurs années sous la dépendance du parent qui lui a fourni son épouse et ses biens domestiques.

Les travaux désormais classiques de Margaret Mead comparant l'expérience adolescente dans les sociétés primitives et la culture occidentale, ont beaucoup stimulé la réflexion moderne sur l'adolescence. Ce n'est pourtant qu'au cours des années cinquante que ces idées influenceront réellement la conception de l'adolescence, même si ces deux ouvrages ont été salués comme des événements lors de leur parution. Aujourd'hui encore, ils ont conservé toute leur fraîcheur et constituent toujours des modèles de recherche d'anthropologie culturelle menée sur le terrain. Margaret Mead, comme elle le confie dans son autobiographie (1977), avait entrepris ces travaux en vue notamment de vérifier les idées avancées par Stanley Hall sur le caractère inéluctable de la crise adolescente. Les idées et la personnalité de Stanley Hall dominaient largement la psychologie génétique aux Etats-Unis, au cours des années vingt. Cependant, les conceptions de Stanley Hall étaient elles-mêmes fortement marquées par sa représentation de l'évolution de l'espèce humaine et de la place que l'adolescence devait occuper dans la revitalisation de la race. Il est vraisemblable qu'au début du siècle, une minorité d'adolescents américains étaient engagés dans une adolescence tumultueuse, troublée par l'expérience du stress, l'angoisse et les conflits. La plupart des adolescents s'inséraient dans la vie adulte en se conformant aux règles qui prévalaient dans les diverses classes sociales. Beaucoup d'entre eux devaient toutefois éprouver des sentiments d'anxiété, de culpabilité ou d'inhibition reliés aux interdits sociaux et moraux qui entouraient leur vie sexuelle. A cet égard, les travaux de Margaret Mead démontrent très clairement combien les aménagements sociaux mis en place par une culture donnée vont modeler le contenu de l'expérience adolescente.

2. Les rites d'initiation

Il existe, dans la plupart des sociétés primitives, des cérémonies étranges aux yeux des Occidentaux, qui introduisent les adolescents à la société des adultes. Ces rites d'initiation ont fait l'objet d'une foule d'observations sur l'ensemble de la planète, rapportées par les missionnaires et les explorateurs d'abord, par les ethnologues ensuite. L'ensemble de ce matériel, qui a été systématisé et codifié, offre un terrain d'investigation très riche mais d'une grande complexité, étant donné l'extrême variété des rites d'initiation. Ceux-ci peuvent être de courte durée ou s'étaler sur plusieurs années, ils peuvent se dérouler au cours d'une cérémonie simple ou donner lieu à des manifestations importantes, nécessitant des constructions particulières et de longs préparatifs, ils peuvent être célébrés au cours d'une fête joyeuse ou lors de cérémonies impressionnantes impliquant des épreuves dangereuses, des brimades physiques et toute une chirurgie rituelle comme le limage des dents, les scarifications, la circoncision, etc...

Les psychologues se sont principalement attachés à déchiffrer toute la symbolique foisonnante qui entoure les cérémonies d'initiation, cherchant à déceler derrière les symboles la problématique individuelle qu'implique l'accès au statut adulte; leurs interprétations de la fonction des rites d'initiation gravitent autour de questions telles que la résolution des conflits œdipiens, l'affirmation de l'identité sexuelle ou la stabilisation des rôles sexuels. Sans négliger ces aspects, les anthropologues sont portés à cerner les diverses modalités de l'attribution du statut adulte à travers les rites et à dégager la portée sociale de l'intégration au statut adulte. Les uns et les autres reconnaissent toutefois que le rituel vise toujours à préparer l'enfant à son futur statut et à conférer ce statut à l'adolescent.

A. *Les fonctions psychologiques des rites d'initiation chez les garçons*

Les rites d'initiation des garçons donnent souvent lieu à des cérémonies publiques, les futurs initiés sont regroupés par cohorte d'âge sur la place du village ou dans un lieu spécialement aménagé à cette fin. Ces manifestations singulières ont été observées et rapportées de longue date dans toutes les contrées du monde et ont donné lieu à diverses interprétations psychologiques qui s'articulent autour de trois thèmes : la maîtrise des émotions œdipiennes, l'attribution de l'identité sexuelle et le contrôle des émotions bisexuelles à l'adolescence.

a) La maîtrise des émotions disruptives à l'adolescence

Whiting, Kluckhohn et Antony (1951) ont avancé une hypothèse sur la fonction des rites d'initiation chez les garçons, en s'appuyant sur le thème de la résolution des conflits œdipiens à l'adolescence : la présence d'un lien serré entre la mère et l'enfant engendrerait une rivalité entre le père et le fils au point qu'il s'avérerait nécessaire d'établir un aménagement social particulier afin de prévenir l'approche incestueuse de la mère et l'hostilité ouverte à l'égard du père.

Dans certaines tribus primitives, la mère et le fils partagent le même lit après la naissance pendant une période pouvant dépasser deux ans; dans ces mêmes sociétés, les relations sexuelles post-partum entre les époux sont souvent frappées d'interdits et de tabous. Whiting et ses collaborateurs estiment que, dans ce type de société, on verra apparaître des rites d'initiation particulièrement sévères auprès des garçons, comprenant des épreuves de virilité, des brimades physiques et des opérations génitales, en vue de maîtriser les désirs œdipiens. Whiting *et al.* ont utilisé une approche empirique pour vérifier statistiquement auprès de 56 sociétés choisies au hasard sur le globe terrestre, la présence d'une relation entre les trois variables suivantes: les aménagements de sommeil entre la mère et le fils, les interdits sexuels entre les époux après la naissance et la présence de rites d'initiation sévères à l'adolescence. Ces relations se vérifient statistiquement et les auteurs concluent que les rites d'initiation auprès des garçons ont pour fonction de maîtriser les désirs incestueux et de prévenir la révolte ouverte contre l'autorité paternelle, à un moment où la maturité physique peut rendre cette révolte dangereuse, en forçant l'identification virile et l'acceptation des rôles masculins.

L'article de Whiting et ses collaborateurs a fait l'objet de critiques constantes de la part des anthropologues (Brown, 1963; Norbeck *et al.*, 1962; Young, 1962). Ceux-ci leur ont reproché notamment d'avoir extrait les observations de leur cadre ethnologique et d'ainsi les avoir vidées de leurs significations particulières, mais surtout d'avoir sélectionné leurs variables en fonction de présupposés qui coïncidaient avec un a priori psychanalytique, masquant ainsi des dimensions sociales fondamentales comme la polygamie ou la prédominance du pouvoir des hommes s'exerçant au travers d'organisations réservées aux mâles. Young (1962) a d'ailleurs repris les 56 sociétés traitées par Whiting *et al.* en introduisant, en plus des variables traitées par ces auteurs, celle de la solidarité masculine, définie par la présence d'organisations masculines secrètes dont les femmes sont exclues. Young démontre que cette variable de solidarité masculine se révèle bien supérieure pour prédire la présence des rites d'initiation sévères que la variable des pratiques éducatives du premier âge. Selon lui, les rites d'initiation ont comme fonction principale d'assujettir les rôles sexuels des garçons aux exigences sociales imposées par le haut degré de solidarité masculine, plutôt que de maîtriser les émotions œdipiennes disruptives à l'adolescence.

b) L'attribution de l'identité sexuelle

Burton et Whiting (1969) ont révisé les hypothèses de Whiting *et al.* à la lumière de ces critiques, en centrant cette fois leurs interprétations de la fonction des rites d'initiation autour du concept d'identification secondaire. Dans les sociétés présentant ce type d'aménagement à la naissance, lorsque le fils est chassé du lit qu'il partageait avec la mère au profit d'un père exclu jusque-là, il éprouverait pour ce rival des sentiments ambivalents de haine et d'envie. Cette envie va le conduire à s'identifier à son père. Cette forme d'identification sera dépassée au cours des séances d'initiation, lors d'un processus d'identification secondaire ritualisé, au cours duquel l'identité masculine sera attribuée fermement.

« Nous estimons maintenant que l'interprétation en termes d'identité sexuelle est la plus valide et la plus fructueuse. Nous pensons que dans ces sociétés où apparaissent des conflits d'identification sexuelle, lorsque l'enfant partage le lit de la mère et où les unités domestiques sont contrôlées par les hommes, on trouvera des rites d'initiation dont la fonction est de résoudre ces conflits d'identité sexuelle » (Burton et Whiting, 1969, p. 67).

c) La résolution des désirs bisexuels

Bettelheim a formulé dans l'ouvrage *Les Blessures symboliques* (1971) l'interprétation la plus originale sans doute des rites d'initiation auprès des garçons. Sa réflexions s'alimente à deux sources : le matériel recueilli lors de séances de psychothérapie de groupe auprès d'adolescents psychotiques, traités à la Clinique Orthogénique de Chicago et l'analyse d'échantillons de données ethnographiques sur les rites d'initiation, principalement la circoncision et la subincision.

Bettelheim rapporte notamment que, dans un groupe de psychothérapie mixte, les garçons exprimaient des inquiétudes et des incertitudes sur leur propre statut sexuel et se révélaient envieux du statut des filles : avoir des menstruations, posséder un vagin et pouvoir porter un enfant dans son ventre. Les filles, de leur côté, si elles étaient assurées de leur statut sexuel de par leurs menstruations, manifestaient de l'hostilité pour leurs règles tout en leur attribuant des pouvoirs magiques. Lorsqu'ils apprirent que les filles étaient menstruées, les garçons exprimèrent de l'envie pour les filles qui savaient qu'elles avaient grandi sexuellement et le groupe décida de créer un rituel secret, les garçons ayant chaque mois l'obligation de se couper l'index et de mélanger ce sang à celui des règles des filles.

Bettelheim rapproche ces observations des mythes de fertilité qui entourent souvent l'apparition des premières menstruations et des contenus des rites d'initiation très élaborés d'Australie, plus particulièrement la subincision. Cette dernière pratique rituelle consiste à effectuer une incision à la base du pénis, mettant ainsi l'urètre à nu et pouvant laisser croire que l'organe mâle ressemble à une vulve. La comparaison ne s'arrête pas là puisque, dans certaines tribus, l'incision est réouverte chaque mois, laissant échapper ainsi du sang apparenté au saignement menstruel. La subincision constituerait, selon Bettelheim, l'affirmation symbolique de posséder un vagin et des menstruations. Bettelheim formule une réinterprétation des rites d'initiation dont la fonction serait de prétendre symboliquement que les hommes peuvent enfanter et qu'ils sont en mesure d'acquérir un appareil sexuel équivalent à celui des femmes. Le but de l'initiation ne serait donc pas de renforcer la prohibition de l'inceste et l'identification virile, comme le prétendent Whiting et ses collaborateurs, mais de permettre l'intégration d'un rôle sexuel qui passe par la satisfaction des désirs inhérents à la constitution bisexuelle.

Les conceptions de Bettelheim constituent en fait une remise en question des perspectives freudiennes, car, comme le prétend Green (1971), c'est toute la réévaluation du complexe d'Œdipie qui est visée par l'interprétation de Bettelheim. Pour ce dernier, la circoncision et la subincision constituent des « blessures symboliques » instituées par les femmes et reliées aux mythes de la fertilité, et non, comme l'a prétendu Freud, « un substitut symbolique de la castration, une punition que le père primitif aurait jadis infligée à ses fils en vertu de sa toute-puissance » (Bettelheim, 1971, p. 43).

Laplanche (1975) a également formulé une critique détaillée de l'ouvrage de Bettelheim. Essentiellement, il reproche le niveau superficiel et très « psychologisant » où se cantonne l'interprétation du matériel rapporté dans l'ouvrage *Les Blessures Symboliques*. Qu'il s'agisse des données recueillies lors des séances de psychothérapie de groupe d'adolescents ou de l'analyse transculturelle des rituels de circoncision et de subincision, Laplanche estime que Bettelheim sélectionne artificiellement les éléments qui renforcent sa thèse, à savoir qu'il s'agissait pour les acteurs masculins des rituels, de participer au pouvoir procréateur en s'attribuant symboliquement les signes de ce pouvoir.

Selon Laplanche, la thèse de Bettelheim constitue un véritable défi à la théorie psychanalytique, puisque la priorité accordée au désir féminin constitue « une négation de la problématique phallique » (Laplanche, 1975, p. 56) et une « dévalorisation de l'Œdipe » (Laplanche, 1975, p. 58) qui ne jouerait plus sa fonction centrale. Laplanche y oppose les interprétations de Roheim qui a entrepris des études sur le terrain en Australie, mandaté en quelque sorte par l'Ecole de Vienne, pour vérifier la conformité des idées freudiennes. Aux yeux de Roheim (1967), toute la symbolique des rituels de circoncision et de subincision exprime les préoccupations centrales de la pensée psychanalytique: « la menace de castration et le complexe d'Œdipe sont explicites dans toutes ces histoires d'initiation » (Roheim, 1967, p. 111).

B. *Les fonctions sociales des rites d'initiation*

Dès le début du siècle, Van Gennep (1909) a proposé un cadre théorique général définissant la fonction sociale des rites d'initiation, en établissant des lois générales qui fixent l'organisation des rituels au-delà de la diversité des sociétés qui les pratiquent. Dans toutes les sociétés primitives, il existe des cérémonies rituelles qui célèbrent l'accès à un nouveau stade de la croissance ou la transition d'un statut social à un autre. Le rôle de ces «rites de passage», comme les nomme Van Gennep, serait de marquer la transition d'un état social à l'autre, leur fonction étant de faciliter cette liaison. Van Gennep rejetait déjà les conceptions qui rattachaient les rites d'initiation adolescents à la célébration de la puberté physiologique, estimant qu'il fallait parler de rites d'adolescence plutôt que de rites pubertaires, ceux-ci revêtant une portée non physique mais sociale. Les rites d'adolescence auraient pour fonction d'assurer le passage du statut formel d'adolescent à un autre statut conventionnel d'adulte.

Ce passage se réaliserait selon une séquence en trois étapes que Van Gennep a repéré dans tous les rites d'initiation: un rituel de séparation de l'ancien statut qui stipule la démarcation des rôles et la rupture avec le groupe antérieur, une période de marge ou de transition qui prépare l'initié à l'octroi du statut nouveau et un rituel d'agrégation dans la société des adultes comme personne nouvelle, le rôle de ce dernier rituel étant d'afficher publiquement que l'initié détient désormais le statut d'adulte à part entière.

Cette analyse de la fonction sociale des rites d'initiation inspire aujourd'hui encore les travaux des anthropologues, car elle a subi peu de remises en question, ne serait-ce qu'en raison du caractère très général des notions utilisées par Van Gennep. Mais il apparaît clairement que la portée sociale du rite d'initiation dépasse largement ses fonctions individuelles car il n'a pas pour mission de célébrer la puberté physiologique et de soutenir ainsi en quelque sorte la démarche de la nature, le rituel se substitue aux lois de la physiologie pour insérer les adolescents dans la société des adultes et les introduire ainsi aux règles sociales et politiques qui régissent la vie de la tribu. Parallèlement, les rites d'initiation assurent d'importantes et de multiples fonctions individuelles qui marquent le passage du statut sexuel masculin, l'identification virile ou la résolution des conflits sexuels.

C. Les rites d'initiation chez les filles

Les rites d'initiation des filles sont beaucoup moins documentés dans la littérature anthropologique que ceux des garçons. Cet écart entre le nombre de publications consacrées aux rituels masculins et la rareté des textes rapportant les rites d'initiation chez les filles s'explique, en partie, par le fait que la plupart des investigateurs furent des hommes, ce que certains «esprits mal intentionnés» ne manqueront pas de taxer d'absence d'intérêt ou d'embarras devant des «affaires de femmes» (Sindzingre, 1977). La raison la plus souvent avancée pour justifier cette disparité est que les cérémonies d'initiation féminines sont moins accessibles que celles des garçons, car elles se déroulent individuellement au sein de l'intimité familiale et donnent rarement lieu à des manifestations publiques. La circoncision et la subincision sont des rituels publics, pour les futurs initiés comme pour l'assistance, alors que les rituels féminins se déroulent au sein de la maison de la mère ou des membres du lignage.

La reconnaissance sociale des premières menstruations constitue l'aspect le plus universel des rituels féminins; souvent, ceux-ci s'organisent strictement autour du phénomène biologique. Le thème de la fertilité de la future mère alimente principalement les mythes qui entourent la venue des premières règles: les incantations de l'entourage, les massages corporels et les gestes magiques visent à conjurer la stérilité et à assurer un surcroît de fertilité, dans les conditions d'accouchement les plus favorables. La jeune fille menstruée pour la première fois est souvent investie de pouvoirs magiques, tantôt bénéfiques, tantôt maléfiques. Ruth Benedict (1950) a pu observer, chez les Apaches, des prêtres qui s'agenouillaient auprès de fillettes pubères, les bébés et les vieillards les approchaient pour se protéger de la maladie par attouchement, car elles incarnent la bénédiction surnaturelle. En d'autres lieux, les premières menstruations risquent de faire encourir des dommages publics: le regard de la jeune fille peut tarir la source ou faire fuir le gibier au fond de la forêt. En Colombie Britannique, chez les Indiens Carrier, la jeune fille ayant ses premières règles constitue une menace pour quiconque la rencontre; la trace même de ses pas souille le sentier ou la rivière (Benedict, 1950).

Le rituel de ségrégation et l'isolement dans une pièce séparée de la maison spécialement aménagée à cet effet, se retrouve souvent dans les rites féminins. L'espace réservé au cérémonial féminin est un lieu clos, davantage centré sur le «dedans», dans le secret de la maison de la mère et qui, souvent, n'intéresse, en dehors de la mère, que les parentes ou les voisines fréquentent la maison. La période d'isolement de l'activité sociale est souvent marquée par le symbolisme de l'obscurité et les restrictions alimentaires; la jeune fille est isolée dans une pièce obscure de la maison, entourée de quelques femmes qui l'initient à l'histoire de la tribu et à son futur rôle d'épouse. Selon Eliade (1959), le symbole de l'obscurité indique la relation mystique entre les cycles féminins et les cycles lunaires; la nourriture blanche, exempte de sang et de tout élément carné qui lui est réservée, serait reliée au mystère du sang menstruel.

La célébration publique est beaucoup plus rare dans le cas des filles que chez les garçons. Lorsqu'elle présente, cette cérémonie annonce que «le mystère est accompli» et que la jeune fille est prête à assumer son rôle de femme. Judith Brown (1969) a pu constater que les rites d'initiation féminins publics s'observent dans les sociétés matrilinéaires où la fille sera appelée à partager la même unité domestique que sa mère après le mariage et où la femme contribue de façon importante à la subsistance de la tribu. La fonction sociale du rite serait d'indiquer que la fille a changé et que de nouvelles relations s'imposent, en plus d'assurer l'initiée et l'entourage de sa compétence comme future épouse.

La chirurgie génitale apparaît rarement dans les rites d'initiation féminins (Brown, 1969). La circoncision des garçons a été observée dans les riuels adolescents auprès de multiples sociétés sur les cinq continents et a été présentée à ce titre comme le plus grand des rituels adolescents par de nombreux informateurs. La pratique de l'excision du clitoris, accompagnée quelquefois de l'ablation d'une partie ou de la totalité des petites et des grandes lèvres, s'observe dans une vingtaine de pays d'Afrique (Sindzingre, 1977). Ce rituel a souvent été considéré comme le correspondant féminin de la circoncision et certains parlent même de circoncision féminine. L'usage de ce terme devrait être exclu car si circoncision et excision présentent des points communs — retrancher une partie du corps, laisser une trace définitive — les deux formes d'ablation sont totalement dissemblables, notamment quant aux possibilités de plaisir subsistant après l'opération:

«l'expérience montre que la circoncision accentue la sensibilité sexuelle de l'homme alors que l'excision limite fortement celle de la femme. C'est déjà là le signe d'une contradiction par rapport à l'explication mythique qui tend à attribuer à ces deux pratiques une même fonction» (Zadi Zaourou et Ehouman, 1975)[1].

Nicole Sindzingre (1977) analyse deux types de discours émis à propos de l'excision: le discours «local» des femmes ayant subi l'excision et celui des informateurs des anthropologues et le discours savant occidental, tenu principalement par la psychanalyse. La première fonction de l'excision affirmée sans ambages dans le discours local, c'est de préluder au mariage en assurant la procréation et la fécondité. La seconde fonction de répression et de contrôle de la

---

[1] Cité par Sindzingre, 1977, p. 66.

sexualité féminine ne se dissimule guère plus, l'excision du clitoris est le moyen préconisé pour préserver la chasteté de la femme «qui manque naturellement de contrôle de soi en matière sexuelle». Un troisième niveau de fonction apparaît dans les commentaires locaux: il s'agit de faire entrer la femme dans sa catégorie sexuelle appropriée, l'excision du petit pénis que constitue le clitoris ayant pour objet de supprimer le principe masculin chez elle, d'instaurer l'ordre et de «compléter» symboliquement la femme en tant quêtre sexué.

Le discours savant sur l'excision a surtout été le fait de psychanalystes. Marie Bonaparte (1948), reprenant la théorie freudienne de la bisexualité féminine, considérait l'excision comme l'expression d'un désir social de surféminiser les filles tout en intimidant leur sexualité; Marie Bonaparte y voyait le pendant de la répression de la sexualité féminine en Occident. Hanry (1965) s'appuie également sur la théorie de la bisexualité mais rejette la thèse de la contrainte — 12 % seulement des jeunes filles guinéennes instruites, interrogées par ses soins regrettent leur excision — pour relier l'excision à une série de représentations sociales positives qui émaillent le discours des filles: quitter l'enfance, entrer dans la société des adultes, accéder à la vie sexuelle et à l'érotisme vaginal de la «vraie femme».

Ces ambivalences du discours savant, insistant une fois sur le plus, une fois sur le moins, démontrent selon Sindzingre que l'excision est une institution équivoque et qu'il faut se garder des explications simplistes et définitives. De par ses ambiguïtés, l'excision ne peut s'appréhender comme une institution «en soi», en dehors des formations sociales particulières où elle se situe. Quant aux réactions récentes de certains organismes occidentaux réclamant l'abolition de cette «coutume barbare», Sindzingre se demande, à juste titre, de quel droit ces organismes jugent-ils à la place des intéressées, rappelant que le propre de l'impérialisme est d'intervenir chez les autres peuples pour y définir un mal à extirper.

3. Les rites d'initiation et la signification de l'adolescence dans notre culture

L'infinie variété que revêtent les cérémonies pubertaires rend malaisée toute tentative de dégager des éléments universels. On ne peut que s'étonner devant cette prolifération des rites d'initiation à l'adolescence dans l'ensemble des sociétés primitives et sur l'absence de tels rites dans la culture occidentale. A moins qu'on ne tienne pour des rites d'initiation les fêtes religieuses qui se déroulent à l'adolescence, comme la Communion Solennelle chez les Chrétiens ou la Barh-miza chez les Juifs, ou encore certaines formes d'engagement dans les mouvements de jeunesse ou le passage de l'école élémentaire à l'école secondaire. Mais on conviendra qu'il s'agit là d'événements limités qui n'impliquent que des aspects partiels de l'individu, à la différence des rites d'initiation qui engagent l'ensemble de la personne, son corps, son esprit et son statut social.

Dans toutes les cérémonies d'initiation, les rites s'articulent autour de contenus dont la signification sexuelle est manifeste. Ceci est évident lors des interventions de chirurgie génitale ou dans la célébration des premières menstruations, mais les contenus sexuels sont omniprésents dans les manifestations symboliques qui entourent les rites d'adolescents. On peut considérer que les rites d'initiation visent à promouvoir la pleine acceptation des rôles sexuels prescrits dans la culture et à inscrire cette identité sexuelle dans le corps de l'initié, en le marquant par la chirurgie génitale, les scarifications ou les tatouages.

La littérature ethnologique fait état, tribu après tribu, de rituels pubertaires où l'idée de renaissance occupe une place centrale, que ce soit par le biais de la reproduction symbolique de la naissance ou au moyen d'un psychodrame très élaboré. Comme tout ce qui a trait à l'initiation, les variations sur ce thème sont infinies, mais le rituel suivant, qui a lieu à l'ouest de Géram, une île indonésienne, peut être considéré comme typique. A l'âge de la puberté, les garçons sont réunis au sein d'une maison spéciale, dans les profondeurs de la forêt. Aussitôt que les futurs initiés ont disparu dans la maison, on entend un bruit sourd, un cri affreux retentit et une épée ensanglantée est lancée à travers le toit. A cette vue, les mères pleurent et se lamentent, déclarant que les esprits ont tué et emporté leurs enfants, elles prennent le deuil et pleurent leurs morts. Mais un jour, les tuteurs et les parrains des initiés sortent de la forêt, couverts de poussière comme s'ils revenaient des enfers pour annoncer que les sacrifices ont été exaucés et que les jeunes sont ressuscités (Frazer in Bettelheim, p. 138). L'accès à une vie nouvelle au terme de l'initiation est souvent renforcé par l'attribution d'un nom nouveau, différent de celui de l'enfance ou par le réapprentissage de gestes autrefois familiers.

Les rituels d'initiation constituent souvent les célébrations les plus élaborées parmi les cérémonies qui marquent les diverses étapes de la vie: la naissance, l'adolescence, les fiançailles, le mariage et la mort. Cette institution assume une fonction sociale manifeste, affichant publiquement l'entrée de l'adolescent dans la société des adultes et la naissance de l'homme nouveau en définissant explicitement son statut sexuel.

Pour Hart (1975), l'initiation est une «institution éducative» majeure pour les sociétés primitives qui consacrent beaucoup d'énergie et de temps afin de faire de l'adolescent un adulte socialisé dans une culture donnée. Les règles prescrites du rituel sont très rigoureusement codifiées, elles sont les mêmes pour tous et les pressions en faveur de la conformité sont omniprésentes. Le rituel d'initiation soustrait l'adolescent à sa famille qui en avait la charge jusqu'ici et qui s'est acquittée de multiples tâches éducatives: maîtrise des fonctions corporelles, connaissance des techniques de chasse, de pêche, etc... A la puberté, ce sont des étrangers à la famille qui ont la charge de «l'école d'initiation», comme l'appelle Hart et qui vont d'ailleurs multiplier les tabous et les interdits qui frappent les habitudes familiales anciennes. Le «programme» de l'école d'initiation est exclusivement constitué de tout ce qui définit la culture de la société: les mythes, les croyances, les valeurs, afin de faire de l'adolescent un «citoyen», un être socialisé comme il ne l'a jamais été auparavant. Les sociétés primitives ont mis en place un «appareil formidable» afin d'assurer «l'éducation civique» de leurs adolescents, dans un modèle unifié de la culture, délaissant des apprentissages propres à assurer la survie comme la production de nourriture, la maîtrise de techniques d'agriculture, de chasse ou de pêche. A la différence de la société occidentale, constate Hart, les sociétés primitives, malgré des conditions d'existence précaires et bien qu'elles soient souvent menacées d'extinction, sont plus soucieuses de promouvoir des «citoyens» qui pourront s'imbriquer dans la culture que des «techniciens» pouvant maîtriser et accroître les techniques de production alimentaire.

Les rites d'initiation introduisent l'individu dans l'ordre des réalités sociales et culturelles qu'ils ont pour mission de perpétuer, tout en supportant l'initié dans un certain nombre de tâches qui marquent le passage de l'adolescence à l'âge adulte. Sans trancher l'impossible dilemme de savoir ce qui est premier des pulsions individuelles ou des structures sociales, les rites d'initiation réalisent la conciliation du psychologique et du social, par le biais des manifestations symboliques (Pouillon, 1971).

La lecture du matériel ethnographique rapportant les rites d'initiation provoque deux types d'émotion chez l'Occidental. La description de certains rituels particulièrement sévères, au cours desquels des adolescents subissent des brimades, endurent des épreuves dangereuses, des mutilations sexuelles, ingurgitent des aliments nauséabonds, etc... suscite chez le lecteur occidental la répulsion pour ces pratiques barbares et réconforte son sentiment de supériorité d'homme civilisé. D'autres récits, recueillis ailleurs, éveillent chez lui la nostalgie du paradis perdu; l'homme primitif s'y révèle proche de l'état de nature dont la civilisation a aliéné l'homme occidental, il détient des secrets et des vertus comme l'écoute attentive de la croissance au sein des rythmes naturels et cosmiques. Mais il faut se garder de ces deux mouvements, décrier la barbarie de l'autre ou envier les secrets du «bon sauvage», toute comparaison entre ces deux mondes est vaine, les contrastes entre la civilisation occidentale et la culture primitive sont multiples et les écarts inconciliables. Pourtant, la troublante universalité des rites adolescents dans les sociétés primitives et leur disparition dans notre culture nous renvoient à une interrogation majeure sur les rapports entre les générations dans notre culture.

Les rites d'initiation assurent à la fois le passage de la génération des adolescents à celle des adultes et l'agrégation des générations entre elles, et ceci au sein d'un modèle de société unifié, où les normes sont prescrites, les rôles et les statuts définis clairement et affichés publiquement. L'initiation introduit l'adolescent à la maîtrise des règles sociales et culturelles et garantit la reconnaissance de l'entourage. Il s'agit là d'un gain considérable et partout les jeunes paraissent avides de se soumettre aux épreuves d'initiation, même là où les rites sont dangereux et pénibles. Sans doute, les pressions à la conformité sont-elles fortes car l'adolescent de la tribu primitive n'a guère d'autre voie pour accéder au statut adulte.

Dans notre société, le passage à l'état adulte n'est pas institutionnalisé et le programme qui régit la transition entre l'adolescence et l'âge adulte est plus flou, plus ouvert mais singulièrement plus complexe, puisqu'il est dicté par des règles de formation et de spécialisation professionnelle. En regard de l'impressionnant dispositif mis en place par la société primitive pour garantir l'agrégation des générations, la société industrielle a instauré un système où les générations sont séparées et cloisonnées dans la vie active, la vie sociale et les loisirs. Cette société qui, à la différence de la société primitive, valorise la performance et la production, a instauré un mode de division du travail qui marginalise les adolescents qui ne sont pas encore productifs et les vieillards qui ne le sont plus.

Chapitre III
L'adolescence dans le cycle de la vie : définition, durée et problématique

1. La durée de l'adolescence dans le cycle de la vie

L'adolesence est une période du cours de la vie située entre l'enfance et l'âge adulte. Cette localisation apparemment simple n'est pas sans problèmes, particulièrement quand il s'agit de convenir du point de clôture. Car, si on conviendra que la puberté offre un point de départ aisément repérable dans le développement et que l'enclenchement de la maturation sexuelle engage la croissance dans un processus résolument différent de celui de l'adolescence, il en va autrement pour fixer l'achèvement de l'adolescence qui coïncide avec l'insertion de l'individu dans la société des adultes.

L'émergence de la puberté inaugure l'adolescence qui possède donc un point de départ universel inscrit dans la croissance biologique : au cours d'une période relativement courte qui recouvre en moyenne quatre ans, le corps va se modifier profondément pour adopter ses caractéristiques sexuelles définitives. Pourtant, l'utilisation apparemment simple de critères biologiques soulève un certain nombre de difficultés. D'abord, l'âge chronologique constitue un médiocre indicateur de l'âge biologique, compte tenu des importantes différences individuelles qui caractérisent le développement pubertaire. Chacun peut constater ces différences : telle adolescente de 13 ans possède déjà un corps de femme alors que sa compagne du même âge présente une morphologie infantile.

En second lieu, si, chez la fille, l'apparition des premières menstruations constitue un indice certain de maturation pubertaire, l'identification de la maturité sexuelle masculine se fait en l'absence de signes précis, car, si la présence de spermatozoïdes vivants dans les urines peut aisément être testée en laboratoire, il faudra, en dehors du laboratoire, recourir à des indices tels que le développement des testicules ou la présence de pilosité pubienne.

Enfin, la maturation de l'appareil génital, responsable des premières menstruations chez les filles et de la production du liquide séminal chez les garçons, est précédée d'une période variant entre un et deux ans, durant laquelle les mécanismes pubertaires se mettent en place progressivement. Il est donc raisonnable de faire coïncider le point de départ de l'adolescence avec l'apparition de ces premiers signes qui inaugurent le processus pubertaire.

Mais le véritable problème de la délimitation de la durée de l'adolescence dans le cours de la croissance individuelle concerne son point de clôture. L'adolescence s'achève par l'entrée de l'individu dans la société des adultes, or, du moins dans notre société, l'accès au statut adulte n'est pas défini au moyen de critères précis, reconnus de tous. Le passage de l'adolescence à l'état adulte constitue plutôt une démarche progressive qui recouvre une période relativement importante de la croissance individuelle. On peut identifier un certain nombre d'événements qui marquent ce passage: quitter l'école, accéder au marché du travail, délaisser la maison familiale, s'engager dans une vie de couple et fonder une unité domestique propre. Cependant, comme nous l'indiquions dans le premier chapitre, l'ordre de ces événements et leur durée évoluent au cours de l'histoire. L'octroi du statut adulte varie également dans le temps et selon les cultures; chez nous, l'attribution de ce statut n'est pas institutionnalisée et passe par des critères flous, variables et normatifs.

A. *La durée de l'adolescence: perspectives psychologiques*

La difficulté de convenir du point de clôture de l'adolescence est clairement illustrée par les diverses définitions de la durée de l'adolescence qu'on retrouve dans la littérature psychologique:

« sur le plan psychologique, l'adolescence est un état d'esprit, une manière d'être qui débute à peu près à la puberté et se termine lorsque l'individu a acquis son indépendance d'action, c'est-à-dire lorsqu'il est socialement et émotionnellement mûr et qu'il possède l'expérience et la motivation nécessaires à la réalisation du rôle d'adulte » (Stone et Church, 1973, p. 217).

Horrocks (1978) n'est pas plus explicite quand il déclare:

«l'adolescence se termine quand l'individu atteint la maturité sociale et émotionnelle et acquiert l'expérience, l'habileté et la volonté requises pour assumer de manière consistante, à travers un large éventail d'activités, le rôle d'un adulte lui-même défini par la culture dans laquelle il vit» (Horrocks, 1978, p. 13).

Ces définitions expriment bien l'embarras des auteurs quand il s'agit de définir avec une précision suffisante le point de clôture de l'adolescence: celle-ci est une période du développement située entre l'enfance et l'âge adulte, qui possède un point de départ biologique et un point d'arrivée défini par la culture. L'identification d'une période d'adolescence constitue un fait universel, même si, comme nous le signalions dans le premier chapitre, le fait de la concevoir comme une étape spécifique dans le cycle de la vie est relativement récente. La reconnaissance d'un état différent de l'enfance et de l'âge adulte existe dans toutes les sociétés connues et au cours de toutes les périodes historiques (Eisenstadt, 1960). Partout, dans toutes les cultures, il existe un mot pour nommer cet état (Linton, 1936). La durée de l'adolescence est cependant très variable suivant le contexte culturel. Cette période est relativement courte dans les tribus primitives, alors qu'elle se prolonge dans notre culture pour recourir pratiquement toute la décennie qui s'étend entre 11 et 20 ans.

B. La fin de l'adolescence: perspectives psychanalytiques

Récemment, Peter Blos (1979) a tenté de cerner le problème de la clôture de l'adolescence en identifiant quatre critères psychologiques permettant de tracer la ligne de démarcation entre ce qui constitue les aspects typiques et habituels de la construction des structures du moi à l'adolescence et à l'âge adulte.

Le premier de ces mécanismes recouvre ce que Blos appelle «le second processus d'individuation de l'adolescence». Il fait ici référence aux mécanismes d'introjection des premiers objets d'amour — l'image de la mère — qui vont permettre au jeune enfant de bâtir une forme primitive de la représentation de soi et tracer une première frontière entre les réalités internes et le monde extérieur, mécanismes qui seraient réactivés lors de la poussée pubertaire. Toutefois, à l'adolescence, la démarcation s'opère entre deux réalités internes: la représentation du moi et les images parentales intériorisées, ce qui implique nécessairement une mise à distance ou une déidéalisation des objets d'amour et peut, d'après Blos, entraîner des effets dévastateurs comme le repli dans un monde idéalisé ou l'engagement dans des conduites asociales.

Le second processus engage le moi dans la «continuité temporelle». Pour la première fois, l'adolescent est confronté aux réalités de la durée, il sera appelé à accepter son passé sans distorsions majeures et à se projeter dans l'avenir. L'angoisse existentielle attachée à cette expérience nouvelle le confronte pour la première fois aux aspects tragiques de l'existence. Car le jeune adulte devra désormais assumer le «traumastisme résiduel» qui n'est autre que le drame particulier de chaque individu marqué par les cicatrices narcissiques des nostalgies et des illusions de l'enfance perdue à jamais.

«L'identité sexuelle» vient clôturer ce long processus de construction du moi qui définit l'accès à l'état adulte, selon Blos. Ce concept est différent de l'identité de genre qui s'est imposée plus tôt, quand le préadolescent a été confronté à l'acceptation d'une image corporelle sexuée. Ce processus est plus vaste puisqu'il implique l'intégration des composantes inadéquates de l'identité de genre, masculines ou féminines, au sein d'une structure psychique nouvelle qui constitue l'identité du moi. Cette restructuration entraîne l'abandon progressif des objets d'amour infantiles et assure la formation de relations interpersonnelles stables qui caractériseront l'état adulte.

C. *L'adolescence et la jeunesse: perspectives sociologiques*

Au terme des années soixante, divers mouvements sociaux ont secoué l'Europe et les Etats-Unis: les événements de mai 68 en France et l'agitation sur les campus américains avaient en commun de propulser la contestation de la jeunesse à l'avant-plan de la scène sociale et politique. De multiples ouvrages sociologiques ont été publiés à l'époque, qui tentaient de déceler derrière ces mouvements de contestation, l'émergence de la jeunesse comme groupe social particulier, partageant une conscience commune et des revendications spécifiques. Ce phénomène n'était pas sans rappeler la prise de conscience de la réalité adolescente du début du siècle.

Kenniston (1970), qui avait étudié divers groupes de jeunes dissidents américains au cours des années soixante, n'hésita pas à considérer qu'un nouveau stade découpait désormais le cycle de la vie. Le groupe qu'il désigne comme la jeunesse a réalisé les tâches adolescentes traditionnelles: il s'est affranchi de la tutelle familiale, possède une vie sexuelle définitivement orientée et stable et témoigne d'engagement moral, éthique et politique. Ces jeunes gens et ces jeunes femmes demeurent toutefois mobiles et ouverts, ils ne clôturent pas leur développement juvénile et se démarquent de la société établie par les adultes.

Kenniston a fondé ses perspectives à partir d'observations réalisées auprès de sujets issus des classes sociales privilégiées: les jeunes universitaires américains qui se détournaient momentanément d'un système de privilèges bâtis par leurs pères pour fonder des communes ou s'engageaient plus activement dans des mouvements de radicalisation politique lors de la contestation de la guerre du Vietnam. Aujourd'hui toutefois, la portée de ces mouvements de dissidence paraît beaucoup plus réduite et il n'est pas certain que cette conception de la jeunesse possède un avenir dans la conscience sociale et puisse donner lieu à une formulation théorique précise.

Un problème à caractère plus limité reste cependant ouvert quand il s'agit de délimiter les grandes étapes du cycle de la vie: la jeunesse prolonge-t-elle l'adolescence ou introduit-elle l'individu dans l'âge adulte?

La plupart des ouvrages traitant de la psychologie du développement optent pour la seconde perspective et découpent le cycle de la vie en trois grandes étapes: l'enfance, l'adolescence et l'âge adulte. L'enfance est subdivisée en trois périodes: l'âge du nourrisson, la première enfance et l'âge scolaire; il en va de même pour l'état adulte où on identifie la jeunesse, l'âge adulte moyen et l'âge adulte avancé. Ce découpage peut paraître arbitraire à première vue, mais s'avère pertinent lorsqu'on examine la spécificité de chaque tranche de vie en termes de tâches propres à chaque étape du développement. Chaque période est caractérisée par un ensemble de réalisations psychologiques et sociales qui ne sont jamais closes, sans doute, mais qui revêtent un caractère d'urgence et une signification majeure pour l'ensemble des individus engagés dans une même cohorte d'âge. Tout le monde convient que l'adolescence est dominée par des exigences psychosociales impératives comme l'émancipation de la tutelle parentale et l'engagement dans l'identité sexuelle. La réalisation de ces tâches clôturent l'adolescence et définissent l'entrée dans l'âge adulte. Le jeune adulte sera désormais confronté à d'autres exigences qui s'articulent principalement autour de l'engagement dans une vie de couple et la réalisation d'une activité professionnelle, réalités qui dessinent, parmi d'autres, le profil de l'adulte dans notre société.

2. L'adolescence comme période de développement

L'adolescence toute entière est une période du cycle de la vie marquée par le concept de développement et les termes de changement, modification, transformation, etc. s'imposent constamment lorsqu'il s'agit de décrire les divers aspects de la croissance à cette époque de la vie. A l'adolescence, l'organisme va subir des modifications majeures qui vont affecter successivement tous les aspects de la vie biologique, mentale et sociale: le corps est profondément modifié lors de la poussée pubertaire, la pensée change également et fait l'objet de remaniements quantitatifs et qualitatifs, la vie sociale évolue sous un double mouvement d'émancipation de la tutelle parentale et d'engagement de nouvelles relations avec les pairs, enfin, la représentation de soi s'engage dans une nouvelle subjectivité qui s'exprimera au sein de l'identité, fruit des transformations sexuelles, cognitives et sociales. Les modifications de l'adolescence marquent donc successivement quatre sphères du développement: le corps, la pensée, la vie sociale et la représentation de soi. Chaque fois, ces diverses transformations s'accompagnent d'un certain nombre de tâches développementales, c'est-à-dire de réalisations psychologiques qui revêtent un caractère impératif et un aspect d'urgence à ce moment de la croissance. Le concept de tâche développementale a été retenu par plus d'un psychologue du développement — Gesell, Lewin, Erikson et Blos — pour décrire les accomplissements psychosociaux qui s'imposent à tous les individus lors des étapes du développement. Ces nécessités sont dictées par les exigences d'une croissance exempte de limitations majeures sur le plan sexuel, social ou personnel et s'appuient sur des réalités universelles ou du moins, largement étendues dans une société donnée.

A. Les zones de développement et les principales tâches développementales à l'adolescence

1. Le développement pubertaire. Au cours d'une période relativement courte qui, en moyenne, recouvre quatre ans, le corps de l'enfant subit des transformations sexuelles majeures. Ceci entraîne deux tâches développementales principales: 1. la nécessité de reconstruire l'image corporelle sexuée et d'assumer l'identité de genre masculine ou féminine; 2. accéder progressivement à la sexualité génitale adulte caractérisée par le partage de l'érotisme avec un partenaire sexuel et la conjonction de deux désirs complémentaires.

2. Le développement cognitif. Un ensemble de modifications quantitatives et qualitatives marquent la pensée adolescente qui tranche sur la manière d'aborder le réel caractérisant l'univers enfantin. Cette évolution des capacités cognitives se traduit par deux gains principaux: l'augmentation des capacités d'abstraction et l'élargissement des perspectives temporelles [1].

3. Les modifications de la socialisation. L'adolescence est également caractérisée par des modifications majeures des relations sociales et des agents de socialisation, puisque l'emprise prédominante de la famille va laisser place progressivement au groupe des pairs comme source de référence des normes de conduite et d'attribution de statut. Ce changement s'opère en deux temps qui constituent autant de tâches développementales: 1. l'affranchissement de la tutelle parentale; 2. le remplacement graduel du groupe des pairs comme agent de socialisation, exigeant la mise en place de relations de compétition et de coopération avec les partenaires des deux sexes.

4. La construction de l'identité. Tout au long du cycle de l'adolescence, l'individu accède progressivement à une nouvelle subjectivité qui modifie la représentation de soi et d'autrui. La construction de l'identité psychosociale qui traduit ce phénomène progressif d'élaboration du moi à l'adolescence, passe par trois tâches développementales principales: 1. l'acquisition d'une continuité temporelle du moi qui assume le passé de l'enfance et détient des capacités de projection dans l'avenir; 2. l'affirmation d'un moi qui se démarque des images parentales intériorisées; 3. l'engagement dans des choix qui garantissent la cohérence du moi, principalement à travers les options professionnelles, la polarisation sexuelle et l'engagement idéologique.

B. *Un schéma du développement à l'adolescence*

Dans la figure 1, on a tenté de regrouper l'ensemble des aires de développement affectées par les transformations de l'adolescence. L'adolescence a été tracée dans le cours de la vie, le point de départ coïncide avec l'émergence de la puberté mais le point de clôture, plus flou, a été indiqué en pointillé. Les quatre zones ont été réparties progressivement en fonction de l'âge. Cette disposition qui indique que chaque zone revêt une importance particulière à un moment donné du développement, s'appuie sur de multiples données empiriques. Ainsi, en ce qui concerne la puberté qui inaugure le développement pubertaire et se trouve donc placée au début du schéma, il a été démontré que la représentation de l'image corporelle, relative-

---

[1] L'accès à la pensée formelle décrit par Piaget n'est pas universel et semble limité à un nombre restreint d'adolescents scolarisés dans notre culture. Il ne paraît donc pas judicieux d'en faire une tâche développementale généralisée.

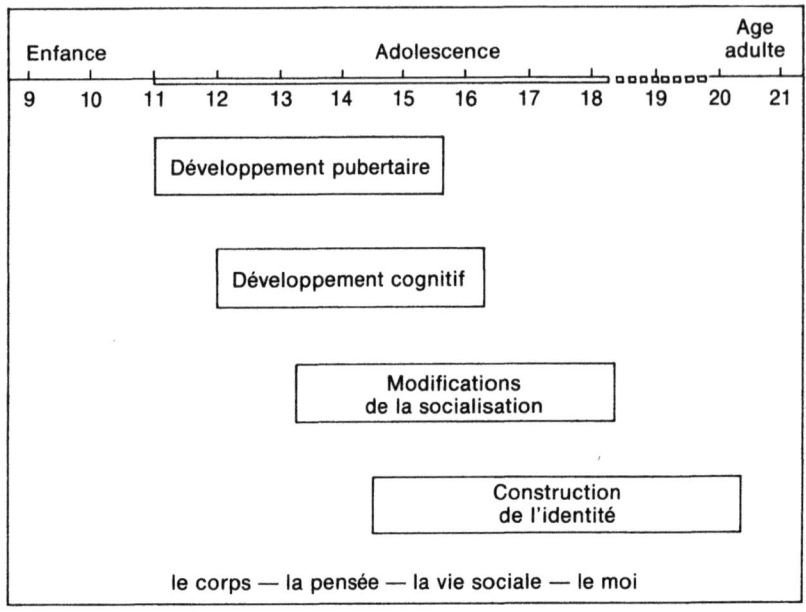

Figure 1. L'évolution des principales zones de développement à l'adolescence.

ment stable entre 8 et 11 ans, subit d'importantes perturbations qui atteignent un sommet à 14 ans pour se restaurer progressivement plus tard (Simmons et Rosenberg, 1975); il en va de même pour la mesure de l'anxiété suscitée par le thème des relations hétérosexuelles qui culmine à 13 ans pour se réduire ensuite (Coleman, 1978). Cette démonstration pourrait être reprise pour chacune des autres zones du développement mais, comme chacune d'elles sera traitée dans un chapitre séparé qui rapporte les données à ce sujet, il a paru superflu de s'y attarder plus longtemps ici. Qu'il suffise de signaler que la présence de conflits familiaux et de comportements asociaux prédominent à 16 ans et que la problématique de l'identité clôture l'adolescence (Blos, 1979).

Chacune des aires rapportées dans le schéma traduit l'accroissement de préoccupations particulières qui deviennent dominantes pour atteindre un sommet à un âge donné, sans être exclusivement réservées à cet âge. Aussi les zones se recouvrent-elles, certaines occupent le centre de la scène psychologique à un moment donné pour l'ensemble des adolescents, ce qui n'exclut nullement que cette question puisse être critique pour un individu tout au long de son adolescence.

Ce schéma rejoint le modèle proposé par Coleman (1978) au terme d'une enquête menée auprès de 800 adolescents d'Angleterre en vue de dégager leurs réactions sur une série de questions: l'image de soi, les relations sexuelles, l'amitié, les relations parentales, etc. L'analyse des résultats démontre que les attitudes changent en fonction de l'âge mais, surtout, que des préoccupations spécifiques atteignent un sommet à divers moments du développement de l'adolescence. Ceci conduit Coleman à proposer ce qu'il nomme une «théorie focale» de l'adolescence, voulant indiquer par là qu'un ensemble de préoccupations envahissent le foyer de la vie psychologique au cours d'une étape spécifique de l'adolescence. Selon Coleman, un tel modèle n'est pas foncièrement distinct d'une conception classique des stades, en offrant toutefois plus de souplesse, puisque la résolution d'une étape ne constitue pas la condition sine qua non à l'abord de l'étape suivante et que le modèle n'implique pas un ordre de séquences immuables, délimitées de façon précise.

Le fait de concevoir le développement à l'adolescence en termes de grandes zones occupant successivement le foyer des préoccupations psychologiques présente un autre intérêt. On peut penser que, si l'adolescent doit s'ajuster à une série de modifications majeures qui toutes sont porteuses de stress, cette période implique nécessairement une importante crise dans le développement. Pourtant, comme nous le verrons bientôt, les recherches empiriques menées au cours de ces quinze dernières années ne confirment nullement cette vision; la majorité des adolescents franchissent cette période de la vie avec une relative stabilité dans les diverses fonctions psychologiques et sont rarement marqués d'incapacité dans leur fonctionnement quotidien. C'est que, comme le démontrent les recherches longitudinales entreprises notamment par Offer, ils ne sont pas confrontés à toutes les réalités en même temps et peuvent transiger successivement avec les différentes tâches imposées par la croissance à cette période de la vie.

3. La crise adolescente

L'usage du terme de «crise adolescente» soulève plus d'un problème d'ordre sémantique. L'analyse «historico-critique» du concept de crise amène Ebtinger et Bolzinger (1978) à dégager deux sens contradictoires de ce terme, au cours de l'histoire de la médecine. Le terme de crise serait passé d'une notion bénéfique de résolution de la maladie et de retour à la santé qui prévalait au 19ᵉ siècle, à une conception maléfique de traumatisme pathologique ou de « creuset patholologique » qu'il possède aujourd'hui. La notion de crise adolescente recouvre également « un essaim de significations qu'évoque le concept même de crise : carrefour, croisée des chemins, tournant décisif, saut dans l'inconnu, épreuve, succès ou désastre » (Ebtinger et Bolzinger, 1978, p. 545).

Le concept de crise adolescente possède aujourd'hui au moins deux acceptions principales dans la littérature psychologique : d'un côté, l'accent est mis sur l'idée de rupture, de changement brusque et subit dans le développement, entraînant des modifications sensibles dans les comportements, les modes de pensée et les représentations ; de l'autre, c'est la notion de perturbation dans le fonctionnement psychologique qui prédomine, entraînant des malaises, des souffrances, des inhibitions, des angoisses, bref, une série de difficultés apparentées aux troubles névrotiques, occasionnant des incapacités dans la vie quotidienne. Les deux thèmes ont été exploités dans la description de la crise adolescente.

L'idée d'une période frappée par le tumulte psychologique, le stress et le conflit, possède une longue histoire dans la description de l'adolescence normale. Cette idée fut énoncée avec force par Jean-Jacques Rousseau et les romantiques allemands à sa suite, qui feront du tumulte psychologique vécu par la jeunesse le modèle du destin tragique de l'homme, frappé par l'antagonisme inéluctable entre les désirs individuels et les contraintes conventionnelles de la société.

Cette conception d'une adolescence caractérisée par le tumulte émotionnel, où dominent les tensions internes, l'instabilité et les conflits, a été reprise en psychologie moderne par Stanley Hall, pour lequel le vocable « storm and stress », emprunté aux romantiques allemands, décrit le plus adéquatement l'expérience de l'adolescence déchirée entre les poussées instinctives et les conventions sociales. Cette vision d'une période de tumulte psychologique constitue aujourd'hui encore une ligne de démarcation entre les diverses conceptions de l'adolescence.

A. *La psychanalyse et la crise juvénile*

La psychanalyse considère l'adolescence comme un stade qui s'inscrit dans le développement continu. L'éveil de la sexualité est antérieur à la puberté, l'adolescence s'explique par l'enfance qu'elle reproduit en réactivant des conflits anciens.

Les conceptions psychanalytiques ont beaucoup contribué à présenter une image de l'adolescence caractérisée par des perturbations et des inadaptations transitoires, nécessaires au développement ultérieur, au point que l'absence de troubles psychologiques à l'adolescence porterait le signe d'une consolidation prématurée du moi et constituerait ainsi un pronostic défavorable quant à l'équilibre du futur adulte.

La pensée d'Anna Freud, systématisée dans un article publié en 1969, constitue un modèle de l'adolescence conçue comme une période normale de perturbations psychologiques. A. Freud considère que les mécanismes de défense élaborés au cours de la période de latence s'avèrent inadéquats pour affronter l'émergence des pulsions libidinales résultant de l'accès à la puberté; la maturité sexuelle place la génitalité au premier plan des préoccupations mentales et investit l'ensemble des activités psychiques. Un ça particulièrement fort s'oppose à un moi relativement faible, comme cela s'observe dans les structures névrotiques, ce qui entraîne des états de forte anxiété et d'intense culpabilité; ces états vont se refléter dans des comportements ouverts d'hostilité et d'opposition.

Pour la psychanalyse, l'efflorescence pubertaire entraîne une inévitable réactivation des conflits œdipiens; à l'entrée de l'adolescence, toute la problématique des relations incestueuses avec le parent de l'autre sexe se trouve intensifiée. Afin de rétablir l'équilibre et le système de relation vis-à-vis des images parentales, système bouleversé par cette régression aux périodes œdipiennes, l'adolescent se voit contraint de faire le deuil des identifications parentales pour s'affirmer.

L'accès à la génitalité entraîne donc une série de perturbations qui placent l'individu dans une situation aiguë de conflit et altèrent le destin des pulsions, l'organisation du moi, les relation objectales et le comportement social (A. Freud, 1969). La psychanalyse établit une identité entre les notions de perturbations adolescentes et d'adolescence normale; cette dernière serait caractérisée par une faillite du moi et un repli régressif à des stades antérieurs du développement, ainsi qu'on peut l'observer dans les névroses et les psychoses (Joselyn, 1959).

B. Les recherches empiriques sur la « crise adolescente »

Au cours de ces dernières années, une série de recherches empiriques ont apporté peu d'appui a l'idée de la présence d'une crise dans le développement normal de l'adolescence. Des recherches transversales menées auprès d'échantillons représentatifs d'adolescents aux Etats-Unis (Douvan et Adelson, 1966) et en Europe, (Zazzo, 1966; Rutter, 1976) débouchent sur des conclusions similaires : si l'adolescence confronte partout les individus à des préoccupations spécifiques, l'expérience d'une crise dans le développement est exceptionnelle.

La recherche de Douvan et Adelson (1966) est particulièrement éclairante sur ce point. L'enquête a été réalisée auprès d'un vaste échantillon de plus de 3.000 sujets représentatifs de l'ensemble de la population adolescente américaine. Chaque sujet a été rencontré individuellement et a été examiné au moyen d'une entrevue et d'épreuves projectives sur des thèmes tels que les relations familiales, les amitiés, les valeurs, etc. Les conclusions sont très édifiantes :

« les résultats de notre étude nous obligent à repenser les idées reçues sur cette période... La plupart des commentaires sur l'adolescence sont basés sur deux groupes atypiques d'adolescents, issus de deux extrêmes de la courbe des classes sociales qui adoptent des positions exceptionnelles face à l'adolescence... d'une part, les délinquants et, d'autre part, les adolescents sensibles et [intellectuellement] articulés, issus des classes [sociales] supérieures, sur lesquels la psychanalyse a exclusivement basé ses observations... » (Douvan et Adelson, 1966, p. 350-35).

L'analyse des données démontre que la présence de conflits ouverts avec les parents est rare, la plupart des adolescents évitent soigneusement les sources possibles de tension en dissimulant les comportements interdits. Le groupe des pairs agit plus comme lieu d'apprentissage des habiletés sociales et comme support des démarches d'émancipation, que comme endroit d'exercice de comportements socialement répréhensibles. Enfin, les adolescents américains de l'époque paraissent peu polarisés idéologiquement, leurs valeurs se caractérisent par la conformité aux idéologies parentales et aux stéréotypes dominants.

L'adolescent moyen examiné par Douvan et Adelson ne se caractérise nullement par des désordres de la personnalité ni par une faillite du moi, ni par une tendance à abandonner les valeurs et les objets d'attachements antérieurs. Au contraire :

« Les réponses les plus fréquentes des adolescents démontrent plutôt qu'ils évitent soigneusement toute forme de conflits internes et externes, qu'ils s'engagent précocement dans une consolidation de leur identité, caractérisée par un repli de l'ego, l'absence d'implication idéologique et, en général, un refus de s'engager dans toute forme de risque psychologique» (Douvan et Adelson, p. 351).

Ces propos désabusés des auteurs peuvent trouver deux explications: soit que leurs illusions sur «la passion, l'énergie et la vivacité adolescente» (Douvan et Adelson, p. 354) aient été déçues parce que les adolescents ne correspondent simplement pas à cette vision, soit encore que les adolescents américains des années soixante se soient repliés frileusement au sein d'un modèle de vie marqué par la conformité et la sécurité. Une telle hypothèse avait d'ailleurs été avancées plus tôt par Friedenberg dans un brillant essai sociologique intitulé *The Vanishing Adolescent* (1959)[2] où il considérait déjà que les vertus d'engagement, de passion et de contestation des adolescents américains s'estompaient en faveur d'un simulacre de maturité précoce, copie de la conformité sociale régnant parmi la classe moyenne américaine.

Pourtant, malgré l'attrait séduisant d'une telle vision, il semble que la première explication soit la plus vraisemblable et que la conception d'une adolescence mue par la passion, le tumulte et le conflit fasse partie des stéréotypes illusoires de la représentation des adultes. C'est cette explication qui trouve le plus d'appuis empiriques.

Deux recherches françaises récentes débouchent sur des constations très proches à cet égard. Castarède (1978), lors d'une enquête portant sur les attitudes sexuelles de 30 adolescents français, constate «qu'un attachement très profond aux parents et à la famille caractérise le discours des adolescents, l'importance de cette référence nous a nous-mêmes surpris» et, plus loin: «l'absence d'idéalisme, de programme de vie et d'engagement politique... est frappante» (Castarède, 1978, p. 680). Chiland (1978) reprend à son compte «cette déception renouvelée» dans un article qui rapporte les résultats d'une recherche longitudinale comparant des adolescents n'ayant jamais consulté un service de psychiatrie à d'autres sujets du même âge, régulièrement suivis par ces services. Les adolescents «tout venant», représentatifs de la population française, diffèrent fortement de ceux qui font l'objet d'une intervention clinique. Ces derniers, qui sont examinés par les services psychiatriques à la suite principalement de problèmes de drogue, de fugue ou d'abandon scolaire, se caractérisent, selon Chiland, par une revendication affective extraordinairement présente, une intensification de la crise dépressive et l'importance du groupe des pairs dans leur cadre de référen-

---

[2] «L'adolescent en disparition».

ces. En revanche, le groupe des adolescents qui n'avaient jamais fait l'objet d'une consultation se révèle « assez terne » (terne plutôt que morose et passif, précise l'auteur); « souvent, leurs ambitions étaient d'un conformisme désolant ».

Même si le propos de la recherche de Chiland est ailleurs, une lecture soigneuse de ses données démontre que chez les sujets qui ne présentaient pas de difficultés psychologiques durant l'enfance, l'adolescence n'apparaît nullement comme une période critique, synonyme de « creuset pathologique ». En effet, sur 30 sujets « normaux » qui avaient été classés à 6 ans comme « allant bien » ou « allant bien avec réserves », 2 seulement éprouvaient des problèmes sérieux à l'adolescence (1 cas de délinquance avec emprisonnement et 1 cas de psychopathologie avec délire), 3 sujets de ce groupe avaient développé des problèmes modérés à l'adolescence (1 cas de délinquance « mineure », 1 anorexie mentale légère et 1 cas d'ulcère). Moins de 20 % des sujets « normaux » ont donc rencontré des difficultés psychologiques modérées ou sévères à l'adolescence. En revanche, parmi les sujets qui avaient été considérés comme « allant mal » à 6 ans, la moitié « continue de présenter une pathologie active » à l'adolescence. Mais il s'agit là, souligne Chiland, d'une évolution qui confirme le diagnostic initialement formulé durant l'enfance.

Lors d'une recherche entreprise récemment auprès de l'ensemble de la population adolescente de l'île de Wight située dans la Manche, au sud de l'Angleterre, Rutter et ses collaborateurs (1976) obtiennent des résultats proches de ceux de Douvan et Andelson : les adolescents ne présentent pas plus souvent de signes de perturbations psychologiques que durant l'enfance, les difficultés de communication sont rares et le retrait du contact avec les adultes, exceptionnel.

Mais la recherche longitudinale entreprise par Offer et Offer (1975) remet plus explicitement en question la notion de crise adolescente. Ce couple de psychiatres a suivi près de 80 adolescents de sexe masculin durant huit ans, entre 14 et 22 ans, au moyen d'une panoplie d'instruments : entrevues systématiques, test de Rorschach, questionnaires d'identité, rencontre avec les parents et les professeurs, etc... Si tous les adolescents examinés ont unanimement éprouvé certains états de tension suite à des difficultés psychologiques spécifiques à cette période de développement, l'expérience d'une crise est exceptionnelle.

« Nos données laissent supposer que l'adolescence... n'est pas une période marquée par la tension (stressfull)... l'adolescence est une période de changements sur le plan physique, psychologique, social et intellectuel, mais ces changements n'apparaissent pas tous en même temps. L'expérience de stress ne dépend pas du changement en soi mais des effets que ces modifications entraînent sur le fonctionnement psychologique individuel. Les mécanismes de défense et les modes d'adaptation déjà présents vont déterminer les capacités d'apprendre et de croître avec les changements, dans un sens qui poussera l'individu vers la maturité» (Offer et Offer, p. 197).

L'analyse longitudinale laisse entendre que la majorité des adolescents transigent avec les diverses tâches développementales qui jalonnent successivement le cours de l'adolescence. Selon Offer et Offer, ces capacités de transaction psychologique dépendent des possibilités d'adaptation au changement acquises antérieurement, que les changements proviennent du corps propre ou de l'environnement. Un individu sur cinq s'engagerait dans ce que Offer et Offer appellent «une croissance tumultueuse» qui rejoint ce qui a le plus souvent décrit la crise adolescente: le stress émotionnel, le tumulte affectif, la faillite du moi, les conflits familiaux et sociaux. Cette proportion d'individus psychologiquement perturbés à l'adolescence serait identique à celle qu'on retrouve aux différentes époques de la vie.

Dans le cadre d'une recherche comparative visant à établir la fréquence et la spécificité des symptômes psychologiques à l'adolescence, Masterson et Washburne (1966) ont examiné très soigneusement un groupe d'adolescents «normaux» de 11 à 18 ans, n'ayant jamais fait l'objet d'une intervention clinique. Ces sujets furent comparés à un groupe de patients adolescents suivis dans diverses institutions psychiatriques. La surprise fut de constater que 17 % seulement des adolescents «normaux» étaient exempts de symptômes, la majorité présentaient certaines difficultés psychologiques légères, principalement des manifestations dépressives et anxieuses, alors que 20 % manifestaient des troubles jugés comme modérés ou sévères. La présence massive d'individus légèrement perturbés renforcerait la thèse d'une crise dans le développment normal de l'adolescence. Cependant, comme le souligne Weiner (1970), ces chiffres doivent être rapprochés de ceux que Srole et ses collaborateurs (1962) ont établi auprès d'adultes lors d'une recherche qui a examiné un vaste échantillon représentatif d'adultes «normaux» âgés de 20 à 60 ans. Dans cette recherche, 18,5 % d'adultes ont été classés comme «libres de tout symptôme», chiffre qui se rapproche singulièrement des 17 % d'adolescents classés sous cette même rubrique par Masterson; 23 % des adultes «normaux» souffraient de symptômes sérieux, alors que, ici aussi, la majorité éprouvaient diverses difficultés psychologiques. On le voit, les proportions se rejoignent et le pourcentage d'adolescents présentant des perturbations psychologiques sérieuses est très proche des pourcentages observés aux autres périodes de la vie.

C. Les recherches épidémiologiques sur la psychopathologie adolescente

L'usage abusif du concept de crise «juvénile transitoire» présente un autre danger qui n'est nullement théorique cette fois, puisqu'il risque de masquer la présence de difficultés réelles et permanentes et d'appuyer la formulation de pronostics illusoires.

Rosen et ses collaborateurs (1965) ont entrepris une vaste étude épidémiologique auprès de 798 institutions psychiatriques américaines, en vue notamment d'identifier les catégories diagnostiques les plus souvent utilisées dans le cas de patients adolescents. L'analyse porte sur 42.000 dossiers d'adolescents âgés de 10 à 19 ans, examinés en clinique externe au cours de l'année 1962. Weiner (1970) a comparé ces données aux diagnostics formulés pour les 80.000 adultes ayant fait l'objet d'un examen clinique au cours de l'année 1963. Ces données ont été rapportées au tableau 1.

Plusieurs différences reliées à l'âge et au sexe des patients ressortent de ces données. On peut constater que parmi les «désordres de la personnalité», les catégories passive-agressive et sociopathe sont beaucoup plus souvent attribuées aux hommes qu'aux femmes, alors que le diagnostic de dépression est beaucoup plus souvent formulé dans le cas des femmes et ceci indépendamment de l'âge des patients. Le diagnostic de psychose et, dans une moindre mesure, celui de névrose est émis de façon beaucoup plus réduite dans le cas des adolescents. Mais c'est la catégorie «trouble transitoire et situationnel» qui différencie le plus les deux groupes, puisque ce diagnostic est formulé dans près de 40 % des cas pour les patients adolescents, alors qu'on ne le retrouve qu'auprès de 5 % de la population des adultes ayant fait l'objet d'un examen clinique. Tout se passe comme si les cliniciens répugnent à poser un diagnostic «lourd» dans le cas des adolescents, en leur réservant le terrain des problèmes transitoires reliés à des difficultés ponctuelles d'une crise adolescente dont ils devraient se sortir bientôt.

Les recherches longitudinales entreprises par Masterson et ses collaborateurs (1967) ont pu mettre sérieusement en doute cette vision bénigne de la formation de symptômes à l'adolescence. Ces auteurs ont pu suivre un échantillon de 101 adolescents ayant fait l'ob-

Tableau 1
Pourcentages de patients adolescents et adultes
diagnostiqués par les institutions psychiatriques
(D'après Weiner, 1970)

Catégories diagnostiques	Adolescents		Adultes	
	Garçons	Filles	Hommes	Femmes
Psychoses	5.7	7.5	24.1	29.4
Schizophrénie	5.6	7.3	20.8	22.8
Autres	0.1	0.3	3.3	6.6
Névroses	11.4	18.0	20.0	31.9
Réactions anxieuses	5.3	6.1	8.0	10.0
Réactions dépressives	1.8	4.3	6.9	14.1
Réactions obsessives-compulsives	1.2	1.0	1.7	1.8
Autres	3.1	6.6	3.4	5.1
Désordres de la personnalité	30.6	23.7	40.9	25.1
Personnalité passive-agressive	11.6	7.2	12.5	8.5
Personnalité sociopathe [1]	4.8	2.9	4.9	1.2
Personnalité schizoïde	4.3	3.1	4.3	2.6
Instabilité émotionnelle	2.3	3.9	2.1	3.6
Autres	7.6	6.6	17.1 [2]	9.2
Troubles transitoires et situationnels	36.9	36.3	4.3	6.0

N.B. Certaines catégories comme troubles cérébraux et déficience mentale n'ont pas été indiquées dans le tableau.
[1] Inclut les réactions antisociales et les déviations sexuelles.
[2] Inclut 6.2 % d'alcoolisme.

jet d'un examen psychiatrique et, dans près de 60 % des cas, d'un traitement psychologique. Après cinq ans, Masterson observe que 62 % des sujets présentaient toujours des symptômes psychologiques sévères; en d'autres mots, deux tiers des patients examinés au début de l'âge adulte n'étaient pas sortis des difficultés de l'adolescence. Les conclusions de Masterson sont particulièrement sévères : il n'existe aucune notion de crise adolescente qui puisse alimenter une psychopathologie de l'adolescence, car il n'y a aucun argument qui puisse légitimement fonder l'espoir que l'adolescent sortira de ses difficultés. Une telle conception de crise transitoire risque gravement de minimiser des difficultés réelles et de décourager tout effort de traitement qui pourrait aider l'adolescent au moment précis où une intervention adéquate serait indiquée pour surmonter des difficultés qui hypothèquent sérieusement l'avenir.

D. Conclusions : la crise adolescente, un concept sans fondements

Les enquêtes entreprises auprès de vastes échantillons d'adolescents représentatifs de la population de cet âge, menée notamment par Douvan et Adelson aux Etats-Unis et par Rutter en Angleterre ne retracent nullement le portrait d'un individu présentant des perturbations psychologiques ou des conflits ouverts avec les images d'autorité. Les recherches longitudinales qui ont été poursuivies auprès d'enfants ou de pré-adolescents ne manifestant pas de symptômes de troubles psychologiques démontrent que les sujets « normaux » ne s'engagent que rarement dans une adolescence tumultueuse ou problématique : un cas sur cinq chez Offer aux Etats-Unis, un cas sur six pour Chiland en France.

Sans doute, la majorité des adolescents examinés lors de ces recherches expriment-ils des préoccupations spécifiques lors de cette période caractérisée par le changement. Rutter parle à ce propos de « sentiment d'incertitude » et ces termes rejoignent exactement l'expression utilisée par B. Zazzo pour caractériser l'impression générale qui se dégageait au terme de la recherche qu'elle a menée auprès d'un échantillon d'adolescents français. Cependant si une proportion élevée d'adolescents présentent des signes mineurs d'anxiété ou de dépression, il faut bien voir que ce nombre est identique sinon légèrement inférieur à la proportion d'adultes offrant les mêmes symptômes légers d'anxiété ou de dépression. Il est donc totalement inadéquat de considérer l'adolescence comme un « creuset pathologique ». D'ailleurs la proportion d'individus sévèrement perturbés, nécessitant une intervention psychiatrique, n'est pas plus élevée à l'adolescence qu'à n'importe quelle période de la vie. Ces derniers chiffres seraient même légèrement inférieurs à l'adolescence, par rapport à l'enfance et l'âge adulte.

Au cours de ces quinze dernières années, l'idée d'une crise juvénile marquant le cours de l'adolescence normale n'a pas trouvé d'appuis, ni empiriques, ni cliniques. Mais cela n'a pas entamé la conception psychanalytique qui considère toujours que l'adolescence est caractérisée par une série de perturbations : la faillite du moi, les régressions à des stades pré-œdipiens, l'angoisse et le deuil dépressif des liens d'attachement parentaux. Green (1977) affirme récemment :

> « l'adolescence est conçue *de façon de plus en plus générale* comme un deuil ... ce deuil n'est pas seulement le détachement à l'égard des imagos parentales ... il est

sous-tendu par l'idée d'un meurtre de ces imagos. Et ceci *même quand les phases antérieures du développement n'ont pas été trop perturbées*» (Green, 1977, p. 83)[3].

Comment expliquer cette distance entre les conceptions psychanalytiques d'une part, les observations empiriques et les recherches épidémiologiques d'autre part. Plusieurs psychanalystes affirmeront que la problématique intime de l'adolescence ne se révèle que lors d'une analyse à long terme et qu'elle échappe à l'enquête superficielle. Il faut pourtant signaler que les recherches de Masterson et Offer ont tenté de cerner tous les aspects de l'expérience interne au moyen d'entrevues multiples et répétées, d'épreuves projectives et de mises en situation, sans compter les entrevues des parents, les rencontres des professeurs, etc. Comme on l'a souligné maintes fois, le psychanalyste recrute ses sujets parmi un échantillon particulier présentant des difficultés psychologiques assez sérieuses pour justifier l'appel à une thérapie, mais cet échantillon d'adolescents n'est nullement représentatif de la population moyenne. Mais, avant tout, il semble bien que l'orthodoxie théorique soit à l'origine de cet écart:

«Toutes les recherches entreprises auprès d'échantillons représentatifs ont remis en cause la théorie du tumulte adolescent. Il ne s'agit pas d'une divergence théorique comme l'indique le fait que la plupart de ces études ont été basées explicitement sur des présupposés psychanalytiques. Mais cela n'a pas fait la différence; l'accumulation d'évidences contraires n'a eu que peu d'effets sur l'orthodoxie doctrinale» (Adelson, 1980, p. 113).

4. Quelques problèmes particuliers de la recherche sur l'adolescence

On peut s'interroger sur la légitimité de concevoir la psychologie de l'adolescence comme un secteur spécifique de la psychologie du développement. Cette façon d'agir s'appuie sur deux arguments: d'un côté, les modifications du statut biosocial de l'adolescence présentent une forte homogénéité sur le plan des transformations physiques d'une part, des attentes sociales, des privilèges nouveaux et des prérogatives d'autre part, qui vont caractériser cette période de façon spécifique par rapport à l'enfance et à l'état adulte. L'autre argument s'appuie sur des demandes sociales spécifiques concernant la compréhension de l'adolescence, de ses problèmes et les interventions auprès de cette catégorie d'âge.

La recherche sur l'adolescence est nécessairement confrontée à l'analyse de données rétrospectives. Des problèmes comme l'étude

---

[3] C'est nous qui soulignons.

des relations entre les attitudes parentales et le développement de la personnalité, les capacités cognitives, l'effet des transformations pubertaires sur le concept de soi, l'évolution des attitudes sexuelles à l'adolescence, etc... impliquent nécessairement la comparaison de deux ou plusieurs types de données recueillies à des moments différents du développement. Deux modèles méthodologiques ont été mis en place pour répondre à ces questions : la recherche longitudinale et la recherche transversale.

La recherche longitudinale suit un même échantillon de sujets pendant une période s'étalant sur plusieurs années, en recueillant régulièrement diverses informations. Le maintien des caractéristiques individuelles permet d'établir des courbes de développement. Pour Kodlin et Thompson (1958), la méthode longitudinale constitue la seule approche offrant une description complète du phénomène de la croissance, les autres méthodes ne pouvant jamais rejoindre les objectifs d'une étude requérant la mesure du changement d'une dimension psychologique à travers le temps chez un même individu. Et, sans doute, seules les méthodes longitudinales peuvent éclairer exactement l'effet de certaines conditions qui prévalent à un moment donné sur l'évolution ultérieure du développement.

Toutefois, cette méthode soulève un certain nombre de problèmes. On lui a reproché quelquefois d'être athéorique, de compiler une foule d'informations sans projet précis, ce qui rend les interprétations particulièrement fragiles. Mais c'est le coût de ce type d'approche qui arrête les chercheurs. Les méthodes longitudinales impliquent une planification préalable, le risque de perte de sujets s'accumule au fil des années et il faut attendre longtemps avant de s'engager dans l'analyse et l'interprétation des données.

Les méthodes transversales tentent de pallier ces difficultés en comparant des individus d'âge différent à une même période du temps historique. Ce type de recherche, beaucoup moins coûteux que le précédent, connaît un grand succès dans le domaine de l'adolescence.

Cependant, ni le premier ni le second mode d'approche méthodologique ne permettent de cerner le rôle respectif des changements sociaux et des modifications des caractéristiques individuelles, problématique centrale dans l'étude de l'adolescence. La recherche longitudinale risque de réduire les changements sociaux à des réalités individuelles, la recherche transversale risque de ramener les évolutions génétiques à des variations culturelles. Dans des domaines particulièrement sensibles au changement social, comme l'évolution des idéologies et les changements d'attitudes, ce problème peut être dépassé par la mise en place de séquences de recherches transversales appliquées à différentes périodes de temps.

Nesselroade et Baltes (1974) proposent une solution intéressante à ce problème en ce sens qu'elle a l'avantage de réduire les coûts élevés de la recherche longitudinale à long terme. Ce type d'approche constitue une sorte de recherche longitudinale à court terme

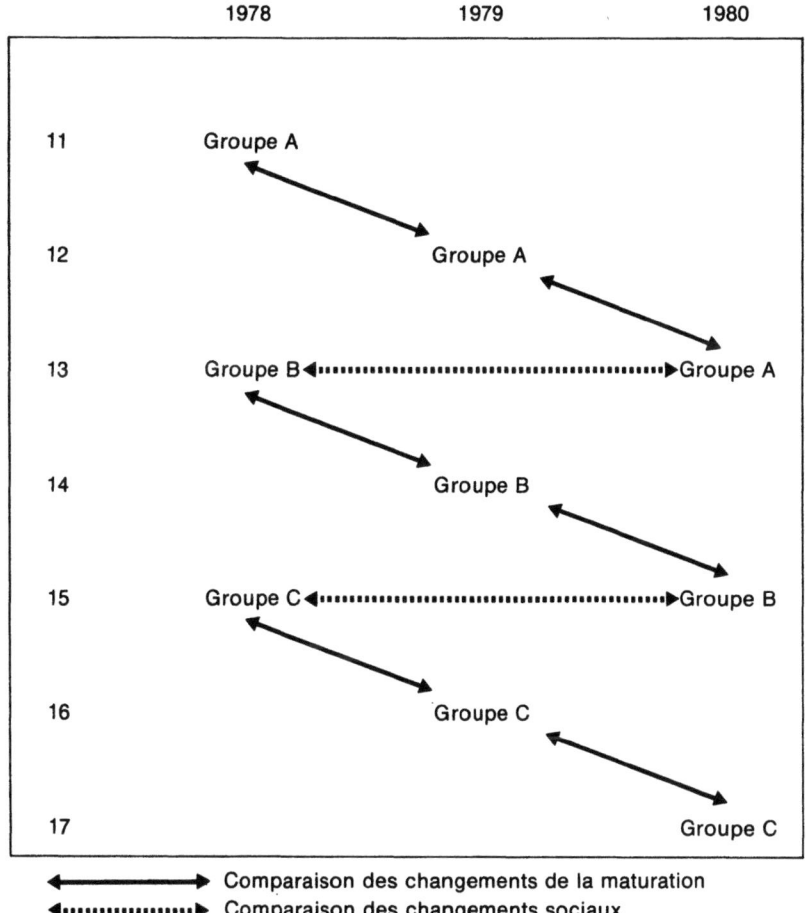

Figure 2. Modèle hypothétique pour une recherche longitudinale à court terme (J. Coleman, The Nature of Adolescence, Methuen, 1980).

puisqu'elle se déroule sur trois ou quatre années en superposant les groupes d'âge examinés.

Coleman (1980) a repris ce modèle dans un schéma théorique rapporté à la figure 2. Trois groupes âgés respectivement de 11, 13 et 15 ans ont été constitués. Ces groupes peuvent être contrôlés sur de multiples plans: sexe, origine socio-économique, lieu d'habitation, etc. Après deux ans, la comparaison des données recueillies au sein de chacun des groupes permet d'évaluer l'effet de la maturation sur la variable examinée. Mais à cette époque, le groupe A a atteint 13 ans et peut être comparé au groupe B qui avait cet âge deux ans plus tôt, permettant ainsi de contrôler l'effet d'éventuels changements sociaux sur les dimensions qui font l'objet de la recherche.

Chapitre IV
La puberté et le développement de la sexualité à l'adolescence

Un événement biologique universel marque l'accès à l'adolescence et clôture l'enfance: la puberté physiologique. Au cours d'une période relativement courte dans le cycle de la vie, le corps de l'enfant va subir un ensemble de transformations morphologiques et physiologiques majeures, pour adopter bientôt ses caractéristiques sexuelles définitives. Le développement du système de reproduction et l'apparition des caractéristiques sexuelles secondaires entraînent une profonde modification de l'apparaître corporel. En moyenne, l'ensemble du phénomène pubertaire s'étale sur une période de trois à quatre ans.

Les changements biologiques de la puberté sont considérables et relativement rapides. Sans doute, l'évolution biologique au cours des premiers mois de la vie est-elle plus accélérée et plus spectaculaire qu'à l'adolescence, cependant le nourrisson n'est pas conscient de ces changements, alors que ceux-ci s'imposent à la conscience de l'adolescent.

Le cycle du développement pubertaire se déroule suivant un schéma progressif universel; la succession des séquences de la maturation pubertaire est identique partout, même si certains facteurs de l'environnement comme les ressources alimentaires et les conditions climatiques agissent sur la date d'accession à la puberté et sur l'amplitude de certaines séquences. C'est que la puberté, plus que n'importe quelle autre phase de la vie, est contrôlée par des facteurs biologiques héréditaires. Les potentialités génétiques agissent sur le développement de la taille, du poids, du système de reproduction et sur les mécanismes endocriniens. La croissance pubertaire est toutefois affectée par le jeu complexe de facteurs psychosociaux qui ne peuvent être exclus du système, même si leur identification et leurs fonctions sont encore peu précisées aujourd'hui.

1. Les transformations physiques de la puberté

La poussée pubertaire est caractérisée par les modifications importantes de la morphologie générale, le développement du système de reproduction et l'apparition des caractéristiques sexuelles secondaires. Le squelette subit également une évolution et, chez les deux sexes, l'évaluation de l'ossification permet d'établir une mesure précise de la maturation pubertaire. L'ensemble du système physiologique est modifié; on observe notamment des variations dans la pression sanguine et dans la composition du sang. Plusieurs observations récentes démontrent que l'activité cérébrale enregistrée à l'électroencéphalogramme présente des variations de structure et de fonctionnement avant et durant la période pubertaire (Witelson, 1970).

A. L'endocrinologie pubertaire

Le développement pubertaire est essentiellement commandé par des facteurs hormonaux. Ceux-ci se révèlent d'une grande complexité, car les séquences de la croissance pubertaire sont dictées par le jeu de toute une série de modifications de la quantité de sécrétion de diverses hormones, mais également par un changement de la sensibilité des tissus à l'action hormonale.

Globalement, l'activité hormonale pubertaire suit le schéma suivant: le lobe antérieur de l'hypophyse (ou glande pituitaire), glande endocrine située à la base du cerveau, produit des hormones gonadotropes ayant pour fonction de stimuler l'activité des gonades (ovaires et testicules) qui, à leur tour, vont sécréter les hormones sexuelles, androgènes (masculines) et œstrogènes (féminines), responsables du développement des organes génitaux et de l'apparition des caractéristiques sexuelles secondaires. L'hypophyse va également stimuler la glande thyroïde et les cellules cortico-surrénales dont les hormones guideront le cycle de la croissance et le métabolisme particulier à l'adolescence. Le système endocrinien participe dans son ensemble à l'évolution pubertaire, mais les gonades, la glande pituitaire, la thyroïde et les glandes cortico-surrénales, qui toutes subissent une importante poussée de croissance à l'adolescence, jouent un rôle central.

Nous sommes loin de maîtriser aujourd'hui la mécanique de l'endocrinologie pubertaire, car, si l'on connaît assez bien les événements hormonaux qui accompagnent le cycle de la puberté, on sait peu de choses sur l'enclenchement même du phénomène pubertaire (Grumbach, et al., cité par Petersen, 1980). C'est qu'il existe une interaction circulaire entre l'activité hormonale, la maturité sexuelle, la croissance et les facteurs psychosociaux. Le flux des hormones sexuelles est dicté par un double mécanisme de feedback: la glande pituitaire qui enverra les gonadotropines est contrôlée par l'hypothalamus, une partie de la base du cerveau qui stimulera ou inhibera l'activité de l'hypophyse, suivant le niveau optimal de production des hormones sexuelles (Petersen, 1980).

Katz (1974) a tenté de montrer le grand nombre de variables pouvant influencer le déclenchement de la maturité pubertaire. Essentiellement, les recherches indiquent que l'hypothalamus participe activement à ce processus de maturation. Durant l'enfance, l'hypothalamus possède une fonction inhibitrice sur le contrôle pubertaire; à la puberté, l'hypothalamus perd sa sensibilité aux effets inhibiteurs et sécrète les particules moléculaires à l'entrée du système pituitaire, déclenchant ainsi l'ensemble du système. Cependant, la réciprocité des effets ne s'arrête pas là: l'activité des gonades entraîne une augmentation importante d'hormones sexuelles qui influenceront à la fois l'hypophyse et l'hypothalamus. Or, l'hypothalamus est essentiellement le siège de l'expression du comportement émotionnel. Ainsi, la maturation de l'hypothalamus qui détermine le cycle pubertaire représente, suivant Katz, un exemple d'interférence bioculturelle. Les relations entre la biologie et le système socioculturel sont réelles et complexes; essayer de détacher un élément particulier pour le reléguer au niveau d'une constante universelle serait ignorer les interférences et les ouvertures entre les systèmes biologiques et socioculturels.

Piatteli-Palmarini (1974) cite également divers travaux en matière de développement pubertaire pour affirmer qu'il n'existe aucune explication scientifique qui puisse rendre compte du déclenchement de la puberté et considérer comme légitime d'insérer dans le réseau pubertaire ce qu'il nomme un «nœud psychosocial», exerçant un contrôle sur la croissance physiologique.

Si le cycle de l'activité hormonale et le déclenchement du processus pubertaire recèlent encore plusieurs inconnues, le développement somatique ainsi que le cycle de la croissance des organes génitaux et des caractéristiques sexuelles secondaires sont bien documentés, notamment par les travaux de Tanner (1962) qui constituent une référence universelle en la matière.

B. Les modifications de la morphologie

L'aspect morphologique général est profondément modifié du fait de la poussée de croissance staturo-pondérale qui inaugure la période pubertaire. Cette poussée atteint un sommet à 14 ans chez les garçons; chez les filles, le phénomène est plus précoce, il se situe à 12 ans et est d'une amplitude inférieure. Chez les deux sexes, la croissance marque d'abord les membres inférieurs puis le tronc.

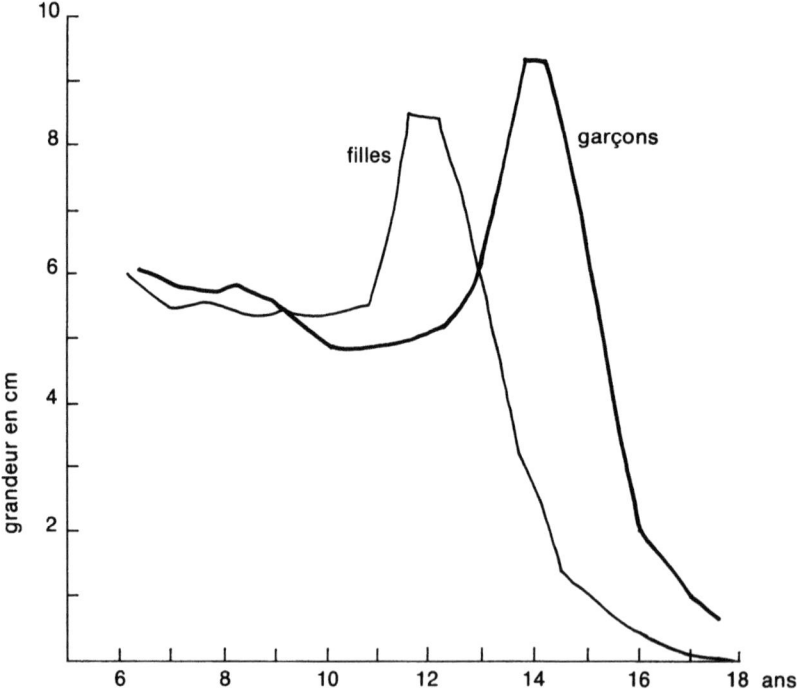

Figure 3. Courbes d'augmentation moyenne de la taille chez les filles et les garçons atteignant la puberté à l'âge moyen (J.M. Tanner, Growth at Adolescence, Blackwell Scientific Publications, 1962).

Chez les filles, le diamètre bitrochantérien (entre les deux cols du fémur) augmente, de sorte que le bassin s'élargit tandis que les épaules restent étroites. Chez les garçons, ces proportions sont inversées : l'élargissement du diamètre bihuménal (extrémité des épaules) fait que les épaules s'élargissent, le bassin restant étroit. Le rapport bihuméral-bitrochantérien constitue une mesure morphologique classique de l'évolution pubertaire.

Le développement des tissus musculaires et adipeux entraîne également des éléments de différenciation sexuelle. La croissance musculaire s'effectue rapidement après la poussée de la taille. Les garçons manifestent une progression plus nette, une capacité musculaire plus grande, ce qui entraîne une augmentation de la force musculaire. Ce gain est plus important chez les garçons, alors que garçons et filles prépubères possèdent une force musculaire comparable. Le développement des tissus adipeux suit un cheminement plus irrégulier. On observe une augmentation de la production de ces tissus au début de la puberté et un déclin au moment de la poussée de croissance. Ce déclin est plus net chez les garçons et entraîne une perte de graisse, alors que les filles ne perdent pas toutes les graisses accumulées à la préadolescence.

C. Le développement du système de reproduction et des caractéristiques sexuelles

La figure 4 illustre l'évolution des différentes séquences du cycle pubertaire. Ces données ont été recueillies par Tanner (1962) à partir d'une recherche longitudinale menée en Angleterre. Un sujet moyen est représenté, l'âge auquel chaque événement peut commencer et finir est indiqué en dessous.

On peut voir que chez la fille, immédiatement après la poussée de croissance qui se situe en moyenne à 12 ans, s'amorce le développement des seins, suivi rapidement de l'apparition de la pilosité pubienne. L'âge moyen des premières menstruations se situe à 13 ans; ces dernières peuvent survenir entre 10 ans et 16 ans 6 mois.

Ches les garçons, le développement des testicules inaugure la maturation sexuelle, puis apparaît la pilosité pubienne (âge moyen : 12 ans 2 mois); enfin, quelques mois plus tard, le pénis se développe progressivement pour atteindre à 15 ans en moyenne la taille adulte. La capacité d'éjaculation survient un an après le début de la croissance du pénis, en moyenne vers 13 ans 6 mois.

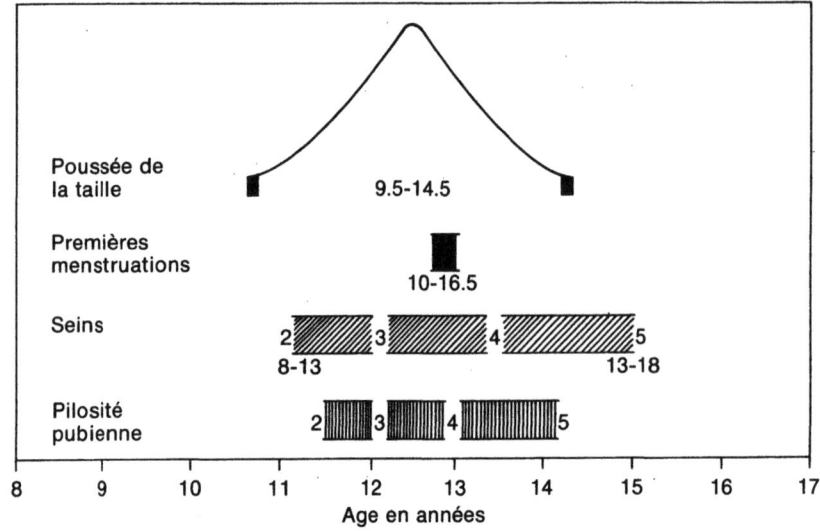

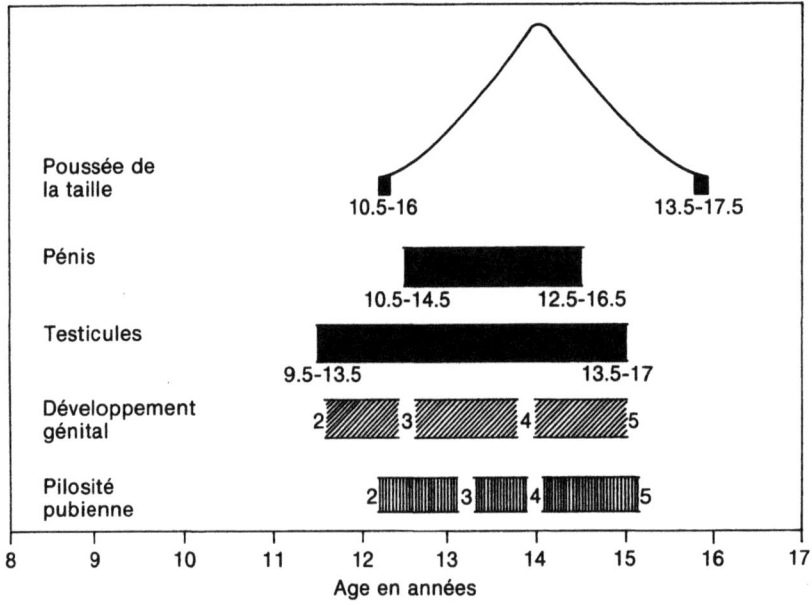

Figure 4. Diagramme des séquences des événements pubertaires chez la fille et le garçon (W.A. Marshall and J.M. Tanner, Archives of Disease in Childhood, 1969, 1970).

Tableau 2
Caractéristiques des cinq stades du développement pubertaire
d'après Tanner (Petersen et Taylor, 1980)

Stades	Développement génital (garçons)	Développement des seins (filles)	Développement de la pilosité pubienne (garçons et filles)
1	Testicules, scrotum et pénis présentent la même taille et la même apparence qu'à l'enfance.	Seul le mamelon du sein présente une élévation.	Absence de pilosité pubienne. Le pubis présente la même apparence que la peau de l'abdomen.
2	Le scrotum et les testicules se développent légèrement. La peau du scrotum se pigmente et change de texture. Le pénis ne subit pas de changements.	Stade du bourgeonnement. Élévation du sein et du mamelon. Le diamètre de l'aréole s'élargit.	Croissance éparse de poils longs, légèrement pigmentés, droits ou légèrement bouclés, principalement à la base du pénis ou le long des grandes lèvres.
3	Le pénis se développe progressivement, d'abord en longueur. Les testicules et le scrotum sont plus développés qu'au stade 2.	Le sein et l'aréole s'élargissent et subissent une élévation plus prononcée, sans que les contours ne soient séparés.	La pilosité est sensiblement plus foncée, plus dense et plus bouclée qu'au stade 2. Apparition de poils sur le pubis.
4	Le pénis gagne en longueur et en largeur; le gland se développe. Les testicules et le scrotum sont plus développés qu'au stade 3. La peau du scrotum est plus sombre qu'aux stades antérieurs.	L'aréole et le mamelon forment une seconde élévation qui se projette au sommet du sein.	La pilosité est de type adulte bien que la surface couverte soit beaucoup plus restreinte. Il n'y a pas d'extension de la pilosité à la surface interne des cuisses.
5	Les organes génitaux ont atteint la taille et la constitution adulte.	Stade de la maturité. Seul le mamelon est proéminent, alors que l'aréole est légèrement repliée dans le contour général du sein.	La pilosité a atteint le type adulte, mais suivant un modèle horizontal. Il peut y avoir extension à la surface intérieure des cuisses, mais pas au-delà de la «linea alba» ou ailleurs au-dessus de la ligne du triangle inversé.

Tanner (1962) propose un modèle d'analyse en cinq étapes des stades du développement génital pour les adolescents occidentaux. Il a établi les caractéristiques de chaque stade du développement génital masculin, impliquant l'ensemble de l'appareil génital: pénis, testicules et scrotum, ainsi que les étapes du développement des seins chez les filles et de la pilosité pubienne pour les deux sexes. Ces cinq étapes rapportées dans la figure 4 sont décrites au tableau 2.

La pilosité axillaire apparaît généralement deux ans après la pilosité pubienne. L'apparition de la barbe coïncide avec celle de la pilosité axillaire et se développe en trois phases principales: les premiers poils apparaissent aux coins des lèvres, puis le long de la lèvre supérieure; ensuite, aux parties supérieures des joues et au centre du menton, sous la lèvre inférieure; enfin, le côté et la base du menton se couvrent de poils.

Le changement de la voix constitue un important phénomène pubertaire chez les garçons. Cet événement apparaît relativement tard dans le cycle pubertaire et se déroule progressivement. Un changement du timbre marque également la voix des filles dont la tonalité devient plus grave à la puberté.

D. *Les différences individuelles*

Les dates d'avènement et de clôture de la puberté physiologique présentent d'importantes variations individuelles. Le cycle du développement pubertaire se déroule selon un plan déterminé, mais l'âge d'apparition et le rythme des séquences pubertaires varient considérablement. Les causes de cette variabilité sont reliées à des facteurs d'ordre ethnique et climatique, ainsi qu'aux conditions de nutrition qui paraissent très déterminantes. On a pu observer notamment que les restrictions alimentaires durant les périodes de la dernière guerre en Europe ont entraîné un retard significatif de l'avènement de la puberté. Ces facteurs alimentaires expliqueraient le fait que les enfants des classes moyennes et supérieures sont pubères plus tôt que les enfants des classes socio-économiquement faibles. Les adolescents des villes se révèlent plus précoces que ceux des campagnes. Certains auteurs considèrent que la plus grande promiscuité sexuelle et les sollicitations érotiques plus fréquentes dans les villes interviendraient pour rendre compte de ces différences. Cette hypothèse reste cependant à étayer.

Ce qui retient principalement l'attention ici, c'est la présence de grandes variations interindividuelles, sans qu'on puisse considérer les écarts comme pathologiques ou reliés à une quelconque anormalité physique. Les causes de cette variation sont multiples, principalement génétiques. Certains auteurs (Tanner, 1962; Duche, 1970) estiment, sur la base de considérations cliniques, que le rôle des facteurs psychologiques n'est pas négligeable, bien que peu d'observations systématiques aient été recueillies à ce sujet. Money et Ehrhard (1972) ont constaté que l'hospitalisation ou un changement de milieu ont pu accélérer le processus pubertaire chez certains adolescents vivant dans un milieu familial particulièrement conflictuel, tout en signalant que dans de nombreux cas d'adolescents retardés sur le plan pubertaire, l'étude de la famille ne permettait de déceler aucun problème sur le plan éducatif ou sur le plan des relations entre l'adolescent concerné et ses parents.

Les chiffres suivants constituent des écarts normaux pour les populations occidentales: pour les filles, les premières menstruations peuvent survenir entre 10 et 16 ans, les signes précurseurs de la maturation sexuelle (développement des seins, pilosité pubienne) sont attendus entre 9 et 14 ans (Marshall et Tanner, 1970). Pour les garçons, le processus de maturation sexuelle peut varier entre 10 et 17 ans, les premières traces de développement génital se situent normalement entre 9.5 ans et 15 ans (Marshall et Tanner, 1970). Selon ces auteurs, on peut légitimement parler de retard pubertaire en cas d'absence d'un quelconque signe de maturation sexuelle chez une fille à partir de 14 ans et chez un garçon à partir de 15 ans.

E. La tendance séculaire

On a pu observer depuis un siècle une accélération de la croissance chez les enfants et les adolescents ainsi que l'éclosion de plus en plus précoce de la puberté. Ce phénomène appelé tendance séculaire, s'étend à l'ensemble des caractéristiques morphologiques: le poids, la taille, la pointure du pied, etc...

Tanner (1962) a comparé la taille moyenne de jeunes Anglais de 16 ans ayant fréquenté la même école secondaire à près d'un siècle de distance; en 1873, la taille moyenne atteignait 1,64 m, quatre-vingts ans plus tard, celle-ci était passée à 1,73 m, démontrant un gain de plus d'un centimètre par décade. Muuss (1971) illustre ce phénomène en indiquant que les armures du Moyen-Age conviendraient aujourd'hui à des enfants de 13 ans; nos grands-pères portaient des chaussures ayant en moyenne une pointure 39, leurs petits-fils chaussent aujourd'hui une pointure moyenne de 41-42.

La poussée de croissance qui caractérise le développement pubertaire est plus précoce aujourd'hui et la croissance s'achève plus tôt, puisque l'atteinte de la taille adulte se réalise à 18 ans, alors qu'il y a un siècle, ce phénomène s'observait vers 23-24 ans.

En un siècle, l'âge d'apparition des premières menstruations a globalement progressé de trois ans et Tanner (1962) estime qu'en moyenne, la population d'Europe occidentale démontre une accélération du phénomène de près de quatre mois par décade, depuis 1850.

Les données de Tanner, rapportées à la figure 5, dégagent une décroissance systématique et uniforme dans tous les pays examinés. Comme on peut le constater dans le petit tableau qui rapporte l'évolution depuis les années cinquante, la moyenne d'apparition des pre-

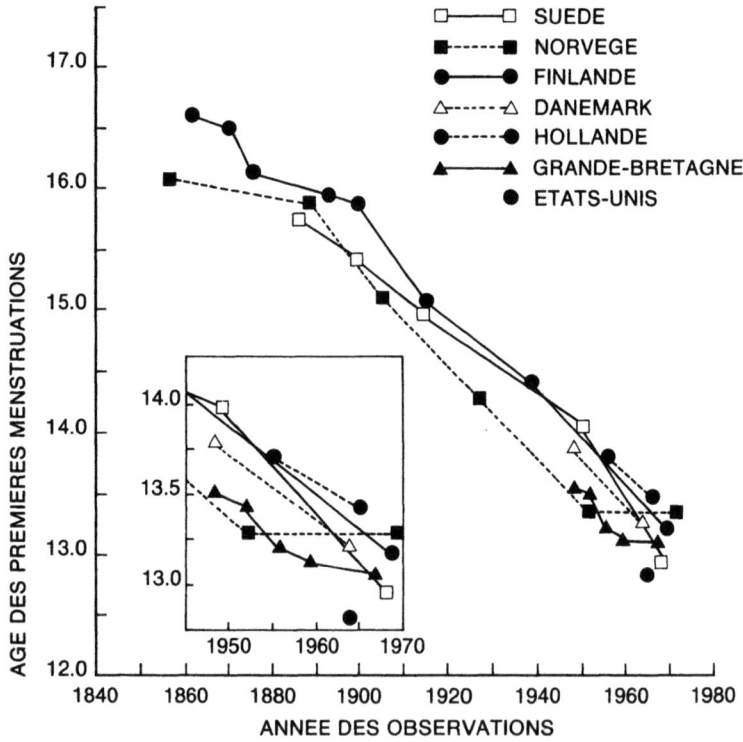

Figure 5. Tendance séculaire de l'âge d'apparition des premières menstruations dans divers pays occidentaux (D'après J.M. Tanner, Foetus into Man, Open Books, 1978).

mières menstruations a continué de baisser jusqu'en 1970, sauf en Norvège et, de façon moindre, en Grande-Bretagne.

Deux hypothèses ont été avancées pour rendre compte de ce phénomène d'accélération de la croissance pubertaire. La première s'appuie sur des facteurs génétiques d'hybridation, issus de croisements entre partenaires provenant de régions différentes. Le développement de l'industrialisation et, parallèlement, des moyens de transport, aurait favorisé les mariages exogames et enrichi le capital génétique de l'espèce humaine. Hypothèse pourtant fragile car, chez les peuples nantis, les groupes ethniques pratiquant des mariages endogames n'ont pas échappé au phénomène. La seconde hypothèse, mieux appuyée, met l'accent sur l'amélioration des conditions de vie, de l'alimentation, de l'hygiène et du contrôle médical. Ainsi, on a pu constater que les retards pubertaires systématiques apparaissent plus souvent dans les zones rurales que dans les grandes villes (12.8 ans à Madras; 14.2 ans dans les régions rurales de cette province de l'Inde). Au sein des grandes villes, les retards pubertaires sont le fait des populations vivant dans des conditions misérables (14.9 années pour les populations noires des villes d'Afrique du Sud) (cité par Coleman, 1980).

Les conceptions varient quant à savoir si le phénomène va se poursuivre ou si la tendance a atteint un palier. Tanner (1962) estime que la tendance va persister, bornée pourtant par la limite biologique d'apparition des premières menstruations qu'il situe à 12 ans pour les populations européennes. Hansman (1972) considère que la tendance séculaire pourrait n'être qu'un artéfact statistique plutôt que l'expression d'un événement réel dans l'histoire de l'humanité. Si l'âge moyen des premières menstruations a baissé, c'est que la limite supérieure a été fortement réduite en raison des soins médicaux plus appropriés pour les adolescentes présentant une puberté tardive et d'une alimentation améliorée auprès de l'ensemble des adolescentes; mais la limite inférieure d'apparition des premières menstruations (9-10 ans) n'aurait pas changé depuis un siècle, représentant probablement une limite biologique inhérente à la maturation humaine (Hansman, 1972). Piattelli-Palmarini (1974) considère, en revanche, que l'abaissement constant de l'âge de la puberté constitue «une donnée d'extraordinaire importance sociale et politique» (p. 138). Estimant qu'aucune explication scientifique ne peut rendre compte de la façon dont s'opère le réglage de la montre biologique qui déclenche la puberté, Piattelli-Palmarini juge nécessaire d'inclure la dimension psychosociale parmi les facteurs pouvant agir sur la chronologie de la maturation pubertaire et propose d'insérer «un centre de régulation psychosociale» dans le réseau des facteurs cérébraux (hypothalamus) et endocriniens (hypophyse et gonades), si l'on veut rendre compte de l'abaissement de l'âge de la puberté.

2. Les implications psychologiques de la croissance pubertaire

A. *L'image corporelle*

Les transformations physiques constituent un facteur central dans la construction de la personnalité adolescente. La rapidité des modifications somatiques entame la consistance de l'image corporelle qui s'était élaborée sans heurts au cours de l'enfance et entraîne la nécessité de reconstruire la représentation du corps. Ces modifications précipitent la transition psychologique à laquelle l'adolescent doit faire face; l'avènement de la maturité physique qui s'impose à l'adolescent et à son entourage rend impossible la conservation d'un statut personnel propre à l'enfance.

Les enquêtes réalisées auprès des préadolescents dégagent un niveau élevé de préoccupations, d'anxiété et d'insatisfactions qui s'articulent autour de la représentation de l'apparaître physique. Ces inquiétudes augmentent considérablement avec la puberté tout en adoptant une allure critique et négative. L'image corporelle relativement stable entre 8 et 11 ans subit une série de perturbations qui atteignent un sommet à 14 ans pour se restaurer progressivement à 18 ans (Simmons et Rosenberg, 1975). D'ailleurs, entre 11 et 15 ans, les adolescents font souvent appel à des caractéristiques physiques pour identifier les choses qu'ils n'aiment pas chez eux; plus tard, ils feront référence aux traits de personnalité ou aux comportements sociaux.

On sait que le développement de la morphologie n'est pas linéaire, le début de la poussée de croissance marque d'abord les membres inférieurs et la musculature ne se développe que plus tardivement. Ces disproportions temporaires peuvent pourtant être perçues comme définitives et, plus à l'adolescence qu'à d'autres périodes du développement, la représentation du corps est pertubée par des distorsions physiques imaginaires (Harrison, 1976). Canestrari et ses collaborateurs (1980) ont pu suivre l'évolution de ces «dysmorphophobies», comme ils les nomment, auprès d'un échantillon d'adolescents âgés de 10 à 17 ans, pour constater que les disproportions subjectives marquent d'abord des aspects fragmentaires de l'image corporelle (les pieds, les jambes et les bras), pour se concentrer ensuite sur l'image corporelle globale (la taille et le poids) et, enfin, investir les parties les plus socialisées du corps (le visage et la voix).

Divers travaux ont analysé les réactions des adolescents face à l'évolution de leurs caractéristiques corporelles. Dwyer et Mayer (1971) ont pu constater auprès d'un échantillon d'adolescents américains que 30 % des filles et 20 % des garçons exprimaient des inquiétudes à propos de leur taille, les filles craignant d'être trop grandes, les garçons trop petits. C'est que la stature physique est fortement reliée à l'image idéale des caractéristiques sexuelles appropriées au sexe. Parmi les garçons de l'échantillon, seuls les sujets dépassant 1,90 m à 15 ans s'inquiétaient d'être trop grands!

L'obésité constitue un problème majeur à l'adolescence, particulièrement lorsqu'elle est acquise à cette époque. L'obésité va à l'encontre des critères idéaux de l'apparence physique et donne lieu aux attitudes les plus cristallisées, tant de la part des adolescents obèses que des autres. Mais le sexe différencie sévèrement les groupes. Les garçons de l'échantillon de Dwyer et Mayer paraissent peu concernés par une obésité réelle et s'engagent rarement dans une diète alimentaire; alors que 16 % seulement des filles présentent des problèmes objectifs d'obésité, 60 % d'entre elles déclarent éprouver des problèmes d'excès de poids et reconnaissent avoir entrepris déjà une diète d'amaigrissement.

Garçons et filles développent des préoccupations et des inquiétudes spécifiques sur le plan de la maturité génitale. Les garçons présentent un intérêt vif pour le développement de leurs organes génitaux et le début de la poussée pubertaire donne lieu à des interrogations anxieuses et des comparaisons avec les pairs. Les filles sont moins concernées par la croissance génitale, leurs préoccupations se concentrent principalement sur le développement des seins. Rosenbaum (1979) constate que la plupart des préoccupations actives des 30 adolescentes qu'elle interroge se centrent sur les seins, le signe visible de la féminité. Peu d'enquêtes ont tenté de cerner la signification des premières menstruations, phénomène pourtant jugé par tous comme central dans le processus de maturation sexuelle des adolescentes. Mussen (1974), sans préciser les caractéristiques de son échantillon ni la méthode d'enquête choisie, signale que près de la moitié des adolescentes réagissent aux premières menstruations avec calme et indifférence, 40 % éprouvent des sentiments négatifs, alors que 10 % à peine expriment des sentiments positifs d'intérêt et de fierté. D'après Mussen toujours, ces résultats s'expliquent notamment par le fait que la plupart des mères présenteraient un tableau négatif des menstruations. Rosenbaum (1979) a interrogé 30 adolescentes issues d'un milieu socio-économique supérieur pour constater que si toutes déclarent avoir été bien préparées à cet événement, elles y réagissent avec résignation, acceptant ou plutôt tolérant cette réalité biologique.

B. La maturité sexuelle précoce ou tardive

Les incidences psychologiques d'une maturité sexuelle précoce ou tardive ont fait l'objet d'une série de travaux systématiques, notamment lors des recherches longitudinales entreprises sur la côte ouest des Etats-Unis (Peskin, 1967; Mussen et Jones, 1975).

La maturité sexuelle précoce peut entraîner quelques difficultés passagères auprès d'adolescents possédant un corps adulte, alors qu'une mentalité infantile ne leur permet pas d'assumer certaines attentes sociales. Mais les avantages d'une telle situation prédominent largement. A 14 ans, les adolescents qui accèdent plus tôt à la maturité physique possèdent un statut social élevé, tant chez les garçons que chez les filles et auprès des partenaires des deux sexes. Les différences observées au cours de la trentaine entre les groupes des hommes qui furent des adolescents précocement pubères et ceux qui accédèrent tardivement à la maturité sexuelle, laissent entrevoir chez les premiers un modèle de vie relativement conforme sur le plan social : leurs idées et leurs attitudes sont plus conventionnelles, ils s'engagent dans des responsabilité sociales et politiques traditionnelles. Il semble donc, comme le suggère Peskin (1967), que l'évident avantage d'une puberté précoce conduise ces adolescents à opter prématurément pour un modèle d'identité favorisant le choix d'une idéologie conventionnelle.

La maturité sexuelle tardive entraîne, en revanche, des difficultés sérieuses, principalement dans le cas des garçons qui possèdent un statut social inférieur auprès de leurs pairs, éprouvent des sentiments d'infériorité physique et manifestent certaines difficultés d'ordre psychologique : image de soi négative, sentiment de rejet social et expression de dépendance (Mussen et Jones, 1975). Ces problèmes persistent à l'état adulte. Une recherche longitudinale menée auprès de deux groupes de sujets masculins tardivement et normalement pubères révèle qu'à 33 ans, alors que les écarts physiques entre les deux groupes avaient disparu, les difficultés psychologiques auprès des sujets tardivement pubères persistaient, présentant une consistance avec le tableau clinique observé 16 ans plus tôt (Mussen et Jones, 1975).

La situation est sensiblement différente dans le cas des filles tardivement pubères. Si celles-ci témoignent d'une anxiété plus élevée que leurs compagnes normalement pubères, cette anxiété se concentre sur les problèmes physiques sans s'accompagner des difficultés qui caractérisent le garçon physiquement immature. C'est que la portée psychologique de la croissance pubertaire est tributaire de puissants stéréotypes sociaux qui agissent différemment auprès des filles et des garçons.

C. La conformité sexuelle subjective

Les préoccupations corporelles de l'adolescent sont dominées par la notion subjective de conformité à l'apparence sexuelle adéquate. L'image corporelle idéale tend vers l'irréalisme, car la croissance sexuelle à l'adolescence est particulièrement vulnérable à la tyrannie des notions de normalité physique véhiculée par la culture et les media et, de façon plus contraignante, par le groupe des pairs du même âge. D'importantes différences individuelles marquent la croissance physique à l'adolescence; pourtant, cette hétérogénéité contraste fortement avec les pressions sociales de conformité aux modèles idéaux qui prévalent à l'intérieur du groupe des pairs.

Les stéréotypes liés à l'image corporelle s'installent très tôt, bien avant l'adolescence. Lerner et Korn (1972) démontrent que, dès la maternelle, la majorité des garçons choisissent des modèles athlétiques de préférence aux autres types physiques, tout en attribuant à ces modèles la plupart des traits de caractère comme gentil, intelligent, affectueux ou recherché comme ami. L'attribution des traits négatifs aux modèles endomorphes et des traits positifs aux types mésomorphes s'accentue avec l'âge.

Mais le jeu des pressions sociales s'exerce différemment auprès des garçons et des filles, comme le démontre l'effet très contrasté d'un retard de maturité pubertaire. Alors que chez les filles l'atteinte de la puberté effacera une anxiété passagère, les effets psychologiques de la maturité tardive chez les garçons sont encore visibles au cours de la trentaine. C'est que l'accès à la virilité est délimité de façon univoque, toute dérogation aux canons de la masculinité entraîne des risques d'ostracisme et, partant, de difficultés psychologiques. La société et le groupe des pairs se montrent plus tolérants envers les rôles sexuels féminins qui peuvent se déployer à l'intérieur d'un registre plus large; les filles peuvent opter, par exemple, pour des modèles de «garçons manqués» et recueillir adhésion et gratifications de la part de leur entourage familial et social.

Le passage vers l'identité masculine à l'adolescence s'exerce à l'intérieur d'un couloir étroit, ce qui explique sans doute la présence sensiblement supérieure chez les garçons du refus de l'identité de genre et le taux apparemment supérieur d'homosexualité masculine et de désirs transsexuels chez les garçons (Rosenbaum, 1979; Douvan, 1979).

Si les filles acceptent mieux leur identité de genre, leur image corporelle est, en revanche, considérablement plus affectée que celle des garçons à l'adolescence, au point d'irradier chez elles toute la zone de la représentation de soi. Les filles estiment plus souvent que les garçons que leur apparence physique est moins attirante que celle de leurs compagnes, la majorité d'entre elles souhaiteraient d'ailleurs apporter des modifications à leur apparence physique, alors que les garçons s'estiment assez satisfaits de leur physique pour n'y désirer aucun changement.

Le thème des relations entre l'évaluation de l'attrait physique estimé et le concept de soi a été exploré par Lerner et ses collaborateurs (1973, 1974). Les recherches confirment l'impact des stéréotypes corporels sur l'attrait physique auprès des deux sexes. Mais l'évaluation de l'attirance physique subjective présente, chez les filles, une corrélation significative avec d'autres dimensions personnelles et sociales de la représentation de soi, alors que cette relation est absente chez les garçons. En d'autres mots, l'adolescente qui se juge comme peu séduisante physiquement étendra cette estime de soi négative à d'autres zones de la représentation de soi, alors que le garçon différencie aisément ces aspects, il peut considérer négativement son image corporelle et s'estimer sur le plan social ou intellectuel.

Simmons et Rosenberg (1975) constatent également, au terme d'une recherche comparative, que les filles possèdent une image corporelle plus perturbée et plus instable que celle des garçons et une représentation de soi plus négative. Les filles possèdent une vision plus défavorable des rôles sexuels présents et futurs et se montrent plus désolées des changements corporels de l'adolescence, étant donné l'énorme importance accordée à la beauté féminine et à ses canons dans notre culture.

3. Les comportements et les attitudes sexuels des adolescents

Nous ne disposons pas d'enquêtes systématiques publiées portant sur les comportements et les attitudes sexuels des adolescents francophones, offrant des garanties scientifiques suffisantes pour pouvoir fonder des interprétations avec confiance. Il faudra, une fois encore, se tourner vers les enquêtes anglo-saxonnes en se défiant des généralisations, car, comme le démontrent les recherches interculturelles de Luckey et Nass (1969), on observe d'importants écarts entre les attitudes et les comportements sexuels des adolescents des divers pays d'Europe et d'Amérique. A l'époque, les adolescents anglais et norvégiens se révélaient à la fois plus permissifs et plus expérimentés sexuellement que les adolescents canadiens, qui se montraient, en général, plus conservateurs. En plus de l'origine culturelle, il faut tenir compte du comportement sexuel impliqué, de l'âge, du sexe et de l'origine socio-économique, toute généralisation devant être limitée aux groupes concernés.

A. *Les attitudes sexuelles*

Les attitudes sexuelles des adolescents ont subi une évolution constante au cours des vingt-cinq dernières années et affichent une accélération au cours de ces dernières années. Cette évolution est parallèle à celle qu'on observe dans les sociétés occidentales et se traduit par une permissivité croissante face à des questions comme l'importance de la virginité avant le mariage, la tolérance des relations sexuelles prémaritales et l'homoxexualité. Ainsi, en 1965, 47 % des adolescents interrogés par Schofield considèrent l'homosexualité comme un délit punissable; en 1977, 12 % restent d'accord avec cette proposition (Rioux-Marquis, 1977).

Les adolescents plus âgés apparaissent à la fois moins inhibés et plus permissifs face aux réalités sexuelles que les plus jeunes. Les premiers admettent plus volontiers qu'il est important de penser et de parler de sexualité, ils se révèlent plus tolérants que les seconds face à des questions comme la contraception, les relations sexuelles préconjugales et l'homosexualité. Les adolescents sexuellement expérimentés manifestent des attitudes très contrastées par rapport aux adolescents vierges: ils se montrent plus ouverts aux réalités sexuelles et intègrent la sexualité à l'ensemble des relations interpersonnelles (Sorensen, 1973).

Les attitudes sexuelles des filles sont plus déterminées par les standards sociaux et parentaux et la référence aux relations amoureuses exerce un rôle central dans l'établissement de leurs normes sexuelles. La tolérence pour les relations sexuelles chez un couple amoureux non marié donne lieu à peu d'écarts entre les réponses des garçons et des filles (93 % et 82 %); mais dans le cas d'absence de lien amoureux dans le couple, 63 % des garçons expriment leur acceptation des relations sexuelles contre 17 % seulement des filles (Crepault et Gemme, 1975).

Tous les jeunes, garçons et filles, adhèrent au principe du « double standard » sexuel, impliquant une morale sexuelle différente pour les hommes et les femmes, dans le sens d'une plus grande tolérance pour les activités sexuelles des hommes. Crepault et Gemme (1975) observent une tendance chez les jeunes Montréalais à adopter l'égalitarisme sexuel pour les filles et les garçons, pour autant toutefois que les activités sexuelles se déroulent dans le cadre d'une relation amoureuse.

B. Les comportements sexuels des adolescents

a) Considérations méthodologiques

L'étude des comportements sexuels des adolescents soulève des problèmes méthodologiques spécifiques d'au moins trois ordres : la constitution d'un échantillon aléatoire représentatif de la population visée, le choix de l'instrument d'investigation et le degré de crédibilité des réponses.

L'établissement d'un échantillon probabliste représentatif risque de se heurter, en matière de sexualité plus qu'ailleurs, au refus de participer de la part des adolescents ou de leurs parents. Des exigences éthiques évidentes ne permettent pas d'engager une enquête sur les comportements sexuels des adolescents sans obtenir préalablement l'autorisation des parents. Leur refus risque d'introduire des biais systématiques importants, puisque les parents les moins permissifs se révèlent plus réticents à accorder cette autorisation et qu'il existe une relation positive entre le niveau de tolérance parentale et le degré d'expérience sexuelle des adolescents (Schofield, 1965). C'est un biais de ce type qui porte un préjudice majeur à la valeur des résultats obtenus par Sorensen (1973), lors de l'enquête qu'il a réalisée auprès d'un échantillon de 411 sujets de 13 à 19 ans. Sorensen avait constitué un échantillon théorique de 839 sujets représentatifs des adolescents américains. Un questionnaire unique de 540 questions couvrant tous les aspects de la sexualité humaine fut soumis à l'approbation des adolescents et de leurs parents. Près de 50 % des parents ont refusé que leur enfant participe à l'enquête. Quand on sait que Sorensen a introduit dans son échantillon 6 % d'adolescents « invisibles » comme il les nomme, recrutés dans les prisons et les centres de détention, qui présentent un niveau d'expérience sexuelle particulièrement élevé (Elias, 1969), on ne s'étonne pas des chiffres exceptionnels d'adolescents ayant des expériences sexuelles avancées par rapport aux autres enquêtes du même type.

Lors d'enquêtes portant sur la sexualité adolescente, deux techniques ont été utilisées : l'entrevue et le questionnaire. L'entrevue offre plus de garanties, l'interviewer pouvant déceler les falsifications manifestes, les contradictions évidentes ou les incompréhensions reliées à des problèmes de terminologie, toutes choses qui échappent au questionnaire. Le questionnaire est cependant mieux accepté par les adolescents, car il épargne l'anxiété de l'entrevue et garantit la confidentialité des réponses.

Aucune des deux techniques n'échappe cependant au biais de la désirabilité sociale et les pressions exercées en vue de rapporter un comportement sexuel conforme à ce que l'individu juge comme souhaitable, sont vraisemblablement fortes. Le problème de la confiance qu'on peut accorder aux réponses des sujets n'est pas plus aigu dans le domaine des conduites sexuelles que dans d'autres secteurs de recherche. Le degré de crédibilité des réponses se rapportant aux conduites sexuelles est élevé quoique légèrement inférieur à « l'aveu » de conduites délinquantes : vol à l'étalage, fausses déclarations, etc. L'homosexualité serait sous-rapportée dans 15 % des cas; la masturbation, qui, parmi les comportements sexuels soulève le plus de résistance chez les adolescents (Sorensen, 1973), serait sous-rapportée dans 30 % des cas.

b) Les principales enquêtes sur les comportements sexuels des adolescents

Les enquêtes de Kinsey (1948, 1953) sont à la fois les plus connues et les plus vastes jamais réalisées sur le comportement sexuel humain. Kinsey a mené ses recherches aux Etats-Unis, auprès d'un énorme échantillon de 6.200 hommes et de 5.800 femmes. L'échantillon comprend des adolescents, mais on n'est pas informé sur leur nombre précis, car on ne peut différencier les données issues de témoignages directs d'adolescents de celles provenant d'adultes évoquant leur expérience adolescente. On connaît les principales critiques formulées sur la méthodologie de Kinsey : l'échantillon a été constitué sur la base de la libre participation et n'est nullement représentatif de la population américaine; par ailleurs, l'entrevue n'est pas réalisée selon un schéma standardisé, l'interviewer disposant seulement d'une série de thèmes à investiguer selon son inspiration. Malgré ces réserves, les travaux de Kinsey constituent aujourd'hui encore une référence majeure, notamment quand il s'agit de comparer des fréquences de comportements sexuels.

Schofield (1965) a mené une enquête en Angleterre, auprès d'un échantillon représentatif, constitué au hasard, de 1.873 sujets (934 garçons et 939 filles), âgés de 15 à 19 ans. Les informations sont recueillies au cours d'une entrevue structurée ouverte, l'interviewer veille à tester la vérité des déclarations et les questions suivent une hiérarchie afin de ne pas heurter la sensibilité des répondants.

D'autres enquêtes plus récentes ont été entreprises aux Etats-Unis; celle de Kantner et Zelnik (1972), auprès d'un échantillon d'adolescents masculins et les enquêtes menées par Verner et ses collaborateurs (1974) auprès de garçons et de filles, offrent le plus de garanties sur le plan méthodologique. On dispose également de données sur le comportement sexuel des adolescents japonais (Asayama, 1976) et allemands (Schmidt et Sigusch, 1972). A notre connaissance, les comportements sexuels des adolescents francophones n'ont pas fait l'objet d'enquêtes publiées présentant des garanties méthodologiques suffisantes. Crépault et Gemme (1975) ont réalisé une enquête auprès d'un échantillon représentatif de 629 jeunes adultes montréalais âgés de 19 à 23 ans, mais cette population est plus âgée que celle visée par cet ouvrage.

c) La masturbation

Les enquêtes entreprises sur l'expérience de la masturbation auprès des adolescents masculins révèlent une surprenante stabilité de ce comportement dans le temps et l'espace. Il est remarquable de constater au tableau 3 que Gagnon et ses collaborateurs obtiennent des fréquences identiques d'adolescents ayant expérimenté la masturbation à celles établies par Kinsey, 20 ans plus tôt. Plus remarquable encore se révèle la stabilité de ce comportement dans des pays aussi divers que les Etats-Unis, l'Allemagne et le Japon. Comme il apparaît au tableau 3, les moyennes oscillent autour de 20 % à 12 ans, 85 % à 15 ans et 92 % à 18 ans. Il s'agit donc d'un comportement qui suit le même cycle partout: environ deux ans après la maturation pubertaire, on assiste à une poussée de la pratique masturbatoire chez les garçons, poussée qui coïncide d'ailleurs avec un sommet des capacités orgasmiques dans le cycle de la vie. A 16 ans, le taux moyen d'orgasmes par masturbation se situe entre trois et quatre fois par semaine chez les garçons (Meyer-Bahlburg, 1980).

Tableau 3
Pourcentages d'adolescents masculins ayant fait l'expérience de la masturbation

Source	Age						
	12	13	14	15	16	17	18
Kinsey (U.S.A., 1948)	21		76	85	90		92
Gagnon (U.S.A., 1970)	21			82			92
Schmidt (All., 1972)			54	74	89	96	
Asayama (Jap., 1974)	(25)[1]	(45)	65	80	(86)	(90)	92

[1] Les chiffres entre parenthèses sont inférés à partir de graphiques.

Le tableau est très différent chez les filles. Les fréquences sont sensiblement plus réduites et la masturbation n'apparaît pas comme un comportement généralisé à l'adolescence; la variabilité interindividuelle est d'ailleurs beaucoup plus marquée dans le cas des filles. Kinsey (1953) obtenait des fréquences de 12 % à 12 ans, 20 % à 15 ans et 33 % à 20 ans. Asayama obtient en 1974 des chiffres comparables auprès des adolescentes japonaises: 12 % à 14 ans, 18 % à 15 ans et 24 % à 18 ans. Alors que, chez les garçons, la maturation pubertaire s'accompagne d'une rapide poussée de la pratique masturbatoire, chez les filles, le cycle des fréquences de la masturbation s'accroît progressivement au cours et au terme de la puberté. En moyenne, les femmes n'accèdent au taux maximum de pratique masturbatoire et de capacité orgasmique que vers la trentaine. D'ailleurs, à la différence des garçons, un tiers seulement des adolescentes accède à l'orgasme au cours de la masturbation (Gagnon, 1972).

Kinsey a tenté d'expliquer ces différences en termes biologiques, en postulant une plus grande urgence des pulsions sexuelles chez les hommes. Mais ces différences sont le fait d'une interaction complexe entre des facteurs biologiques, psychologiques et culturels. Les comportements sexuels des hommes et des femmes sont dictés par des normes et des attentes sociales à l'instar de n'importe quel comportement. D'ailleurs, la masturbation féminine qui était restée relativement stable au cours des années cinquante et soixante a subi une augmentation significative au cours des années soixante-dix. Schmidt (1972) constate que la pratique de la masturbation a pratiquement doublé en dix ans chez les adolescentes allemandes, surtout chez les filles scolarisées. Hunt (1974) observe le même phénomène aux Etats-Unis: à 13 ans, 33 % des adolescentes auraient fait l'expérience de la masturbation, alors que Kinsey obtenait des chiffres de 15 % au même âge en 1953. On assisterait donc à une rupture des barrières psychologiques et sociales qui rapproche la pratique de la masturbation de l'éveil de la sexualité chez les filles.

Plus que n'importe quel comportement sexuel, l'exploration de la masturbation se heurte aux défenses des adolescents, soulevant des sentiments d'embarras et de dégoût, des craintes superstitieuses et la dépréciation de soi. Si la masturbation est souvent décrite comme une expérience agréable, elle est souvent suivie de culpabilité et d'anxiété: 45 % des garçons et 57 % des filles interrogés par Sorensen déclarent éprouver toujours ou souvent de tels sentiments. Blos (1967) estime que la masturbation chez l'adolescent n'est jamais exempte de conflits inconscients. Gagnon (1972) identifie deux facteurs expliquant ces sentiments de culpabilité, de honte et d'anxiété. La masturbation est un comportement essentiellement secret qui réactive les culpabilités construites autour de l'apprentissage de la pudeur et les interdits qui frappent la manipulation des organes génitaux; par ailleurs, les fantaisies qui accompagnent la masturbation à l'adolescence se construisent autour des images directement accessibles, les sœurs, les frères, les parents, celant ainsi des liens entre les réalités sexuelles et la violation des interdits.

Il n'est pas loin le temps où toute une littérature condamnait la masturbation, rendant cette pratique responsable d'une série de troubles organiques et psychologiques, voire de dégénérescence intellectuelle. Les attitudes ont beaucoup changé au cours de ces quinze dernières années. Blos considère que:

«la masturbation adolescente annonce et facilite le mouvement en avant de la libido, par une pseudo-activité dans le fantasme. Cet interlude mène normalement à l'expérience hétérosexuelle et aux modifications concomitantes qui contribuent à la consolidation définitive de la sexualité» (Blos, 1967, p. 198).

Pour Blos, la masturbation revêt des aspects pathologiques lorsqu'elle consolide régressivement des fixations infantiles, notamment dans l'usage des fantasmes qui alimentent la masturbation ou lorsque ces pratiques prennent un caractère compulsif.

d) Les comportements hétérosexuels

L'enquête réalisée par Schofield en Angleterre offre le plus de garanties, tant au point de vue de la valeur représentative de l'échantillon qu'au point de vue de la crédibilité des résultats recueillis au cours d'une entrevue de face à face. Même si les données de Schofield datent aujourd'hui de plus de 15 ans, l'analyse systématique qu'il a entreprise des divers niveaux d'expérience sexuelle des adolescents, rapportée au tableau 4, permet de dégager deux observations importantes.

Tableau 4
Pourcentages d'adolescents ayant expérimenté divers comportements hétérosexuels
(Schofield, 1965)

	15-17 ans		17-19 ans	
	garçons	filles	garçons	filles
«Rendez-vous» (dating)	78	91	93	96
Baiser	78	91	92	96
Baiser «profond»	43	64	67	81
Caresse des seins au-dessus des vêtements	49	60	74	79
Caresse des seins en dessous des vêtements	36	38	63	61
Caresse des organes génitaux (partenaire actif)	24	12	51	29
Contact des organes génitaux sans pénétration	16	13	38	29
Coït	11	6	30	16

Si pratiquement tous les adolescents ont fait l'expérience du rendez-vous et du baiser, les chiffres décroissent en fonction du niveau d'avancement des comportements sexuels; l'expérience du coït reste exceptionnelle chez les jeunes adolescents. La sexualité adolescente apparaît comme un lieu d'apprentissage des gestes qui conduisent progressivement à l'expérience du coït, en passant par des conduites de plus en plus avancées: baiser, caresse des seins, caresse des organes génitaux.

La seconde observation concerne les écarts entre les garçons et les filles. Parmi le groupe des 15-17 ans, un pourcentage sensiblement supérieur de filles se révèle plus expérimenté que les garçons dans le domaine des conduites sexuelles «romantiques»: le rendez-vous, le baiser et les caresses. Dès que les conduites adoptent une tournure plus nettement génitale, les chiffres s'inversent, les garçons présentent des fréquences d'expérience supérieures, doublant le chiffre des filles pour l'expérience du coït.

Cet écart entre l'expérience du coït chez les filles et les garçons à l'adolescence se retrouve dans toutes les enquêtes réalisées tant aux Etats-Unis qu'en Europe. Plusieurs facteurs peuvent expliquer ce décalage: un certain nombre de garçons connaissent leur première expérience sexuelle avec des prostituées (les chiffres oscillent autour de 12 % pour les garçons allemands et anglais examinés par Luckey et Nass en 1969); par ailleurs, il est vraisemblable que les garçons

« sur-rapportent » ce comportement hautement valorisé par les pairs, alors que les filles « sous-rapporteraient » un comportement qui désigne auprès des pairs, garçons et filles, un modèle de « fille facile » commençant une vie sexuelle précoce et offrant ses faveurs à de nombreux garçons. Enfin, comme le démontre Schofield, si les filles entreprennent leur vie sexuelle plus tardivement que les garçons, elles ont des relations sexuelles plus fréquentes que les garçons.

Ici, une question domine le débat : les adolescents d'aujourd'hui sont-ils plus expérimentés sexuellement que ne l'étaient les générations antérieures ? On dispose de peu de données permettant de tracer l'évolution des normes et des comportements sexuels au cours de ce siècle, dans les sociétés occidentales. Des enquêtes réalisées aux Etats-Unis, en France et en Angleterre démontrent cependant que la fréquence des relations sexuelles prémaritales a significativement augmenté au terme de la première guerre mondiale, dans les classes moyennes de la société. Si, avant 1915, trois quarts des jeunes filles accèdent vierges au mariage, ces chiffres changent brusquement au cours des années vingt pour se situer autour de 50 % en 1925. Apparemment, les valeurs sexuelles de la société occidentale ont subi une évolution importante à cette époque.

Les données compilées par Diepold (1979) sont conformes à l'analyse de Miller et Simon (1980) pour convenir que les comportements sexuels des adolescents ont peu évolué entre les années 1940 et 1960. Des modifications substantielles dans le comportement sexuel des adolescents ont été observées autour des années soixante-dix, tant en Europe qu'aux Etats-Unis et au Japon. Il est malaisé de dresser des lignes sûres à partir de chiffres d'enquêtes présentant de grandes variations dues aux différences ethniques et socio-économiques des sujets examinés, mais également aux méthodologies particulières. Néanmoins, on peut dégager certaines constantes. Certes, il est inadéquat de parler de révolution sexuelle, car peu de données soutiennent l'idée d'un changement brusque et massif dans le comportement hétérosexuel des adolescents. Les chiffres indiquent plutôt une certaine stabilité chez les garçons et une évolution du comportement hétérosexuel des filles, au point de réduire l'écart qui les séparait des garçons, comme en témoigne le tableau 5. L'adolescent de 18 ans d'aujourd'hui possède une expérience sexuelle comparable à celle de l'adolescent de 19 ans en 1940. En revanche, le comportement sexuel des filles a connu une progression graduelle et significative au cours des vingt dernières années. Si, à 19 ans, les données de 1940 indiquent une proportion de trois garçons pour une fille ayant expérimenté des relations sexuelles complètes, au cours des années soixante-dix, les filles ont rejoint les garçons. Pour les deux sexes, la fréquence des expériences sexuelles double entre 16 et 18 ans.

Tableau 5
Evolution des pourcentages d'adolescentes et d'adolescents ayant fait l'expérience du coït entre 1960 et 1976

	Garçons			
	U.S.A.		Allemagne	
	1972 (1)	1975 (2)	1960	1970 (3)
15 ans	19	21	15	18
16 ans	21	28	25	30
17 ans	31	33		
18 ans	53 (5)	62		
19 ans				

	Filles			
	U.S.A.		Allemagne	
	1971	1976 (4)	1960	1970 (3)
15 ans	11	14	7	16
16 ans	17	23	19	25
17 ans	22	36		
18 ans	33	44		
19 ans	41	49		

(1) Verner *et al.* (1972); (2) Jessor et Jessor (1975); (3) Schmidt et Sigush (1972); (4) Shah et Zelnik (1980); (5) Miller (1973).

Deux variables principales peuvent rendre compte des écarts entre les adolescents expérimentés et les autres : la pratique religieuse et le statut socio-économique. Pour les deux sexes et partout, le degré de pratique et de croyance religieuse est inversement proportionnel au niveau d'expérience sexuelle. De façon générale, les adolescents de la classe ouvrière vivent des expériences sexuelles plus précoces et révèlent une fréquence plus élevée de comportements hétérosexuels ; les différences entre les classes sociales s'estompent cependant à la fin de l'adolescence. Le contexte familial crée des conditions favorables à l'accès à un stade plus avancé de pratiques sexuelles : les adolescents plus expérimentés ont des parents moins restrictifs sur le plan disciplinaire, ils peuvent occuper seuls le foyer familial pendant de longues périodes (Schofield, 1965).

Sur le plan psychologique, les adolescents expérimentés sur le plan sexuel se déclarent plus âprement engagés dans la culture adolescente et maintiennent des relations plus intenses avec le groupe de leurs pairs. Aucune donnée n'indique la présence de difficultés psychologiques particulières à ce groupe; les individus expérimentés possèdent plutôt un niveau supérieur d'estime de soi et mettent en avant une série d'acquis personnels favorables, recouvrant un vaste assortiment d'objectifs symboliques, comme le sentiment d'avoir accédé à un degré plus élevé d'autonomie, d'être en mesure d'assumer une intimité physique, d'avoir acquis le respect des pairs ou d'affirmer leur identité sexuelle en rejetant des conventions sociales périmées (Jessor et Jessor, 1975). Les adolescents inexpérimentés justifient leur statut en mettant d'abord en avant des considérations morales et la crainte de la grossesse et ceci tant pour les garçons que pour les filles. Puis les motifs évoqués divergent: les filles font appel à la désapprobation parentale et à la perte de réputation, alors que, chez les garçons, un motif prédomine: l'incapacité de se trouver une partenaire ou le refus de cette dernière. Les différences d'ordre personnel comme les inhibitions, la gêne ou les difficultés de contact sont rarement exprimées explicitement par les deux sexes.

La limitation des activités sexuelles à la reproduction, dans le cadre du mariage, est rejetée de façon unanime par les adolescents d'aujourd'hui. Les relations sexuelles prémaritales sont acceptées par les deux sexes et sont considérées comme nécessaires et naturelles. Cette attitude permissive ne doit cependant pas occulter le fait que les normes sexuelles des adolescents sont fortement teintées de contrôles sociaux intériorisés. Ainsi, la norme d'acceptation des relations sexuelles au sein d'une relation amoureuse prédomine largement. Cette norme assure la liaison entre l'amour et la sexualité. La fidélité constitue l'autre contrôle significatif; la plupart des garçons et des filles exigent la fidélité de leur part et de la part de leur partenaire. Trois quarts des adolescents allemands interrogés par Schmidt (1972) déclarent qu'une relation stable est le gage de la fidélité et revendiquent un tel modèle. Dans cette même enquête, 90 % des 16-17 ans favorisent une relation durable, 75 % souhaitent se marier et 90 % des garçons et des filles projettent d'avoir des enfants. Il apparaît donc que, si les comportements sexuels des adolescents ont évolué autour des années soixante-dix et si la première expérience sexuelle a lieu plus tôt qu'antérieurement, cela n'a pas entraîné de changements sensibles dans la morale sexuelle des adolescents, où la conception romantique de l'amour prédomine largement.

e) Les pratiques contraceptives

Il faut signaler que les questions de contraception ne préoccupent pas beaucoup les adolescents. Miller (1973) estime que 80 % des adolescentes actives sexuellement témoignent d'une connaissance inadéquate des techniques contraceptives et d'une grande méconnaissance des risques de grossesse. Shah et Zelnik (1980) constatent que, parmi les adolescentes de 15 à 19 ans actives sexuellement, 25 % n'utilisent jamais de techniques contraceptives. Soixante-quinze pour cent des adolescents montréalais interrogés par Rioux-Marquis (1977) sont favorables à l'utilisation des moyens contraceptifs, mais, dans ce groupe, plus de la moitié des garçons considèrent que la contraception est l'affaire des femmes. Ces chiffres sont suffisamment éloquents pour justifier la nécessité d'une intervention préventive auprès des adolescents, car la conjonction de l'augmentation des expérience sexuelles précoces et de la méconnaissance des pratiques contraceptives continuera d'entraîner une augmentation progressive des grossesses non désirées. Au Québec, on comptait 7.300 grossesses chez les adolescentes de 12 à 19 ans en 1973 et 9.500 en 1976 et tout laisse entendre une augmentation de ces chiffres au cours des années à venir (Frappier et Onetto, 1981).

f) L'homosexualité

L'homosexualité représente un autre thème majeur de la sexualité adolescente. Sur le plan théorique d'abord, plusieurs auteurs considèrent que le passage vers l'hétérosexualité passe par une phase d'investissement homosexuel. On retrouve d'ailleurs cette idée à l'état presque mythique dans la littérature romanesque occidentale. Pour Blos (1967), le désinvestissement des objets d'amour parentaux entraînant la recherche de nouveaux objets passe souvent par une phase d'homosexualité, permettant la résolution des conflits bisexuels et l'entrée dans l'adolescence proprement dite. Les expériences homosexuelles à l'adolescence revêtent une autre importance, puisque la plupart des adultes homosexuels ont connu leur première expérience homosexuelle au cours de cette période.

Pourtant, la fréquence des contacts homosexuels est réduite à l'adolescence. Parmi les sujets masculins examinés par Kinsey (1948), 27 % reconnaissent avoir eu au moins une expérience homosexuelle avec orgasme à l'âge de 15 ans; ces fréquences s'élèvent légèrement pour atteindre 37 % à 18 ans. Toutefois, une réanalyse des données de Kinsey citée par Gagnon (1972) démontre que près de 80 % des sujets ayant eu des expériences homosexuelles au cours de l'adolescence, n'en auront plus ultérieurement. Ces observations sont confirmées par l'enquête entreprise par Saghir et Robins (1973) auprès d'un échantillon d'adultes hétérosexuels: 23 % d'entre eux ont eu des contacts homosexuels à 15 ans, mais aucun après cet âge. Il s'agirait donc d'un phénomène transitoire d'expérimentations sexuelles, marqué par l'exploration physique et l'apprentissage réciproque, se déroulant dans un contexte homosocial plutôt qu'homosexuel, puisque, dans la culture occidentale du moins, la vie sociale des adolescents se déroule principalement avec les pairs du même sexe.

Chez les adolescents plus âgés — à 17 ou 18 ans —, la signification homosexuelle des contacts entre partenaires du même sexe paraît plus évidente, surtout si l'expérience sexuelle prioritaire d'un des acteurs est d'ordre homosexuel. A cet âge, des liens profonds d'attachement pour un compagnon admiré peut produire des intérêts homosexuels partiels ou exclusifs (Gagnon, 1972).

Chez les filles, la présence d'expériences homosexuelles semble très réduite. Les enquêtes réalisées depuis celle de Kinsey dégagent des chiffres relativement faibles et stables, se situant autour de 5 à 6 % de filles adolescentes ayant eu des contacts homosexuels. Si la présence d'expériences homosexuelles est relativement rare, les contacts corporels entre adolescentes sont multiples. Peu de filles considèrent cependant que ces contacts possèdent une signification érotique (Gagnon, 1972).

4. La signification de la sexualité à l'adolescence

Les données des enquêtes récentes sur la sexualité des adolescents suggèrent diverses lignes de réflexion qui mériteraient d'être confrontées à la théorie psychanalytique du développement psychosexuel.

Il apparaît d'abord que l'engagement dans l'activité sexuelle émerge pour la première fois avec évidence lors de l'éclosion pubertaire. Cela a été constaté dans les divers domaines des conduites sexuelles comme l'évaluation de l'attirance physique, les comportements d'approche et de séduction d'un partenaire sexuel ou l'expérience amoureuse.

Les travaux portant sur la représentation de l'image corporelle et l'évaluation de l'attirance physique dégagent clairement une très nette augmentation de ce type de préoccupations, avec l'avènement des transformations pubertaires. Les enquêtes menées sur l'évolution des attitudes et des comportements sexuels démontrent également, sans équivoque, que tout ce qui relève de l'approche d'un partenaire sexuel — les premiers rendez-vous, les premiers baisers, les premières caresses — revêt une acuité toute nouvelle à l'adolescence. La ligne croissante des fréquences des comportements autoérotiques et des expériences hétérosexuelles dégage également une progression des activités sexuelles, tout au long de cette période. Sans doute, plusieurs aspects des comportements sexuels, y compris l'expérience de l'orgasme, peuvent-ils apparaître avant la puberté, mais l'activité sexuelle des enfants est sporadique, alors qu'elle revêt un aspect majeur et permanent dans la vie quotidienne des adolescents.

Enfin, comme l'ont raconté maints romanciers, les premières exaltations amoureuses et les premières peines d'amour sont le lot de l'adolescence. Si, à 11 ans, au terme de l'enfance, 60 % des filles déclarent déjà avoir eu un «amoureux» (ce nombre est beaucoup plus réduit chez les garçons), l'expérience de la passion amoureuse «frappe» pour la première fois entre 13 et 14 ans et la première expérience d'amour partagé est vécue en moyenne entre 17 et 18 ans (Meyer-Bahlburg, 1980).

De toute évidence donc, les réalités sexuelles s'imposent à la conscience et s'inscrivent dans l'expérience adolescente. Les données empiriques suggèrent deux autres lignes de réflexion: l'expérience sexuelle se construit progressivement au cours de l'adolescence, cette expérience se bâtit sous l'influence des normes sociales changeantes. Les travaux rapportés démontrent que les attitudes et les comportements sexuels des adolescents ont évolué au cours de la dernière décade, et ceci particulièrement dans le cas des filles dont les activités autoérotiques et hétérosexuelles ont enregistré une augmentation sensible. Ceci n'est sans doute pas étranger aux revendications actuelles concernant l'égalité entre les sexes, comme d'ailleurs l'évolution qui avait marqué les conduites sexuelles des couples autour des années vingt. Car, à cette époque, également marquée par des revendications féministes, ce sont les attitudes sexuelles des femmes qui ont évolué et non celles des hommes, acquis de longue date au privilège de ne pas accéder vierge à la nuit de noces.

Suivant les perspectives psychanalytiques, l'individu accède à l'adolescence muni d'un équipement érotique très structuré, riche en fantasmes et en symboles, englobant des investissements libidinaux spécifiques et des zones érogènes privilégiées; il tentera désormais de réaliser ce «scénario intrapsychique», comme le nomme Miller et

Simon (1980), dans un comportement acceptable à la fois par le surmoi et les exigences de la vie sociale.

Miller et Simon opposent à ce modèle «expressif» de la sexualité post-œdipienne un modèle «constructiviste», l'expérience adolescente dépassant largement la simple expression d'un scénario sexuel enraciné dans l'enfance pour englober dans une relation complexe l'histoire personnelle, les compétences socio-sexuelles acquises au cours de l'enfance et de l'adolescence et les contingences sociales dessinant les normes sexuelles dominantes. Ce modèle, comme en conviennent les auteurs, doit encore être validé, mais il possède le mérite de tenir compte des données empiriques en plus de rendre compte de certaines spécificités des conduites sexuelles adolescentes. Beaucoup de ces conduites sont disjonctives; les premiers comportements amoureux sont des gestes rituels plutôt que des activités électives témoignant d'une réelle recherche de plaisir érotique. C'est que l'affirmation de l'identité de genre s'impose lors de la construction de l'identité adolescente et l'activité hétérosexuelle est le comportement qui affiche la signification du genre, pour soi et pour autrui.

Le comportement sexuel des adolescents est un comportement à la recherche de significations. Avec l'éclosion de la puberté, l'adolescent commence à expérimenter des gestes et à éprouver des stratégies qui constituent le lieu de rencontre de la vie fantasmatique et de l'expression de l'érotisme dans un comportement interpersonnel. Le développement sexuel est un processus continu et dynamique, la capacité d'exprimer les significations érotiques au sein d'un comportement social est apprise principalement au cours de l'adolescence et au début de l'âge adulte.

Chapitre V
Le développement cognitif : l'accès à la pensée formelle, les capacités intellectuelles, le jugement moral et les idéologies

Les recherches sur le développement cognitif à l'adolescence n'occupent qu'une place réduite dans l'ensemble des travaux consacrés aux multiples aspects de la vie mentale à cette époque. Stanley Hall (1904) déplorait déjà ce fait au début du siècle et Piaget (1955) fait le même constat cinquante ans plus tard, s'étonnant qu'on ait si peu poussé l'analyse de la pensée propre à l'adolescence. Elkind (1975) estime que cette relative pauvreté des recherches dans le domaine du développement cognitif s'explique par la complexité de la pensée adolescente elle-même, qui exige la mise en place de méthodes d'investigation complexes et diversifiées. Sans doute, il faut y ajouter le fait qu'à l'adolescence, il devient de plus en plus malaisé d'isoler les effets de la croissance du rôle de l'expérience scolaire sur le développement de la pensée.

Soulever la question de la spécificité d'une pensée adolescente implique la reconnaissance d'une nouveauté dans la façon d'appréhender le réel, distincte de celle de l'enfance. Sur ce plan, un accord existe de longue date et, lorsqu'on examine le contenu des programmes scolaires proposés à l'entrée de l'école secondaire qui, partout, coïncide avec le début de l'adolescence, c'est pour constater des modifications majeures dans le contenu des programmes. En mathématiques, par exemple, on introduit les élèves à l'étude de l'algèbre, ce qui nécessite la possibilité de raisonner sur de purs symboles; dans les cours d'analyse littéraire, on leur demande de dégager «l'intention de l'auteur», ce qui implique la capacité de s'abstraire de la matérialité du texte. La recherche psychologique a pu confirmer qu'effectivement, cette tradition s'appuyait sur un certain nombre d'innovations quantitatives et qualitatives qui caractérisent la pensée adolescente dans sa manière d'appréhender la réalité et se représenter les choses.

Le relevé de ces perspectives sur le développement cognitif à l'adolescence sera regroupé autour de trois thèmes exposés successivement dans ce chapitre. La première partie rapporte la théorie du développement de la pensée formelle, proposée par Piaget, qui se base sur les diverses modifications de la structure de la pensée logique à l'adolescence. Piaget considère que le développement de la pensée formelle constitue non seulement la réalisation cognitive centrale de cette époque mais que cette modification de la pensée se situe au cœur de l'ensemble de l'évolution de la mentalité adolescente. La grande majorité des travaux actuels sur le développement cognitif à l'adolescence partent de Piaget, en reconnaissant de nombreuses limites à la généralisation de l'accès à la pensée formelle à cette période. En second lieu et plus succinctement, nous rapporterons les travaux qui s'interrogent sur les problèmes de l'évaluation intellectuelle à l'adolescence et s'inscrivent dans la tradition psychométrique. Divers courants de recherche qui analysent le développement du jugement moral et l'évolution des idéologies à l'adolescence clôtureront ce chapitre.

1. Le développement de la pensée formelle à l'adolescence

Selon Piaget, l'intelligence constitue une forme particulière d'adaptation de l'organisme, les interactions que l'individu entretient avec son environnement sont dictées par une recherche d'équilibre entre les données du monde extérieur et les formes qu'adopte l'intelligence pour l'appréhender et le comprendre. Au cours du développement, la pensée s'organise progressivement en systèmes ou structures de plus en plus complexes et l'étude génétique de l'intelligence se donne pour tâche de cerner les divers stades qui caractérisent cette recherche constante d'équilibre. Quatre stades ont été identifiés dans le développement cognitif: le stade sensori-moteur qui couvre la période située entre 0 et 2 ans, le stade intuitif ou pré-opératoire qui va de 2 à 7-8 ans, le stade opératoire concret qui s'étend de 7-8 ans à 11-12 ans et, enfin, le stade opératoire formel entre 11-12 ans et 14-15 ans.

Le stade opératoire formel constitue donc la dernière étape du développement de l'intelligence. De la naissance à la pré-adolescence, l'évolution cognitive a été marquée par deux grandes périodes : la période sensori-motrice, au terme de laquelle l'enfant accède à une première forme d'équilibre de la pensée, limitée par une appréhension du réel subordonnée aux impératifs de la perception, sans représentation ou pensée à proprement parler et la période de l'intelligence représentative (stade pré-opératoire et opératoire concret), au terme de laquelle l'enfant parvient à maîtriser les interactions avec son environnement concret.

Dans leur ouvrage *De la Logique de l'Enfant à la Logique de l'Adolescent* (1955), Inhelder et Piaget ont décrit une série de nouveautés qui enrichissent le développement cognitif de l'enfant de 11-12 ans et inaugurent l'accès à une logique plus complète qui va se développer à l'adolescence (14-15 ans). L'accès à la pensée hypothético-déductive caractérise cette nouvelle forme d'équilibre de la pensée qui s'accompagne de deux structures cognitives : la maîtrise de l'analyse combinatoire et l'accès à une forme plus complète de réversibilité du raisonnement.

A. *L'accès à la pensée hypothético-déductive*

La principale innovation de la pensée à cette période concerne la capacité de raisonner en termes d'hypothèses formulées verbalement et non plus en termes de manipulation d'objets concrets. Ceci marque un tournant dans l'évolution de la pensée, puisque la capacité de formuler des hypothèses et de déduire les conséquences de ces hypothèses — et ceci indépendamment de la véracité des prémisses — constitue à proprement parler un processus de raisonnement formel. Conséquemment, l'adolescent peut attribuer une valeur décisive au contenu formel de ses déductions, chose qui lui était inaccessible aux stades antérieurs. Au cours du stade opératoire formel, l'intelligence dépasse la simple maîtrise du réel directement accessible, par l'incorporation, à titre d'objet de réflexion, de l'univers du possible. Désormais, la compréhension du réel sera abordée par le biais de ce qui est hypothétiquement possible, la réflexion ne porte plus directement sur la représentation des réalités perçues mais sur des énoncés hypothétiques, dont la vérité ou la fausseté sera déduite par l'établissement de liens formels entre ces énoncés.

Pour cerner les caractéristiques de la pensée propre à l'adolescence, Inhelder et Piaget (1955) ont proposé à des enfants et à des adolescents quinze problèmes de type physico-mathématique comme l'oscillation du pendule, la flottaison des corps, la flexibilité des métaux, la combinaison de corps chimiques colorés, l'équilibre de la balance, etc... Le sujet à l'occasion de manipuler le matériel et l'expérimentateur, utilisant la «méthode clinique» mise au point par Piaget, pose des questions, confronte le sujet à ses propres réponses, afin de le pousser simultanément à l'action et à la réflexion et vérifier s'il saisit les principes en cause et la loi qui régit le phénomène.

La découverte de ces principes implique nécessairement la possession de diverses compétences cognitives, notamment la possibilité de formuler des hypothèses, la capacité d'isoler les variables impliquées, la maîtrise de certaines opérations logiques et le contrôle de la proportionnalité. Les différences d'attitudes des enfants situés au niveau de la pensée concrète et des adolescents capables de raisonnement formel sont très notables. L'enfant de 7 à 10 ans, placé face à des situations expérimentales, agit directement sur le matériel présenté, par essai et erreur, sans dissocier les éléments impliqués. Sans doute, l'enfant de cet âge se révèle-t-il capable de classer les éléments, de les sérier, d'établir des relations en termes de similitude ou de correspondance et d'identifier une partie de la loi, par essais successifs. L'adolescent de niveau formel (12-15 ans), après une série de manipulations similaires, cesse d'expérimenter et entreprend l'énumération de toutes les hypothèses possibles. Ce n'est qu'après cette opération qu'il mettra les hypothèses à l'épreuve, tentant progressivement de dissocier les facteurs impliqués et d'étudier les effets de chacun des facteurs, tous les autres facteurs étant maintenus constants.

Ce type de raisonnement expérimental, issu d'hypothèses basées sur des modèles de causalité plus ou moins raffinés, implique la présence de deux structures logiques qui rendent possible la manipulation des opérations formelles: la structure combinatoire et la structure de proportionnalité.

B. *La structure combinatoire*

La première structure logique constitue un système combinatoire qui réfère à la matrice complète et ordonnée de toutes les combinaisons possibles à partir d'un problème posé. L'enfant situé au stade de la pensée concrète progresse dans son raisonnement en reliant un quelconque élément avec un élément voisin, sans pouvoir relier cet élément à chacun des autres. Au contraire, cette capacité combinatoire généralisée devient effective quand l'adolescent commence à manipuler le raisonnement hypothético-déductif. Selon Piaget (1972), la recherche a démontré qu'entre 12 et 15 ans, l'adolescent commence à utiliser les opérations impliquées dans l'analyse combinatoire et à maîtriser progressivement les seize opérations logiques binaires qui recouvrent l'ensemble des relations possibles entre deux événements — long et flexible, léger et flottant, etc... — pour épuiser l'univers logique des éléments d'une situation.

En utilisant la notation développée par Piaget, on peut identifier quatre éléments logiques dans le cas des deux propositions p et q : p et q sont liés (q.p), p apparaît sans q (p.$\bar{q}$), q apparaît sans p ($\bar{p}$.q) ou, enfin, ni p ni q ne peuvent apparaître ($\bar{p}$.$\bar{q}$). Ces quatre associations de base qu'on peut noter, pour plus de facilité, A, B, C et D, peuvent être combinées deux à deux (AB, AC, AD, BC, BD, CD), par trois (ABC, ABD, ACD, BCD) ou par quatre (ABCD). Si on ajoute la possibilité de concevoir la négation complète (O), on identifie les seize opérations binaires qui épuisent tout l'univers logique des combinaisons possibles à partir de l'association des deux variables p et q.

En soumettant les enfants et les adolescents à des problèmes de logique impliqués dans certains phénomènes physiques, comme la dissociation des facteurs dans la compréhension de la flexibilité des métaux ou l'élimination des contradictions dans la saisie du principe de la flottaison des corps, etc..., on peut voir que la maîtrise de certaines opérations combinatoires comme l'implication (un facteur produit l'effet, son absence ne le produit pas, mais d'autres causes peuvent produire l'effet) ou la disjonction (un effet peut être dû à deux causes) constituent des opérations logiques fondamentales, résultant de la combinaison de trois associations de base.

Ceci peut être illustré au moyen du problème de la flexibilité des métaux. Dans cette expérience, Inhelder et Piaget proposent aux enfants et aux adolescents des tiges de métal de longueur, d'épaisseur et de section variables; un poids est placé sur un petit plateau situé à l'extrémité des tiges. Les tiges plient de façon plus ou moins prononcée et les sujets doivent découvrir le principe de la flexibilité des métaux. Il s'agit d'un problème relativement complexe puisque quatre facteurs principaux jouent en l'occurrence: la longueur des tiges, l'épaisseur, la forme de la section et le métal; deux métaux sont proposés pour simplifier la démarche, la laiton qui est flexible et l'acier non flexible. Les enfants de 10 ans, situés au stade des opérations concrètes, vont utiliser l'association pour découvrir que les tiges rondes sont flexibles alors que les tiges carrées sont non flexibles, ils vont également découvrir, par sériation, que, plus les tiges sont longues, plus elles sont flexibles, etc... Les enfants de cet âge peuvent donc découvrir des lois mais ils ne peuvent pas manipuler toutes ces opérations en même temps, en faisant jouer une seule variable, toutes choses étant égales par ailleurs. Ceci implique nécessairement la maîtrise des opérations formelles et de l'analyse combinatoire.

La saisie des quatre facteurs qui jouent sur la flexibilité des métaux exige la maîtrise de la disjonction. Cette opération binaire, qui, dans la symbolique de Piaget s'écrit : $p.q \vee p.\bar{q} \vee \bar{p}.q$, peut s'énoncer de la façon suivante : si j'appelle p le laiton et q la flexibilité, cette opération me permet de concevoir qu'il existe du laiton flexible et du laiton non flexible (lorsque les tiges sont épaisses, courtes ou carrées), mais qu'il existe des métaux autres que le laiton qui peuvent être flexibles (l'acier, quand les tiges sont longues ou fines ou rondes) et me permet d'établir une première loi : le laiton est flexible mais l'acier peut l'être également, dans certaines conditions. L'enfant de 10 ans est incapable d'identifier la loi en présence, car il ne dispose pas de l'outil cognitif qui lui permet de dissocier l'effet des divers facteurs en présence.

C. La maîtrise de la réversibilité : le groupe I.N.R.C.

La seconde structure cognitive nouvelle, caractéristique de l'accès à la pensée formelle, concerne la maîtrise de quatre opérations logiques reliées entre elles : l'identité (I), la négation (N), la réciprocité (R) et la corrélativité (C). Chacune de ces opérations, décrites collectivement sous le terme de groupe I.N.R.C., représente une voie différente de transformation de l'information.

Les enfants situés au stade des opérations concrètes peuvent aisément réaliser les opérations I et N. L'identité réfère à l'opération venant d'être réalisée, la négation est l'annulation directe de cette opération. Ceci est classiquement illustré dans l'expérience de l'équilibre de la balance : on peut déséquilibrer la balance en ajoutant un poids d'un côté de la balance (I), en ôtant le poids, l'équilibre sera rétabli (N). Cette opération de réversibilité est à la portée des enfants situés au niveau de la pensée concrète. Cependant, plutôt que d'ôter le poids, on peut également équilibrer la balance en éloignant le poids situé du côté inverse du point d'appui, puisque le poids et la distance sont proportionnels. Cette opération réciproque (R) pourra être annulée en déplaçant le nouveau poids d'un côté ou de l'autre, la balance est à nouveau déséquilibrée, l'effet est le même que lors de l'opération initiale (I); cette nouvelle opération (C) est corrélée avec l'opération I. Les enfants situés au niveau de la pensée concrète peuvent saisir chacune de ces opérations prises isolément. Mais, encore une fois, ils ne peuvent maîtriser l'ensemble de ces opérations simultanément ni saisir les rapports de proportionnalité qui les unissent.

La logique de ces opérations formelles représente un système de double réversibilité qui, selon Piaget, devient équivalent à l'adolescence, permettant l'accès aux systèmes conceptuels plus complexes.

D. Le problème de la généralisation de la pensée formelle à l'adolescence

La question de l'universalité des structures cognitives piagétiennes est discutée depuis longtemps et la généralisation du stade opératoire formel à l'adolescence constitue un point majeur de controverse. En général, les recherches interculturelles portant sur le développement des stades sensori-moteur et opératoire concret démontrent que la structure des stades et les séquences d'apparition sont universelles, même si le rythme du développement varie beaucoup en fonction de facteurs culturels et ethniques (Dasen, 1972). En revanche, de multiples recherches qui ont repris l'étude des divers modes d'expression de la pensée formelle, à partir des épreuves d'Inhelder et Piaget ou d'épreuves apparentées, rapportent de très larges pourcentages d'adolescents et d'adultes qui ne réussissent pas les épreuves, ne maîtrisent ni l'analyse combinatoire ni la double réversibilité et ne parviennent à raisonner qu'au niveau de la pensée concrète. En général, ces recherches soulèvent d'importantes réserves sur la généralisation de l'accès à la pensée formelle chez les adolescents et chez de nombreux adultes.

Lors d'une des premières recherches portant sur la maîtrise de la pensée formelle menée aux Etats-Unis, Lovell (1961) soulevait clairement le problème de l'universalité de l'accès à cette forme de pensée à l'adolescence. A l'âge de 15 ans, âge auquel la pensée doit normalement atteindre l'équilibre nécessaire à la résolution des problèmes soulevés, 15 % à peine des adolescents examinés manifestent pleinement un fonctionnement cognitif formel. Lovell considère qu'il est plutôt rare que des adolescents normaux maîtrisent la capacité de raisonnement formel et estime que les sujets examinés à Genève par Inhelder et Piaget provenaient vraisemblablement d'un groupe intellectuellement favorisé. La plupart des recherches américaines entreprises depuis confirment cette impression. Jackson (1963) appliquant six des épreuves originales de Piaget auprès d'un groupe d'adolescents moyennement doués (Q.I. de .90 à 110) constate que 15 % des sujets réussissent totalement ces épreuves à 15 ans, alors que 40 % les réussissent partiellement. Lors d'une recherche plus récente, Martorano (1977) utilisant dix des épreuves initiales d'Inhelder et Piaget, observe que les adolescents de 13 ans réussissent, en moyenne, 2.7 épreuves, alors qu'à 17 ans, la moyenne d'épreuves réussies est de 6.1. Selon Martorano, la pensée formelle émergerait à l'adolescence, sans pouvoir être considérée comme une réalité typiquement représentative de cette période.

Quant à la maîtrise des structures logiques caractéristiques de la pensée formelle selon Piaget, Dulit (1972) utilisant l'épreuve de la combinaison chimique des éléments colorés qui sous-entend, sans équivoque, la structure combinatoire, obtient 0 % de succès auprès de sujets de 14 ans, d'intelligence moyenne et 35 % de succès à 17 ans. Les recherches portant sur la découverte du principe de l'équilibre de la balance, qui implique la maîtrise du groupe INRC ne fait que confirmer l'aspect partiel du contrôle de la pensée formelle à l'adolescence (Keating, 1975).

Le bilan auprès des adultes n'est guère plus convaincant. Tomlinson-Keasey (1972), évaluant le niveau de fonctionnement cognitif de trois groupes de femmes âgées respectivement de 11, 19 et 54 ans au moyen des épreuves du pendule et de la flexibilité, observe que 32 % des sujets de 11 ans, 67 % de 19 ans et 54 % de 54 ans, fonctionnent au niveau formel et ceci après une session d'entraînement à ce type de problème. Schircks et Laroche (1970), examinant un groupe d'adultes français peu scolarisés, âgés en moyenne de 23 ans, constatent que 8 % seulement de l'échantillon témoignaient d'une construction opératoire achevée, alors que 38 % démontraient diverses compétences cognitives, les situant au seuil de la maîtrise des opérations formelles.

Il se dégage de tout ceci que la structure cognitive, telle que mesurée par les épreuves faisant appel aux schèmes conceptuels propres à la pensée formelle n'est pas atteinte par l'ensemble de la population adolescente. Commentant ce fait, Piaget (1972) reconnaît que ses propres observations ont été effectuées auprès de populations privilégiées issues des meilleures écoles de Genève; à ses yeux, les différences de rythme du développement cognitif seraient reliées à la fréquence et à la qualité des stimulations intellectuelles accessibles aux enfants, au cours d'activités spontanées, dans leur environnement familial. En principe, estime Piaget (1972), tout individu normal peut accéder au stade des structures formelles, à la condition que son environnement social et l'expérience acquise assurent l'alimentation cognitive et la stimulation intellectuelle nécessaires à une telle construction.

Tous les chercheurs qui se sont engagés sur le terrain du développement cognitif à l'adolescence reconnaissent que la pensée adolescente subit une modification importante et que cette évolution des habiletés cognitives est à la fois quantitative, continue et multidimensionnelle (Neimark, 1979). Keating (1980) considère toutefois que l'ensemble des données recueillies ne soutient pas l'idée de la présence d'un stade clairement identifié. Pour Gruber et Vonèche (1976), le pourcentage réduit d'adolescents et d'adultes qui atteignent le stade de la pensée formelle ne met nullement la théorie des stades en péril « puisqu'il suffit qu'un adolescent fonctionne au niveau formel pour que ce stade soit illustré de manière adéquate au terme de la théorie ». Gruber et Vonèche considèrent qu'il faut plutôt s'efforcer d'expliquer les échecs, estimant que le niveau de difficulté de la tâche peut jouer autant que les qualités de l'expérimentateur, susceptible de créer une atmosphère où le sentiment d'échec cède la place à une impression générale favorable. Mais cette absence de standardisation des tâches et des conditions de passation des épreuves, inscrite au sein de la méthode clinique de Piaget, est fortement contestée par les chercheurs américains (notamment Neimark, 1979 et Keating, 1980).

E. L'accès à la pensée formelle: l'effet de l'expérience scolaire

Piaget estime que la plupart des adolescents de 14-15 ans « élaborent aisément les structures cognitives formelles » et que cette capacité nouvelle est déterminée par « les étapes de la maturation... vraisemblablement isomorphe au [développement] des structures nerveuses » (Inhelder et Piaget, 1955, p. 299). Reconnaissant l'importance des stimulations intellectuelles durant l'enfance sur le développement des structures de la pensée, Piaget estime que les adolescents s'engagent dans la maîtrise des opérations formelles « indépendamment de tout apprentissage scolaire » (Piaget, 1972, p. 5). Les recherches sur le développement cognitif à l'adolescence sont peu nombreuses, nous le signalions au début de ce chapitre, pourtant, les quelques travaux entrepris en la matière démontrent, sans réserves, le rôle direct de l'expérience scolaire sur l'accès aux structures formelles de la pensée.

Les recherches interculturelles démontrent notamment que si les adolescents non scolarisés ou peu scolarisés réussissent généralement les épreuves de niveau opératoire concret, ils échouent systématiquement aux épreuves formelles (Goodnow et Bethon, 1966). La qualité de l'expérience scolaire n'est pas étrangère à la maîtrise des opérations formelles: Karplus (1975), comparant la maîtrise d'opérations telles que l'isolement des variables et le contrôle de la réversibilité auprès d'élèves issus d'écoles secondaires de sept pays industrialisés, constate l'absence de différences entre pays mais observe que partout, plus les écoles secondaires sont sélectives et plus elles desservent des populations socialement favorisées, plus le niveau de formalisation de la pensée est élevé. L'origine sociale, les acquisitions antérieures et la qualité de l'enseignement ont tous trois un impact sur le développement des structures cognitives formelles. Sans doute, le concept de «qualité de l'enseignement» est-il ambigu et devrait-il être précisé mais il apparaît que là où existe un système d'enseignement secondaire unifié mais avec des rythmes d'apprentissage variables, plus le système d'apprentissage est rapide ou «enrichi», plus le degré de formalisation des élèves est élevé.

Le constat du taux réduit d'élèves de niveau secondaire susceptibles de raisonnement formel a créé un certain émoi auprès d'éducateurs forcés de constater que l'essence de leur enseignement échappe à la majorité de leurs élèves. Parallèlement, l'analyse des facteurs responsables du développement formel soulève un intérêt réel et commence à susciter divers travaux de psycho-pédagogie qui tentent de cerner les procédures d'apprentissage susceptibles de permettre aux élèves situés au niveau concret, d'accéder à un niveau supérieur de formalisation de la pensée.

Chiappetta (1976) et Gabel (1979) ont relevé diverses expériences pédagogiques menées principalement dans le domaine de l'enseignement des mathématiques et des sciences, pour constater que la plupart des cours adoptent d'emblée un niveau d'abstraction beaucoup trop élevé, laissant peu de place à la manipulation et la construction mentale de l'élève. Deux recommandations principales émergent des divers programmes qui se donnent pour objectif de rejoindre les étudiants situés au stade de la pensée concrète pour hausser leurs capacités de raisonnement formel: adopter une approche concrète de l'enseignement et favoriser une démarche de questionnement progressif permettant l'exploration, la manipulation et la découverte.

F. Le rôle du sexe sur le développement cognitif à l'adolescence

Si on n'observe pas de différence dans les performances cognitives des filles et des garçons au cours du stade de la pensée concrète, les écarts se creusent en faveur des garçons lors du passage à la pensée formelle.

Ainsi, Graybill (1975) a constitué deux échantillons de filles et de garçons âgés de 9 à 15 ans en tous points comparables; il s'agissait dans les deux cas d'élèves brillants, ayant des performances scolaires comparables, égaux sur le plan intellectuel, coopératifs et intéressés par les problèmes intellectuels. Si, avant 13 ans, Graybill ne constate pas de différences entre les deux groupes, à partir de cet âge, la confrontation avec les épreuves proposées par Inhelder et Piaget donne lieu à des différences notoires : alors que les garçons commencent à démontrer des signes de formalisation dans leur approche cognitive des problèmes posés, aucune fille ne maîtrise de façon consistante les démarches formelles pouvant les mener à la découverte de la loi en cause. Ceci n'empêche nullement que les filles obtiennent les meilleurs résultats scolaires.

Piaget et Inhelder ne mentionnent pas de différences dues au sexe dans la transition d'un stade à l'autre, mais ils insistent constamment sur l'importance de la manipulation directe de l'environnement dans la construction de l'intelligence. Et Graybill (1975) constate d'importantes différences d'attitude entre les filles et les garçons dans la manipulation du matériel, au cours des expériences : les garçons expriment leur confiance dans leurs capacités de succès et témoignent d'une plus grande liberté dans la manipulation du matériel proposé, alors que les filles prétendent manquer d'habileté dans ce type de tâches et demandent l'autorisation à l'expérimentateur. Ceci rejoint les observations que Graybill a pu faire en classe lors des cours de sciences : les filles sont plus timides, elles manipulent moins le matériel que les garçons et prennent rarement l'occasion de préparer l'équipement, préférant ranger celui-ci au terme du cours.

Ces observations rejoignent celles de Lawson (1975) qui a soumis un échantillon de 30 garçons et 30 filles de 14 à 17 ans à deux types de tâches de raisonnement formel : le premier groupe était extrait des exercices de manipulation proposés par Inhelger et Piaget et le second groupe était composé d'épreuves de type « papier-crayon ». Il ressort de la comparaison une supériorité des garçons dans le domaine de la formalisation de la pensée; cependant, si ces différences sont significativement supérieures dans les épreuves de manipulation, elles sont beaucoup moindres dans les tâches écrites.

G. La pensée formelle et la problématique de l'adolescence

Dans la conclusion de l'ouvrage *De la Logique de l'Enfant à la Logique de l'Adolescent*, qui rapporte les principes de l'évolution des structures cognitives à l'adolescence, Inhelder et Piaget dépassent les considérations techniques des chapitres précédents pour s'engager dans une réflexion générale sur la signification de l'adolescence dans notre culture. Les auteurs commencent par «dissiper une équivoque» pour affirmer que le caractère fondamental de l'adolescence concerne l'insertion de l'individu dans la société des adultes. Concrètement, cette insertion signifie trois choses à leur yeux: 1. l'adolescent commence à se considérer comme l'égal des adultes; 2. il commence à penser à l'avenir et à élaborer des «programmes de vie»; 3. il se propose de réformer cette société des adultes dans laquelle il est appelé à vivre. Une approche «naïve» de la réalité adolescente fait voir à Inhelder et Piaget que l'adolescent se distingue essentiellement de l'enfant par un type de réflexion qui dépasse la réalité présente pour s'engager dans le possible de l'avenir. «L'adolescent, contrairement à l'enfant, est l'individu qui commence à construire des systèmes ou des théories» (p. 302)... «c'est l'âge métaphysique par excellence» (p. 303). Or, cette modification de la mentalité adolescente serait directement reliée, selon Inhelder et Piaget, aux transformations cognitives qui marquent cette période. «Il ne fait pas de doute qu'il s'agit là de la manifestation la plus directe et d'ailleurs la plus simple de la pensée formelle» (p. 304)... «la pensée formelle constitue tout à la fois une réflexion de l'intelligence sur elle-même... et un renversement des rapports entre le possible et le réel» (p. 304).

En plaçant les modifications cognitives au centre de la problématique adolescente, Inhelder et Piaget adoptent une position théorique originale. Sans doute, pour la plupart des auteurs qui traitent de l'adolescence, les modifications de la représentation de soi et d'autrui se situent au cœur de l'évolution de cette période, marquée par l'accès à une subjectivité nouvelle. Mais la constitution de l'identité du moi et la découverte explicite de soi s'opère par le biais de modifications qui se situent au niveau de la conscience et de la pensée réflexive et il ne semble pas que la théorie de Piaget puisse rendre compte de ces dimensions. Piaget met toujours l'accent sur l'aspect opératoire de la pensée qui tente de maîtriser le réel en établissant des catégories et des relations de plus en plus complexes entre ces catégories. L'accès à la pensée formelle qui constitue, selon Piaget et Inhelder, le «niveau d'achèvement» de la pensée se définit par l'élaboration d'une méthode «d'induction expérimentale» caractérisée par la capacité de formuler des hypothèses et dominée par «l'idée théorique du possible». Il s'agit là d'une logique qui régit les lois de l'algèbre et des sciences expérimentales, mais d'autres aspects de la connaissance, notamment la pensée figurative et symbolique échappent à cette logique. Les modifications de la mentalité adolescente sont de l'ordre de la subjectivité, seule une approche phénoménologique peut rejoindre ces transformations qui échappent à une analyse qui met l'accent sur l'aspect classificatoire et opératoire de la pensée. Ceci ne met nullement en doute l'aspect fondamental de la théorie de Piaget en vue de rendre compte des modifications des structures cognitives à l'adolescence, mais il est légitime d'en questionner les limites, fixées par les frontières de la subjectivité (Blasi et Hoeffel, 1974).

2. L'évaluation de l'intelligence à l'adolescence

L'évaluation intellectuelle des adolescents au moyen d'épreuves psychométriques fait l'objet de cette partie où l'on se limitera à soulever deux questions centrales: celle de la stabilité du quotient intellectuel et celle de l'incidence de l'origine sociale sur la mesure de l'intelligence.

A. *La stabilité du Q.I.*

On sait que le quotient intellectuel (Q.I.) est un rapport entre l'âge mental, mesuré par des épreuves spécifiques à un âge donné et l'âge chronologique. Ainsi, un enfant de 10 ans qui réussit toutes les épreuves de 8, 9 et 10 ans, sans parvenir à résoudre aucune épreuve de 11 ans, aura un Q.I. de 100 (âge mental - 10 ans -: âge chronologique - 10 ans - x 100). Cet enfant possède un Q.I. moyen; au-delà de 100, l'individu sera considéré comme moyen supérieur, supérieur ou très supérieur; en deçà, comme lent, retardé ou déficient. La valeur de ce concept de Q.I. repose notamment sur sa stabilité car il est attendu que, bien que les capacités mentales augmentent avec l'âge, le rapport entre l'âge mental et l'âge chronologique reste constant. C'est ce qu'on appelle, en psychométrie, la fidélité de la mesure et il s'agit d'une qualité particulièrement indispensable pour un test d'intelligence qui devra permettre de «prédire» avec confiance les futures performances scolaires ou professionnelles.

Globalement, les échelles d'intelligence les plus connues, celles de Binet, de Terman et de Wechsler, répondent à cette exigence de fidélité: des mesures répétées effectuées auprès des mêmes sujets à 10 ans, 14 ans et 18 ans donnent des coefficients de corrélations de l'ordre de .75 à .85, ce qui peut être jugé comme très satisfaisant. Pourtant, cette fidélité globale des épreuves cache d'importantes variations individuelles. Des recherches récentes (citées par Conger, 1977) laissent voir des variations de l'ordre de 15 points de Q.I. entre 6 et 18 ans chez plus de la moitié des sujets, un tiers des sujets présente des variations de plus de 20 points et 0,5 % des sujets varie de 50 points! Pratiquement, cela signifie qu'un même test d'intelligence peut classer un enfant au seuil de la débilité mentale au cours de la scolarité primaire et le déclarer d'une intelligence supérieure au secondaire.

Une analyse de données longitudinales recueillies annuellement auprès d'un même échantillon de sujets a permis à McCall et ses collaborateurs (1973) de dresser cinq modèles d'évolution du Q.I. entre 3 et 17 ans, représentés par les diverses courbes à la figure 5.

La première courbe qui regroupe le plus grand nombre de sujets rejoint le modèle théorique de stabilité. Les courbes 2 et 3 manifestent une baisse régulière en période préscolaire, le modèle 2 pro-

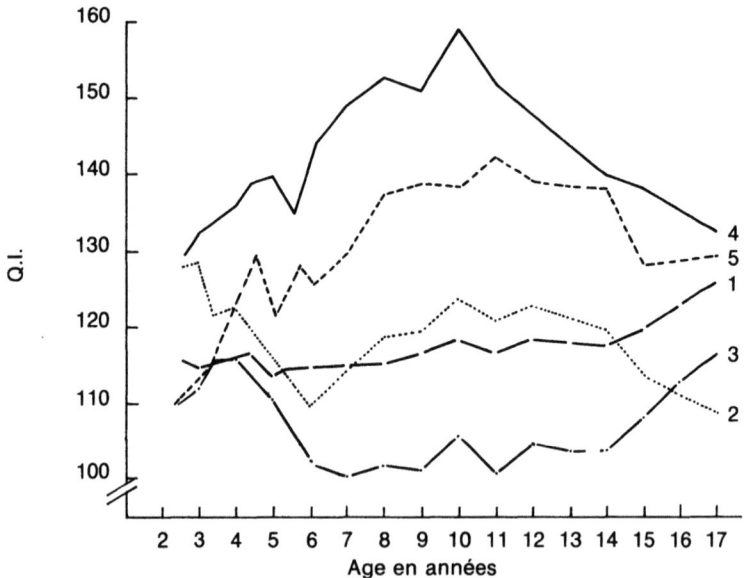

Figure 6. Evolution des moyennes de Q.I. suivant l'âge selon cinq regroupements (McCall, Appelbaum and Hogarthy, Monographs of the Society for Research in Child Development, 1973).

gresse durant la scolarité primaire pour amorcer une nouvelle chute à l'adolescence, alors que le modèle 3 effectue une remontée à cette période. Les modèles 4 et 5 qui augmentent considérablement durant l'enfance subissent tous deux une baisse progressive au début de l'adolescence.

L'adolescence constitue donc une période-pivot dans cette évolution, puisque toutes les courbes connaissent leur sommet au début de cette période qui voit le Q.I. soit augmenter, soit baisser. La recherche de McCall *et al.* a examiné les relations entre l'évolution du quotient intellectuel et d'autres données recueillies dans le cadre de cette recherche longitudinale, notamment les attitudes éducatives des parents. Ainsi, l'espoir d'un développement futur des capacités intellectuelles de leurs enfants est également faible chez les parents des modèles 2 et 3 qui diffèrent quant à l'exercice de l'autorité, le groupe 3 étant plus punitif que le groupe 2.

Cette étude de McCall et ses collaborateurs soulève de multiples questions qui devraient être examinées systématiquement, mais elle démontre notamment la variabilité du quotient intellectuel au cours de l'enfance et de l'adolescence, ainsi que l'étroite relation de l'évolution intellectuelle avec d'autres dimensions socio-affectives.

B. *Origine sociale et développement intellectuel*

L'utilisation systématique et généralisée de l'évaluation intellectuelle à l'école a fait l'objet de multiples contestations au cours de ces dernières années. Cronbach (1975) a bien illustré toute la controverse soulevée par l'emploi des tests en milieu scolaire aux Etats-Unis, qui a souvent abouti à la proposition d'éliminer toute forme d'usage des tests au sein des institutions scolaires. Les opposants reprochent le plus souvent aux tests de déclasser les élèves issus de milieux socio-économiquement faibles pour des raisons qui tiennent à la fois aux contenus des tests eux-mêmes et à la façon particulière de ces enfants et de ces adolescents d'appliquer leurs processus cognitifs aux situations proposées lors des tests. En regroupant les élèves en groupes homogènes — forts, moyens et faibles — les tests opèrent une sélection sociale qui limite les chances d'accès à l'éducation des groupes socialement défavorisés.

Aux Etats-Unis, toute la polémique sur ces questions a éclaté autour des positions avancées par Jensen, au terme des années soixante, alors que ce pays s'engageait dans un vaste effort de compensation pédagogique auprès des enfants issus des classes sociales défavorisées, qui échouaient majoritairement dans leurs apprentissages scolaires. Jensen (1969), dans un article qui allait bientôt susciter de vives réactions, estimait que les programmes d'éducation compensatoire échouaient, pour la simple raison que les enfants concernés par ces programmes n'étaient pas en mesure d'en bénéficier à cause de carences intellectuelles héréditaires. Si Jensen admet que certains facteurs de l'environnement peuvent partiellement expliquer les écarts de Q.I. entre les groupes ethniques et sociaux, une proportion importante de ces différences est due à ses yeux à des facteurs génétiques strictement héréditaires.

Les positions de Jensen ont fait l'objet de multiples critiques basées sur des données empiriques qui ont démontré la fragilité de ses arguments. Jensen fonde ses propos sur un écart entre pensée abstraite et pensée associative: la première serait l'apanage des groupes blancs favorisés, alors que la seconde serait le lot des groupes ethniques défavorisés. Mais divers travaux, notamment ceux de Coles (1971) ont démontré clairement qu'il s'agit là d'une différence d'ordre culturel qui dépend des conditions particulières d'utilisation des processus cognitifs et non de facteurs héréditaires. Il apparaît de plus en plus évident que les différences intellectuelles entre les groupes ethniques et sociaux sont dus à des facteurs d'environnement, car là où des efforts sont entrepris pour annihiler les effets précoces des facteurs nutritifs, éducatifs ou verbaux, ces différences disparaissent (Conger, 1977).

Elkind (1975) s'attarde à un aspect particulier des positions avancées par Jensen qui concerne le déficit de la pensée abstraite des adolescents issus des classes socio-économiquement faibles, pour démontrer que la valeur des résultats aux épreuves d'intelligence est sans signification, lorsqu'on les interprète indépendamment du contexte socioculturel où ils ont été obtenus. On peut observer deux types d'adolescents issus des milieux défavorisés qui obtiennent des résultats faibles aux épreuves d'intelligence, tout en témoignant d'un développement intellectuel moyen ou supérieur, lors d'un examen clinique. La première catégorie de ces adolescents issus des classes socio-économiquement inférieures peut être appelée «précocement structurée». Ces jeunes ont été très tôt confrontés avec les réalités matérielles de l'existence; ils ont dû prendre en charge leur propre survie, celle de leurs frères et sœurs et quelquefois celle de leurs parents. Ils ont disposé de peu de temps pour le jeu et leurs habiletés cognitives se sont développées lors de la confrontation avec les nécessités quotidiennes. Ils apparaissent comme rusés, perspicaces et d'un niveau de maturité supérieur à celui de leurs pairs; pourtant, la structuration précoce de leur intelligence pratique s'est réalisée au prix du développement de l'intelligence abstraite. Le déficit d'intelligence abstraite apparaît ici comme le résultat d'une adaptation aux circonstances de leur existence.

Un second type d'adolescents de milieux défavorisés à développé une intelligence abstraite mais dans une direction qui n'est pas évaluée par les tests d'intelligence. Ces adolescents modèlent leurs comportements à partir de certains adultes ayant réussi dans leur milieu social. A 14 et 15 ans, ils peuvent avoir plusieurs filles qui travaillent pour eux, ils trafiquent de la drogue et peuvent participer à des activités de vol ou de rétorsion, mais ils savent comment «éviter les troubles» avec la police et comment contrer l'action des indicateurs et des «concurrents». Ils possèdent un large vocabulaire qu'on ne retrouve pas au dictionnaire et font preuve d'une série d'habiletés et de talents qui feraient l'envie d'un vendeur de voitures usagées. Ces adolescents ont développé des habiletés qui ne sont jamais mesurées par les tests d'intelligence.

3. Le développement du jugement moral à l'adolescence

La plupart des études récentes sur le jugement moral à l'adolescence dérivent des travaux entrepris par Kohlberg dans la lignée des recherches de Piaget sur le développement de la pensée morale chez l'enfant. Piaget (1932) avait identifié deux grands types d'attitudes morales en proposant à des enfants divers récits, notamment celui, bien connu, de l'enfant qui brise accidentellement une quinzaine de tasses et de cet autre enfant qui brise une tasse en tentant de voler des confitures. L'enfant devait se prononcer sur la culpabilité des protagonistes et expliquer son jugement.

Au cours du premier stade que Piaget nomme stade de la moralité objective, l'enfant considère que la règle est sacrée et intangible, toute dérogation de la loi est liée, dans son esprit, à l'interdit et à la punition. L'enfant tend à évaluer le comportement comme totalement bon ou mauvais et juge du caractère acceptable ou répréhensible d'un acte sur la base des conséquences matérielles de l'action; il croit en une justice immanente suivant laquelle toute violation des normes morales est suivie d'un accident voulu par Dieu ou la loi naturelle, afin de punir le coupable. Piaget constate que, bien que de très jeunes enfants, de 3 et 4 ans, sont en mesure de différencier acte accidentel et acte volontaire, ils n'en tiennent guère compte lorsqu'il s'agit d'évaluer la portée morale des conduites. Deux limitations cognitives réduiraient leurs capacités de jugement moral: l'égocentrisme et le «réalisme» qui confond l'expérience interne et l'expérience externe.

Le stade suivant qui atteint un niveau d'équilibre à la pré-adolescence, est appelé stade de la moralité subjective. L'enfant saisit que la loi est le fruit d'un consentement mutuel qui peut être révisé si tel est le vœu général, la transgression et la punition sont définies en fonction de ce qui est juste et possible et compte tenu des circonstances particulières; c'est le principe de l'équité.

Les travaux de Kohlberg s'inscrivent dans la perspective de Piaget et ont tenté de cerner les étapes du jugement moral à l'adolescence en développant un modèle d'identification des stades de la pensée morale plus étendu et plus discriminatif. Pour ce faire, Kohlberg (1958) a examiné un échantillon de garçons, âgés de 10 à 16 ans, au cours d'une entrevue semi-structurée de deux heures, conduites à partir de neuf «dilemmes moraux hypothétiques», dans lesquels des lois et des règles entrent en conflit avec les besoins et le bien-être des personnes. Voici le résumé d'un exemple de ces dilemmes:

«Une femme est atteinte d'une maladie mortelle. Un médicament mis au point par un pharmacien de la ville peut la sauver. Mais ce médicament est très cher. Le mari tente vainement de réunir la somme demandée et le pharmacien refuse de baisser son prix ou de faire crédit. Une nuit, désespéré, le mari entre par effraction dans la pharmacie et vole le médicament. Le mari a-t-il tort ou raison? et pourquoi?»

Le sujet doit choisir la réponse qui respecte la loi ou celle qui répond aux besoins des protagonistes de l'histoire. Kohlberg s'intéresse moins à la réponse en soi qu'à la qualité du jugement moral, révélé par les raisons mises en avant pour justifier le choix de la réponse.

Kohlberg a identifié six stades dans le développement du jugement moral, regroupés selon trois grands niveaux, qui correspondent à des façons successives de justifier le choix d'une conduite sur la base de principes éthiques nouveaux. Ces étapes sont classées selon une échelle croissante progressive. En effet, Kohlberg estime que chaque stade constitue un ensemble structuré, possédant une consistance interne, et que les stades forment une hiérarchie en progression continue, chaque nouveau stade intégrant et consolidant le précédent. Deux processus seraient impliqués dans la progression d'un stade à l'autre: le déséquilibre cognitif et la capacité de prise de rôle. L'évolution du jugement moral résulte de la confrontation de l'individu avec un niveau de raisonnement moral légèrement supérieur à son niveau actuel, ce qui entraîne conflits, déséquilibre et tensions qui le poussent à sortir de la contradiction et le font accéder à une forme supérieure d'équilibre. La seconde dimension concerne la capacité de pouvoir adopter le point de vue d'autrui, mécanisme particulièrement important lors du passage du stade 2 au stade 3.

Tableau 6
Les stades du développement moral selon Kohlberg

I. *Premier niveau: niveau prémoral* (ou préconventionnel). La moralité des actes est commandée par des événements extrinsèques, les normes sont dictées de l'extérieur — la puissance fait loi — et les motivations relèvent de la conformité aux impératifs du pouvoir: éviter la punition et obtenir des récompenses. Ce niveau caractérise l'enfance.

Stade 1: moralité hétéronome. Il s'agit d'éviter de rompre des règles régies par des sanctions, de se garder des punitions et de respecter le pouvoir en évitant les dommages causés aux personnes et à la propriété.

Stade 2: individualisme et échange instrumental. La moralité des conduites dépend du résultat de l'action. L'acte est jugé comme moral si le résultat rencontre les intérêts et les besoins de l'individu et, le cas échéant, celui des autres. Il y a une place pour la réciprocité, mais sans esprit d'équité ni de loyauté.

II. *Deuxième niveau: moralité de conformité conventionnelle* (niveau conventionnel). L'entretien de bonnes relations et l'image publique favorable sont jugés comme des valeurs en soi. La moralité des actes est définie en termes de bonne action et de maintien de l'ordre social. Ce niveau caractérise l'adolescence.

Stade 3: conformité aux attentes mutuelles, relations interpersonnelles. La moralité des conduites est dictée par le maintien des bonnes relations: il faut aider autrui, plaire aux autres et rencontrer leur approbation. C'est le stade du « bon garçon et de la bonne fille » régi par la règle d'or: « ne fais pas aux autres ce que tu ne voudrais pas qu'ils te fassent ».

Stade 4: système social et conscience. C'est le stade du respect de la loi et de l'ordre. Il s'agit d'accomplir son devoir et de témoigner le respect pour l'autorité afin d'éviter la sanction et la culpabilité qui en résulte. La bonne action contribue à maintenir l'ordre social jugé comme un bien en soi.

III. *Troisième niveau: niveau des principes moraux autonomes* (post-conventionnel). Le jugement moral est fondé sur des valeurs et des principes appliqués indépendamment du niveau d'autorité des individus qui dictent les règles ou imposent les conduites. En formulant son jugement, le sujet peut se départir de son appartenance à des groupes nationaux, religieux ou politiques. Ce niveau n'apparaît qu'à 20 ans et caractérise l'âge adulte.

Stade 5: contrat social et droits individuels. Les règles doivent être respectées car elles fondent le contrat social. Une action est évaluée selon des critères examinés de façon critique, car les règles, les valeurs et les opinions varient selon les groupes. Les lois sont relatives et doivent garantir le bien du plus grand nombre, certaines valeurs comme la liberté doivent être défendues sans égard de l'opinion de la majorité.

Stade 6: principes éthiques universels. Le bien est défini selon sa propre conscience, en suivant des principes éthiques adoptés de façon autonome plutôt qu'en conformité aux lois et aux conventions sociales. Ces principes sont les valeurs morales universelles: l'égalité des droits humains et le respect de la dignité des êtres humains.

Les travaux de Kohlberg ont suscité un nombre important de recherches sur le développement de la conscience morale à l'adolescence. Plusieurs d'entre elles appuient des hypothèses sous-jacentes à la théorie et confirment certains aspects du modèle. Certaines recherches confirment, par exemple, la présence d'une relation entre le niveau de conformité des sujets aux ordres et aux consignes et le niveau de maturité du jugement moral, les sujets situés au stade 3 se conforment plus aux règles émises par l'expérimentateur que les sujets situés à des niveaux supérieurs de jugement moral. A cet égard, Kohlberg (1971) rapporte que le seul militaire a avoir refusé de tirer sur des civils lors du massacre de My Lai au Vietnam, démontrait une capacité de raisonner au niveau des principes sur le plan du jugement moral. D'autres études entreprises auprès d'adolescents délinquants démontrent que ceux-ci possèdent un niveau de jugement moral plus faible que les adolescents non délinquants.

Mais le modèle de Kohlberg a également suscité d'importantes critiques. Sur le plan des principes d'abord, Kohlberg affirme que la séquence de succession des six stades du développement moral est identique partout et que les principes moraux fondamentaux comme la justice, l'égalité et la réciprocité sont des concepts universels, toutes les cultures utilisant un nombre réduit de catégories morales identiques pour juger des conduites. Cette affirmation va à l'encontre de tout un courant de pensée actuel qui considère que les principes éthiques sont relatifs à une société donnée, à une époque historique particulière. S'y oppose également toute la psychologie contemporaine, la psychanalyse comme la théorie de l'apprentissage social considérant que le système de valeur individuel est le fruit de l'intériorisation des normes et des valeurs de la culture au cours de l'éducation familiale.

Kohlberg appuie ses affirmations sur l'universalité des stades du développement moral à partir de quelques recherches interculturelles qu'il a réalisées avec ses collaborateurs (1969, 1971). Mais ces recherches sont peu nombreuses, elles ont été presque exclusivement menées dans le monde occidental et, surtout, Kohlberg ne démontre pas que l'universalité des stades du développement moral et des principes éthiques s'impose à partir des faits observés. La lecture de

Kohlberg laisse entendre qu'il s'agit plus d'une profession de foi que de conclusions basées sur des données empiriques.

La capacité d'en appeler à des principes comme l'égalité et la justice qui caractérise les stades 5 et 6, implique la possibilité d'abstraction et plusieurs auteurs s'interrogent sur la distinction entre le développement cognitif et le développement du jugement moral, puisqu'il existe une corrélation élevée entre les divers stades du développement moral et les capacités intellectuelles. D'autres ont relevé les écarts du développement moral reliés au sexe: les filles atteignent plus tôt le stade 3 et s'y maintiennent plus longtemps que les garçons. Lorsqu'on sait que le stade 3 est celui de la conformité des conduites aux attentes sociales et du maintien des bonnes relations, on ne peut s'empêcher d'y voir un effet des pratiques de socialisation particulières aux filles dans notre société, qui valorisent chez elles la conformité et la recherche de l'approbation sociale.

On a également fait grief à la théorie de Kohlberg de ne s'intéresser qu'à la formulation de jugements moraux sans avoir de réelle pertinence sur le plan des conduites morales. On a pu observer notamment, lors d'une manifestation en faveur de la liberté d'expression sur un campus universitaire américain, qu'une importante proportion de jeunes situés aux stades 5 et 6 côtoyaient un grand nombre de manifestants classés au stade 2 et qui, d'après le modèle, devraient être jugés comme relativement «primaires» sur le plan du jugement moral.

Enfin, un pourcentage relativement important d'adolescents classés au stade 4 à 16 ans s'est vu reléguer au stade 2 lors d'un nouveau test effectué 4 ans plus tard (Hoffman, 1980). Kohlberg explique ce fait à partir de l'analyse des protocoles d'entrevue de ces sujets: ces jeunes auraient été confrontés entre 16 et 20 ans à une diversité de points de vue moraux contradictoires et auraient découvert de multiples inconsistances entre le discours moral des adultes et leurs actions, ce qui expliquerait un repli transitoire vers une morale individualiste; ces sujets devraient bientôt accéder à un niveau supérieur d'intégration du jugement moral, laissant moins de place aux distorsions dues aux idéalisations et favorisant, en revanche, la tolérance et le réalisme. Cette explication de Kohlberg est plausible et rejoint d'ailleurs certains principes de la «régression au service du moi» énoncés notamment par Peter Blos, mais il n'en reste pas moins qu'un des principes de base de la théorie qui postulait que le développement du jugement moral suivait une progression continue est sérieusement ébranlé.

Tout ceci laisse clairement entendre que la théorie de Kohlberg présente d'importantes failles dont la principale semble être l'absence d'appuis empiriques des principes énoncés. Une théorie satisfaisante du développement moral à l'adolescence reste à bâtir et on peut reprendre ici les trois principes qui, selon Hoffman (1980), constituent le cadre général d'une telle entreprise. Cette théorie doit intégrer les multiples données concernant l'intériorisation progressive des normes morales durant l'enfance, reliant l'expérience de la culpabilité et l'inhibition des conduites socialement désapprouvées. Hoffman y ajoute deux principes formulés par Piaget et repris par Kohlberg: la capacité progressive de prise de rôle — qu'Hoffman appelle la capacité d'empathie — et le déséquilibre cognitif qui agit comme moteur entraînant l'organisme vers un état supérieur d'équilibre, sans qu'il faille verser dans l'illusion d'une hiérarchie de catégories morales préétablies et universelles.

4. L'accès aux idéologies politiques

On sait très peu de choses sur le développement de la pensée politique à l'adolescence, car peu d'études systématiques ont été réalisées sur cette question. Ceci peut surprendre quand on constate l'intérêt des partis politiques pour le vote des jeunes et qu'on sait que c'est au cours de l'adolescence que se cristallisent les options politiques fondamentales. Les quelques recherches menées dans ce domaine se sont engagées dans deux directions principales: identifier les principaux agents de la socialisation politique à l'adolescence et cerner les grandes étapes générales de l'évolution des attitudes politiques à cette période.

Régulièrement, des enquêtes rapportées dans les journaux stigmatisent la méconnaissance des jeunes face aux réalités civiques, incapables d'identifier les principaux personnages de la politique nationale ou de décrire les rouages politiques fondamentaux de leur société. Mais cette attitude est ambivalente car si l'on reproche aux jeunes leur ignorance des réalités politiques officielles, la recherche systématique sur l'univers politique des adolescents se heurte à l'hostilité des parents et de l'école. L'investigation dans ce domaine soulève les mêmes réserves que les enquêtes sur la sexualité et pour des raisons identiques, car elle atteint le système de valeurs intime des parents qui désirent protéger leurs enfants des influences néfastes du discours extérieur.

Adelson (1975) qui a entrepris plusieurs recherches sur l'évolution de la pensée politique des adolescents aux Etats-Unis, constate que « les adolescents ne sont pas intéressés par la politique ». Ce désintérêt s'explique, à ses yeux, par l'absence de compétence cognitives leur permettant de maîtriser les réalités politiques. A 10-12 ans, 10 % seulement des sujets examinés par Adelson peuvent saisir l'idée de représentativité des citoyens au sein d'entités politiques pouvant exprimer leurs opinions, comme les partis et les syndicats. Cette notion de porte-parole éveille peu d'échos chez les enfants à la différence des thèmes utilisés par Kohlberg par exemple, qui évoquent immédiatement les notions familières de culpabilité, de punition et de justice.

Percheron (1978) qui a mené en France des études sur l'univers politique des 10-16 ans, tient des propos radicalement différents. Elle est frappée par « l'étendue de la politisation du langage enfantin », constatant très tôt, chez les enfants de 10 et 11 ans, la connotation politique de termes comme rouge, droite, gauche, président, etc., mais également la grande cohérence du langage politique enfantin, les vocables « communautaires » — drapeau, égalité, république... — apparaissant, à la fois, comme les plus connus et les mieux aimés, alors que les termes qui éveillent la partisanerie — partis politiques, capitalisme, révolution... — sont plus souvent rejetés, comme évoquant la division et la discorde. Par rapport aux Etats-Unis, la France apparaît comme un pays plus politisé, la polarisation en termes de gauche et de droite domine le débat politique, la vie quotidienne est imprégnée de préoccupations politiques qui alimentent inévitablement les conversations familiales. Cet univers politique différent se traduit au niveau de la socialisation politique des enfants. Ici plus qu'ailleurs, il faut se défier des généralisations et replacer les données au sein des réalités nationales.

A. *Les agents de socialisation politique à l'adolescence*

Les recherches suivantes ont été rapportées récemment par Gallatin (1980), elles ont été réalisées aux Etats-Unis et doivent donc être limitées à l'univers politique de ce pays. Elles offrent néanmoins des indications qui peuvent éclairer les grandes lignes du processus de socialisation politique ailleurs.

Le jeu des influences sociales qui construisent progressivement une personnalité politiquement orientée est complexe et la méthodologie permettant de retracer le dynamisme fondamental d'une option idéologique reste à inventer. Les recherches ont adopté la voie simple et classique des études de corrélation entre les orientations politiques des adolescents et celles des diverses instances sociales qui les entourent. Mais si les corrélations positives expriment une proximité des points de vue, on sait qu'elles ne peuvent en aucun cas rendre compte de la causalité des événements observés.

Les parents sont généralement considérés comme les premiers responsables des choix et des orientations politiques des adolescents. Les recherches entreprises sur ce thème confirment cette impression mais en limitent la portée : les corrélations entre les opinions politiques des adolescents et celles de leurs parents sont significatives mais réduites. L'adhésion à un parti politique offre la corrélation la plus forte (près de .50 entre adolescents et parents), les opinions politiques sur les grandes questions sociales — la peine de mort, le racisme... — sont plus distantes (de .50 à .30) alors que les attitudes personnelles face à la politique sont négativement corrélées. Gallatin cite à ce propos une recherche qui constate que les adolescents sont plus confiants envers les dirigeants politiques que leurs parents qui se révèlent plus cyniques et méfiants à l'égard des politiciens. D'autres recherches entreprises auprès des frères et sœurs ayant été soumis au même climat familial de socialisation politique confirment ces observations ; ici encore, les corrélations entre les orientations politiques des membres d'une même famille sont positives mais faibles, et on retrouve au sein de mêmes familles des enfants ayant opté pour des choix politiques radicalement opposés. Le relevé des travaux dans ce domaine démontre qu'il y a plus de proximité que d'écart entre les perspectives politiques des parents et des adolescents (ce qui, en passant, infirme une fois de plus l'idée d'un fossé entre les générations) ; si les parents exercent un rôle réel dans la transmission des choix et des attitudes politiques, ce rôle est limité et laisse une place importante aux autres agents de socialisation politique : l'école, les media et les pairs.

Les sondages démontrent combien les parents sont attachés à la neutralité de l'école sur le plan politique et, régulièrement, surtout en période de crise politique, on accuse les éducateurs de briser cette règle d'or et de politiser la jeunesse dans la classe. Il est malaisé de cerner le rôle exact de l'école sur le développement des idéologies politiques des adolescents. Les recherches entreprises dans ce domaine laissent entendre que l'école occupe une place majeure dans le processus de socialisation politique générale, c'est-à-dire au niveau de l'intériorisation des règles et des normes politiques, mais que l'impact de l'école sur le choix d'une orientation politique déterminée serait réduit. Diverses études ont analysé l'effet des cours systématiques d'information politique en examinant l'évolution des orientations politiques des élèves avant et après le cours ou en comparant les groupes ayant suivi ces cours par rapport à des groupes témoins ne les ayant pas suivis. Ces études doivent constater le peu d'effets apparents de ces activités sur l'orientation politique initiale des adolescents. D'autres recherches, estimant que la politisation des étudiants par les professeurs s'opérerait en dehors des activités de classe, ont comparé la proximité des orientations politiques en analysant les diverses corrélations des triades étudiant - parents - professeurs, pour constater que le degré de correspondance est considérablement plus faible entre étudiants et professeurs qu'il ne l'est lorsqu'on compare les étudiants à leurs parents (Jennings, 1974). Si le rôle de l'école sur le choix d'une orientation politique donnée est réduit, l'école occuperait toutefois une fonction importante, sinon la plus importante, au niveau des conceptions et des croyances politiques. L'école joue un rôle central sur le plan de la confiance que l'individu témoigne à l'égard des institutions politiques, sur l'adhésion à un modèle politique comme la démocratie, ou encore sur la conception de la place du citoyen dans les institutions, alors que les orientations politiques partisanes et les choix fondamentaux sont transmis par d'autres instances de socialisation, principalement par la famille.

Deux autres agents de socialisation exercent une influence sur l'orientation et les attitudes politiques des adolescents : les pairs et les media. Aucune recherche systématique n'a tenté de cerner l'effet direct de ces deux instances, mais les adolescents les citent spontanément lors d'enquêtes examinant leurs choix et leurs comportements politiques. Ils déclarent notamment que l'écoute de telle émission de télévision ou la lecture de tel article de journal constituent des sources importantes d'information politique et les adolescents qui ont opté pour une orientation politique définie affirment que ces media ont eu un impact important sur le choix de leurs positions politiques actuelles. Pourtant la plupart des analyses portant sur la socialisation politique des adolescents relèguent les mass-media à un rôle de second ordre, les considérant plutôt comme des sources de renforcement de processus initiés par d'autres instances plus importantes, comme la famille ou l'école. Certains chercheurs comme Chafee et ses collaborateurs (1970) ou Prisuta (1978) contestent ce point de vue, estimant, sur la base de leurs travaux, que les media occupent une place privilégiée qui dépasse largement le simple rôle d'informateur, pour influencer profondément et modeler la conscience politique des jeunes. A leurs yeux, la télévision n'exerce pas son rôle de socialisation politique des adolescents à travers les émissions d'information politique d'ailleurs peu populaires auprès des jeunes, mais via d'autres émissions comme le sport professionnel par exemple, qui véhicule beaucoup de valeurs conservatrices et favorise l'intériorisation de ces valeurs. Le rôle socialisant de la télévision serait d'encourager la loyauté envers le système politique et décourager la dissidence.

Le groupe des pairs est souvent cité comme référence pour justifier divers comportements politiques, comme le fait d'aller voter ou non, là où le vote est libre: «je ne vote pas, d'ailleurs aucun de mes amis ne vote». Le groupe des pairs agit principalement comme lieu d'appartenance et de référence politique: «mes amis ont les mêmes idées politiques que moi». Comme le précise le chapitre suivant qui traite de cette question, les groupes naturels d'adolescents se révèlent très homogènes sur le plan socio-économiques et très hermétiques à l'égard des individus appartenant à une classe sociale très différente. Les groupes d'adolescents maintiennent ainsi les clivages politiques et culturels qui existent au niveau des classes dont ils sont issus.

B. *L'évolution de la pensée politique à l'adolescence*

Lors d'une enquête menée en 1975 auprès d'adolescents français, Percheron trouve parmi les 13-18 ans 16 % des adolescents qui se situent eux-mêmes à droite, alors que 20 % se situent eux-mêmes à gauche. Si les autres ne parviennent pas à se situer sur l'axe droite-gauche, l'analyse du système d'opinions caractéristique des options de gauche et de droite permet de situer les préférences idéologiques latentes de la majorité d'entre eux. Ces préférences rejoignent les pourcentages des adolescents ayant expérimenté une orientation idéologique explicite. Toutefois, 15 % des sujets rejettent pêle-mêle toutes les valeurs de la droite et de la gauche et les mécanismes fondamentaux du jeu parlementaire. Ces adolescents «désenchantés de la politique» identifieraient, selon Percheron, les plus jeunes des écologistes et les futurs électeurs d'extrême-gauche.

L'ensemble de ces résultats démontre clairement l'existence chez les adolescents de préférences idéologiques tranchées. La dimension droite-gauche apparaît comme la structure prégnante des univers politiques en formation qui favorisent la mise en place de représentations très contrastées de la réalité sociale. Tout semble indiquer, selon Percheron, que c'est un monde idéologiquement structuré qui s'affirme progressivement durant l'adolescence.

Si les préférences idéologiques constituent un facteur important de différenciation progressive de l'univers politique de l'adolescent, d'autres facteurs comme le sexe, le lieu de résidence, le niveau socio-économique et la pratique religieuse doivent être pris en compte pour expliquer la diversité des univers politiques des adolescents. Mais, plus que d'autres facteurs, l'âge apparaît déterminant car il marque plus profondément la spécificité de la socialisation politique. L'âge agit d'abord sur le plan de l'augmentation des compétences cognitives en développant des capacités croissantes d'abstraction et en élargissant les perspectives temporelles. L'enfant éprouve beaucoup de difficultés à se représenter les réalités collectives — il peut penser à une église mais pas à l'Eglise, il peut se représenter des écoles mais pas l'Education (Adelson, 1975) — et l'évolution des capacités cognitives entraîne un élargissement des représentations politiques. Parallèlement, l'accès aux réalités temporelles permet à l'adolescent de concevoir le sens de l'histoire, de se situer dans une perspective historique et d'envisager de changer le cours des choses.

Percheron s'est plus particulièrement attachée à retracer l'évolution du vocabulaire politique entre 10 et 16 ans. Si le vocabulaire politique «communautaire» paraît fixé assez tôt, vers 12-13 ans, le vocabulaire partisan évolue durant toute l'adolescence dans le sens d'une politisation croissante, ce qui entraîne un reclassement des mots et un changement de sens dans la valorisation de certains mots qui deviennent le lieu de la cristallisation des choix partisans. L'augmentation des réponses techniques plus précises va de pair avec une diminution des réponses normatives idéalisées. Le nombre de jugements augmente également de façon sensible, les jugements négatifs sur les réalités politiques croissant plus vite que les jugements positifs. On note parallèlement une réduction des réponses moins directement politiques en faveur d'autres politiquement plus riches, les associations sont plus nombreuses — syndicats, grèves, revendications — et les représentations politiques plus riches et plus diversifiées. L'âge entraîne enfin une différenciation des attitudes politiques et une affirmation de plus en plus prononcée en faveur des préférences idéologiques envers la gauche ou la droite. Avec l'âge, les univers politiques des adolescents tendent à devenir de plus en plus riches et contrastés.

Chapitre VI
Le développement de la socialisation: les relations familiales, les rôles sexuels et les amitiés

1. Les relations familiales

A. L'émancipation de la tutelle parentale

Parmi les espèces animales, là où les parents assument un rôle de tutelle auprès de leur progéniture, l'émancipation apparaît comme un processus naturel qui prend place bien avant que le jeune animal n'accède à la maturité pubertaire. Les observations réalisées auprès des espèces animales vivant en groupe laissent voir cependant que la reconnaissance du statut adulte ne précède jamais la puberté; mais cette reconnaissance n'est pas automatique, elle dépend à la fois de facteurs individuels, comme la vigueur physique et le sexe, et de facteurs sociaux comme le nombre d'individus dans la bande et les règles particulières de domination (Ausubel, 1980). Dans les sociétés humaines, la tutelle parentale se prolonge durant toute l'enfance et l'émancipation ne précède pratiquement jamais la puberté. On observe également dans toutes les sociétés humaines un délai plus ou moins important entre le début de l'émancipation de la tutelle parentale et l'attribution du statut adulte, dont l'octroi est toujours institutionnalisé et dépend d'un système de régulation sociale ritualisé. Les sociétés occidentales ont étendu ce processus et le long délai situé entre les premiers signes d'émancipation qui suivent la maturation sexuelle et la reconnaissance du statut adulte occupe un espace de vie important, alors que ce passage est relativement court dans la tribu primitive.

Le passage de la dépendance infantile à l'état d'adulte socialement autonome dépend à la fois des aménagements familiaux initiés à la puberté et des facteurs sociaux qui, comme nous le signalions au premier chapitre, régissent de plus en plus l'accès au statut adulte. Pourtant, ces deux facteurs s'influencent réciproquement, car si la société impose des délais inévitables à la démarche d'émancipation, l'individu qui n'a pu rompre ses liens de dépendance infantile à l'égard des parents sera nécessairement limité dans sa quête de reconnaissance sociale.

L'émancipation de la tutelle parentale constitue une tâche universelle de l'adolescence et le transfert progressif de la famille au profit de nouveaux agents de socialisation nous amène à considérer ce passage comme un des problèmes psycho-biologiques fondamentaux de l'adolescence.

Dans nos sociétés occidentales, l'émancipation s'effectue par le remplacement graduel des parents comme premiers agents de socialisation au profit du groupe des pairs du même âge. Ausubel (1980) parle à ce sujet d'un processus de désatellisation et de resatellisation, la famille perdant progressivement ses valeurs d'attraits en faveur du groupe des pairs qui détiendra désormais le système de valeurs, les normes de conduite et les sources d'attribution du statut.

Ce phénomène est clairement illustré dans l'enquête que Bianka Zazzo (1966) a entreprise auprès d'un échantillon d'adolescents français, lorsqu'elle les interroge sur leur attachement à la vie de famille. La question «que préférez-vous personnellement, la vie de famille ou la vie extérieure, en dehors de la famille avec d'autres jeunes?», visait à apprécier le désir d'échapper au milieu familial pour élargir le champ des relations sociales. Le choix majoritaire des adolescents en faveur de la vie extérieure démontre bien l'aspiration à sortir du milieu familial et cette aspiration se renforce avec l'âge. Le phénomène est éclairé par une seconde question qui examine le souhait de vie indépendante, en dehors de tout attachement familial. Cette fois, les plus jeunes déclarent très majoritairement qu'il est préférable de poursuivre sa vie au sein de la famille; les plus âgés (plus de 17 ans) optent cependant plus souvent pour la séparation, en cas d'indépendance économique (lorsqu'un garçon ou une fille gagne sa vie convenablement). L'analyse des réponses indique qu'en réalité les objectifs d'indépendance à l'égard de la famille relèvent plus de la conquête de l'autonomie des conduites que d'une volonté de rupture affective ou idéologique.

C'est que le processus d'émancipation à l'adolescence recouvre deux dimensions toujours présentes, puisqu'il s'agit de se détacher du passé pour s'engager dans le futur, ce qui implique à la fois le désinvestissement des attachements affectifs envers les parents et l'engagement dans une vie sociale qui se déroule en dehors de la famille.

B. L'accès à l'autonomie comportementale

Douvan et Adelson définissent l'autonomie comportementale en termes de ce qu'un adolescent peut faire de son propre chef et l'évaluent à partir des décisions que les adolescents peuvent prendre dans l'organisation de leur vie quotidienne, sans en référer à l'autorité parentale. Ce type d'émancipation a souvent été approché en examinant les conflits qui s'articulent autour de l'affranchissement du contrôle parental et des gains résultant de l'engagement dans des choix personnels.

La majorité des adolescents interrogés sur la prise de décisions qui concernent leur vie quotidienne, déclarent éprouver des difficultés et connaître certains conflits au moins mineurs avec leurs parents. Les enquêtes réalisées sur ce thème dégagent un tableau assez constant. En tête, surviennent les conflits au sujet des habitudes de vie: l'habillement, la coupe des cheveux, le maquillage, les heures de sortie, etc... Puis les problèmes gravitent autour de la vie scolaire: résultats trop faibles, devoirs à faire, examens à préparer. Enfin, les conflits s'articulent autour des valeurs et de la morale. Globalement, la comparaison d'enquêtes réalisées en Europe (Zazzo, 1966; Coleman, 1980) et aux Etats-Unis (Rice, 1975) dégage les chiffres suivants: si une minorité (20 à 30 %) prétend n'éprouver aucune difficulté avec ses parents ou les avoir dépassées, 70 % admettent la présence de problèmes momentanés, connaissent, à l'occasion, des discussions et émettent certains griefs à l'égard des parents. Parmi ce groupe, 20 % parlent de conflits sérieux et constants et déclarent éprouver des sentiments partiels d'incompréhension. Un dernier groupe (variant de 5 à 10 %) vit des conflits aigus et permanents, éprouve des sentiments de rejet, dénonce l'attitude d'incompréhension des parents, leur rigidité d'esprit et affiche des différences profondes d'opinion. Ce groupe se heurte à des crises ouvertes s'exprimant dans des affrontements violents et des fugues.

L'examen de ces données démontre clairement que la démarche d'émancipation et de contestation des contraintes familiales s'exprime de façon nette et majoritaire. Toutefois, ces enquêtes ne dégagent pas le tableau généralisé d'adolescents rebelles engagés dans une lutte ouverte pour accéder à leur indépendance, ni celui de la famille déchirée par des discussions autour des conflits adolescents. Un tel tableau, on a pu le voir, ne se retrouve, tout au plus, que dans un cas sur cinq; la plupart des adolescents transigent avec les problèmes parentaux et la présence de conflits aigus s'inscrit le plus souvent dans une histoire familiale marquée par des conflits anciens. D'ailleurs, la présence majoritaire de revendication d'une plus grande liberté ne doit pas masquer la vision positive des relations parentales révélée par les enquêtes: plus de 60 % des adolescents affirment bien s'entendre avec les parents et éprouver du plaisir en leur compagnie (Larsen, 1972; Rutter, 1980). Si 25 % expriment des positions plus critiques, 5 % seulement décrivent la famille comme un lieu d'aliénation de leurs libertés individuelles.

Sans doute, l'âge, le sexe et les conditions socio-économiques précisent le sens des réponses des adolescents. Plusieurs auteurs (Douvan et Adelson, 1966; Zazzo, 1966; Coleman, 1980) constatent que les sentiments conflictuels augmentent avec l'âge entre 11 et 18 ans, pour atteindre des sommets variables en fonction du sexe. Les revendications de liberté sont plus élevées chez les filles plus jeunes, mais à partir de 15 ans, la courbe diminue. Chez les garçons, les plaintes sont moins nombreuses au début de l'adolescence mais elles continuent à s'élever au-delà de 15 ans. Si les filles plus jeunes expriment un nombre plus élevé de revendications que les garçons, c'est que les contraintes de la famille les maintiennent dans une situation plus infantile, elles se plaignent de se voir imposer les tâches domestiques et de faire l'objet de contrôles sévères sur les sorties et le choix des amis masculins. L'éducation des garçons est dictée par d'autres impératifs parentaux; l'attribution d'indépendance, largement acquise au terme de l'enfance, n'est pas rompue lors de la puberté; c'est plus tard que les oppositions se renforcent, lors des confrontations autour des notes scolaires, du choix professionnel et des valeurs de vie.

Les revendications de liberté sont également plus élevées chez les étudiants que chez les jeunes travailleurs français interrogés par Bianka Zazzo (1966). Si les jeunes travailleurs reconnaissent avoir éprouvé des difficultés, ils déclarent souvent les avoir dépasées, alors que les conflits peuvent se développer et se durcir avec l'âge chez les étudiants. Enfin, les aînés de famille rapportent plus d'oppositions que les plus jeunes et expriment plus souvent le sentiment d'être rejetés au profit des frères et des sœurs plus jeunes.

Si on tourne le regard du côté des parents, c'est pour découvrir que les adultes manifestent une attitude sensiblement plus négative vis-à-vis des adolescents que ces derniers à leur égard. Les relations entre les générations sont à double voie et, comme Musgrove (1964) l'a constaté lors d'une recherche intergénérationnelle en Angleterre, les adolescents se révèlent plutôt bien disposés à l'égard des parents, alors que ceux-ci expriment souvent des sentiments négatifs de désagrément face à la jeunesse, sentiments fortement teintés de stéréotypes défavorables. L'origine sociale semble très déterminante ici. Smith (1978) a pu observer chez les parents des classes ouvrières anglaises l'expression de sentiments négatifs à l'égard de l'adolescence, dans près de la moitié des cas; le plus souvent, les parents associent l'adolescence à la présence de problèmes: problèmes d'alcoolisme, de sexe, de drogue ou de délinquance. C'est que les relations des parents de la classe ouvrière avec leurs adolescents sont largement dominées par la préoccupation de se garder des «troubles» et des interventions policières et que les écarts de leurs adolescents risquent de les engager dans ce type de désagréments.

B. Zazzo (1972) qui avait prévu plus d'ouverture et de bienveillance, doit faire le même constat d'intolérance de la part de nombreux adultes français à l'égard des adolescents. En France également, l'attitude favorable augmente avec le niveau socio-économique.

C. *L'accès à l'autonomie affective*

Il s'agit cette fois d'une dimension de l'émancipation plus malaisée à explorer, car elle renvoie à des réalités émotionnelles qui ne se livrent pas d'emblée dans un discours explicite et cohérent. Les sentiments suscités par la rupture des liens d'attachement et la mise à distance des images parentales soulèvent des ambivalences et des émotions contradictoires. Cette prise d'autonomie émotionnelle — comme l'appellent Douvan et Adelson (1966) — a plus particulièrement retenu l'attention des psychanalystes qui insistent sur les aspects traumatiques de la rupture des liens de dépendance infantile à l'adolescence. Anna Freud (1968) et plus récemment Green (1977) comparent très explicitement le désinvestissement des objets d'amour intériorisés à l'adolescence à une expérience de deuil, entraînant des sentiments de dépression, de détresse et de culpabilité.

Douvan et Adelson (1966) ont exploré ce thème de l'autonomie émotionnelle au moyen de mises en situation conflictuelles opposant des désirs de proximité avec les parents et des souhaits d'émancipation personnelle et en examinant les émotions évoquées par l'engagement dans des comportements réprouvés par l'autorité parentale. Ces auteurs n'ont pas retracé le tableau dramatique d'adolescents engagés dans un processus conflictuel de désinvestissement des objets d'amour intériorisés, que leurs hypothèses laissaient présager. Le plus souvent, les adolescents transigent avec ces questions et adoptent des formules d'accommodement leur permettant de maintenir la proximité avec le milieu familial tout en réalisant des gains sur le plan de l'émancipation personnelle.

Cet écart entre les perspectives psychanalytiques et les données empiriques a déjà été souligné plus tôt et renvoie à une question maintes fois soulevée: les descriptions cliniques proviennent d'adolescents psychologiquement perturbés, engagés dans un traitement. Les difficultés de relations parentales sont souvent au centre de ces perturbations: dans la recherche entreprise auprès de l'ensemble de la population adolescente de l'île de Wight, Rutter (1980) constate la présence de problèmes sérieux de communication entre parents et adolescents dans la moitié des cas d'adolescents ayant fait l'objet d'une intervention clinique, alors que ces problèmes ne se retrouvent que dans 15 % de cas des adolescents n'ayant pas fait l'objet d'une telle intervention. Quant au climat dépressif évoquant l'expérience de deuil, on peut reprendre les propos de Chiland (1978) déjà cités au troisième chapitre, qui, parlant des adolescents qui font l'objet de consultations psychologiques par rapport aux adolescents «tout venant», relevait, chez le premier groupe, «une revendication affective extraordinairement présente et une intensification de la crise dépressive». Clerck (1980) rapportant dans un article récent son expérience clinique auprès d'enfants et d'adolescents dont les parents sont séparés parle de «cette tristesse qui ne semble pas se résorber, cet affect de tristesse colore leurs attitudes et les attentes vis-à-vis des relations interpersonnelles...». Mais, dans ce cas, les sentiments dépressifs ne sont pas le fruit d'un deuil symbolique, ils sont attachés à une expérience de séparation très réelle.

L'enquête de Douvan et Adelson (1966) qui date aujourd'hui de plus de quinze ans, dresse un tableau fortement contrasté de la prise d'autonomie chez les filles et les garçons. Il apparaît dans cette enquête que le désir de se libérer de la dépendance affective des parents est beaucoup moins affirmé chez les filles que chez les garçons, au point que la prise d'autonomie affective n'apparaît pas chez elle comme une préoccupation importante à l'adolescence. Les adolescentes offrent en général une image de soumission aux impératifs parentaux, elles se révèlent soucieuses de maintenir les liens affectifs qui les relient à la famille et tentent généralement de reproduire le modèle familial, en définissant leurs idéaux de vie à partir des conceptions parentales.

Les garçons paraissent plus résolument engagés dans une démarche de prise de distance face à la cellule familiale et optent majoritairement pour des modèles de succès et de vie sociale extérieure à leur propre famille. Ils définissent leur futur en termes de réalisation, considérant l'avenir dans une perspective instrumentale, sur le mode d'actions à réaliser. Si les projets immédiats des filles sont également orientés vers le travail et la vie scolaire, peu d'entre elles se montrent activement impliquées dans ces questions. Les plans de réalisation des projets exprimés sont souvent irréalistes et quand elles expriment leurs idéaux, les thèmes de carrière et les désirs de réalisation sont totalement absents. C'est que les adolescentes envisagent majoritairement leur avenir sur le mode des relations interpersonnelles, en termes de relations futures avec le mari et les enfants ou de popularité dans leur environnement social. Le groupe des pairs est utilisé par le garçon comme un outil qui le soutient dans ses démarches de prise d'indépendance: rompre les règles familiales et exercer sa liberté; pour la fille, le groupe des pairs est essentiellement conçu comme un lieu de contacts affectifs.

Cette vision fortement stéréotypée a également été relevée par B. Zazzo (1966) lors de la recherche qu'elle entreprenait à la même époque auprès des adolescents français. Bianka Zazzo constate également une attitude générale de dépendance chez les filles de son échantillon. Elles critiquent et dévalorisent leur propre sexe, tout en valorisant le sexe masculin; les filles se désolidarisent de leur groupe et tendent à se rapprocher des garçons. Mais cette attitude est entâchée d'ambivalences caractéristiques, car, si les adolescentes rejettent ce qu'elles croient être le modèle féminin, elles s'en montrent profondément solidaires lorsqu'elles envisagent leur propre avenir et leurs réalisations en tant que futures femmes adultes:

«une moindre affirmation de soi, une plus grande dépendance d'autrui se dégagent de leurs projets: la réussite sentimentale est l'objectif qu'elles visent en priorité, le but qu'elles se donnent et, même lorsque d'autres buts sont envisagés, le mode d'intégration sociale qu'elles préconisent exprime la même attitude de dépendance» (B. Zazzo, 1966, p. 375).

On est certes en droit de se demander si ces modèles fortement stéréotypés ont évolué depuis 1966. Actuellement, aucune donnée nouvelle ne permet de mettre en doute le fait que la plupart des adolescentes continuent d'être socialisées dans ce sens, ni qu'elles préfèrent ces rôles. Bardewick (1971) semblait apercevoir l'émergence de nouveaux modèles féminins où les valeurs de réalisation personnelle seraient jugées comme aussi importantes que le succès dans les relations interpersonnelles; ces femmes proviendraient principalement des classes sociales moyennes et supérieures engagées dans un processus de mobilité sociale. Les observations de Douvan et Adelson soutiennent cette vision des choses; ces auteurs ont en effet identifié dans leur échantillon un groupe restreint d'adolescentes «personnellement mobiles», exprimant leurs aspirations de mobilité sociale en termes de réalisations personnelles plutôt qu'en fonction du statut social du futur mari.

Il est vraisemblable que le nombre d'adolescentes optant pour un tel modèle augmentera dans la mesure où l'environnement social soutiendra ces rôle, mais aujourd'hui, il semble évident que le nombre d'adolescentes socialisées dans les modèles classiques est largement majoritaire.

D. *La représentation des images parentales par les adolescents*

Bianka Zazzo a exploré le thème des affinités avec le père et la mère auprès d'un échantillon représentatif d'adolescents français répartis en fonction du sexe, de l'âge et de l'origine socio-culturelle. Dans tous les les groupes examinés, l'entente est toujours meilleure avec la mère qu'avec le père et ceci est tout particulièrement vrai dans le cas des filles qui se déclarent majoritairement plus proches de la mère. En général pourtant, on observe une amélioration des rapports avec le père en fonction de l'âge, plus particulièrement chez les garçons.

La différence entre l'image idéale du père et l'image idéale de la mère se dégage bien des critiques et des éloges formulés à l'endroit des parents. Les reproches comme l'approbation montrent que l'attitude des adolescents se différencie en fonction des rôles assignés à chacun des parents. Tous les adolescents formulent moins de critiques au sujet de la mère et ces reproches visent en général son comportement dans la famille, plutôt que sa personne et ses qualités humaines: «elle parle trop, se fâche pour des bêtises, elle est trop nerveuse...». On peut penser, déclare B. Zazzo, que le «culte de la mère», très répandu dans notre société, a joué en sa faveur dans cette attitude de bienveillance. Les critiques formulées à l'égard du père sont à la fois plus nombreuses et plus dures et visent sa personnalité: «il a trop de préjugés, il manque d'idéal, de dynamisme, il est pessimiste...». L'analyse des qualités reconnues aux parents rend ces critiques plus intelligibles, car on reconnaît au père des qualités comme les capacités de travail, la réussite professionnelle ou le sens des responsabilités, alors que la mère recueille des éloges sur ses capacités d'affection, de bonté, de sensibilité et d'intuition.

On le voit, les images parentales sont très contrastées dans la représentation adolescente, la «bonne image» de la mère possède des vertus que Bianka Zazzo qualifie de juvéniles, alors que le père est revêtu de caractéristiques plus adultes. Les déclarations des adolescents qui dessinent pour chaque parent un double portrait — image rejetée, image appréciée — permet de mieux saisir pourquoi la meilleure entente est reconnue du côté de la mère. En effet, l'autorité ne lui est guère attribuée, elle ne s'affirme aux yeux des adolescents qu'en tant que mère de famille, socialement dépendante et soumise à l'autorité masculine. Les défauts et les qualités qu'on lui prête ne témoignent d'aucune affirmation de soi. Elle apparaît plutôt comme une complice, les liens établis avec elle sont source de stabilité et de sécurité. L'affrontement qui rompt l'équilibre à l'adolescence se produit surtout avec le père. On lui attribue les défauts qui font obstacle à l'émancipation — «trop de préjugés, conservateur, sûr de lui...» — mais en même temps, les qualités reconnues ou souhaitées recouvrent des valeurs d'équilibre, de force de caractère, d'expérience et d'autorité, toutes qualités qui créent des distances et séparent.

Cette représentation très stéréotypée des images parentales que projettent les adolescents français en 1966, semble avoir subi une évolution importante au cours des années soixnte-dix, comme en témoignent les travaux entrepris par Tap (1970, 1977) sur la représentation des qualités paternelles et maternelles attendues par les adolescents. Lors de l'étude portant sur la représentation des qualités paternelles, Tap observait déjà en 1970 une chute de la fréquence des thèmes qui privilégient l'autorité au profit de thèmes relevant de l'amour, de la confidence et de l'amitié. Cette évolution s'observe surtout auprès des adolescents plus âgés; si l'adolescent plus jeune réclame la clémence et l'indulgence de la part de celui qu'il considère toujours comme le détenteur de l'autorité et l'obstacle principal à ses aspirations d'autonomie, chez l'adolescent plus âgé, la relation d'autorité cède la place à une relation plus égalitaire. Ce dernier perçoit la nécessité d'échange et de concessions mutuelles grâce à un effort réciproque de compréhension

En 1977, Tap constate que, lors de la formulation des qualités attendues à la fois chez la mère et le père, l'adolescent ne se limite plus à reproduire des stéréotypes. Sans doute, l'amour et la douceur sont plus souvent attendus chez la mère et l'autorité est une qualité privilégiée dans le cas du père, mais les qualités le plus souvent citées, aussi bien pour la mère que pour le père, sont la compréhension, l'indulgence, la douceur, la bonté et l'amour. Il s'agit là, comme le signale Tap, de qualités expressives qui dépassent les stéréotypes classiques et se fondent dans un modèle unique de proximité et d'affection. Même si l'image du parent du sexe opposé se trouve toujours plus stéréotypée que celle du parent du même sexe, auprès duquel l'adolescent cherche l'ami et le confident, l'affection, le dialogue et la coopération sont les qualités privilégiées à la fois chez la mère et chez le père.

E. Les modèles parentaux et le développement de la socialisation

Il semble donc que la représentation des images parentales évolue, passant d'un modèle où l'idée de père est associée à l'autorité, à un autre qui confond plus les images parentales et où l'affection domine. Ceci nous renvoie à une question classique: quel est le type de modèle parental le plus adéquat? Si cette question est formulée à la manière de Conger: «Quel modèle de parent est le plus approprié pour préparer l'adolescent contemporain afin d'affronter un monde largement imprévisible?» (Conger, 1977, p. 221), les réponses ne peuvent être que spéculatives. Mais s'il s'agit d'identifier l'effet des modèles d'autorité parentale sur le comportement des adolescents, les travaux d'Elder (1962, 1963), les plus exhaustifs en la matière, nous informent sans équivoque.

Elder a recueilli les jugements émis par les adolescents sur divers comportements de leurs parents pour définir sept structures d'autorité en fonction directe du contrôle des parents et inverse quant à leur implication dans ces décisions :

- *Autocratique* : L'adolescent ne peut ni exprimer ses vues personnelles, ni participer aux décisions qui le concernent.

- *Autoritaire* : L'adolescent peut participer à la discussion du problème, mais les parents se réservent la solution finale selon leur propre jugement.

- *Démocrate* : L'adolescent contribue à la discussion et peut s'engager dans une décision personnelle; la décision est toutefois formulée aux parents qui détiennent l'approbation finale.

- *Egalitaire* : Il y a peu de différenciation de rôles; parents et adolescents sont engagés à part égale dans la prise de décision.

- *Permissif* : L'adolescent assume une position plus active et plus influente dans la formulation des décisions.
- *Laissez-faire* : L'adolescent a le choix d'informer ou non ses parents de ses décisions.
- *Ignorant* : Les parents ignorent les décisions de l'adolescent et ne s'en informent pas.

Les pères sont plus souvent classés dans les catégories «autocratique» et «autoritaire» (35 % des cas) que les mères (22 %), et cela correspond aux observations concernant la représentation des images parentales qui viennent d'être citées. Les parents ont tendance à adopter des modèles plus permissifs à l'égard des adolescents plus âgés, mais cette évolution est plus nette dans le cas des mères, les pères autoritaires maintenant ce type d'exercice de pouvoir parental de façon plus rigide. On retrouve également plus de parents autoritaires dans les familles nombreuses que dans les familles restreintes. Mais les données les plus significatives des recherches de Elder concernent les réactions des adolescents au type d'autorité exercé par les deux parents.

L'analyse du degré d'appréciation des parents démontre que le modèle d'autorité de type démocratique recueille le plus d'adhésion de la part des adolescents (près de 90 % de ce groupe considèrent que les règles sont bonnes et raisonnables, alors que le modèle autocratique suscite le moins d'accord : 50 %). Mais les réactions des adolescents varient selon le sexe des parents exerçant l'autorité : on accepte plus volontiers un père autoritaire (75 %) qu'une mère qui exerce ce rôle (50 %); de même, une mère permissive est jugée plus favorablement qu'un père exerçant ce même rôle.

L'examen du sentiment de rejet vécu par l'adolescent dégage des données très éclairantes, comme on peut le constater au tableau 7.

Tableau 7
Pourcentages d'adolescents exprimant un sentiment de rejet suivant le type d'autorité exercé par les parents

Parents	Autocrate	Autoritaire	Démocrate	Egalitaire	Permissif	Laissez-faire + Ignorant
Mère	42	26	11	11	11	57
Père	40	18	8	11	11	58

Source : Elder, 1962.

Les adolescents confrontés avec les modèles parentaux de type démocratique, égalitaire ou permissif expriment rarement des sentiments de rejet, alors que les modèles «laisser-faire» ou «ignorant» et «autocratique» suscitent ces sentiments auprès de la moitié d'entre eux. Ici encore, le sexe des parents n'est pas étranger au sentiment de rejet, puisqu'une mère autoritaire est plus souvent à l'origine de ce sentiment qu'un père exerçant ce type d'autorité.

Lors d'une recherche ultérieure, Elder (1963) a analysé l'incidence du type d'autorité parentale sur le niveau d'indépendance dans les décisions personnelles mais également sur le degré de confiance que l'adolescent accorde à ses propres décisions. Elder constate que le modèle «démocrate» donne lieu aux sentiments d'indépendance et de confiance les plus élevés, plus particulièrement lorsque les parents formulent fréquemment des explications pour justifier leurs décisions. Une recherche comparative menée au Danemark et aux Etats-Unis (Kandel et Lesser, 1972) débouche sur des résultats comparables: dans les deux pays, les adolescents qui vivent sous un régime parental démocratique estiment disposer d'assez de liberté, en plus de se voir traités comme des adultes. En revanche, les parents autocratiques qui justifient rarement leurs décisions sont plus susceptibles d'avoir des adolescents dépendants, manquant de confiance dans leurs décisions.

Même si les travaux de Elder datent de quelques années, ils gardent toute leur pertinence aujourd'hui puisqu'ils démontrent clairement que les valeurs éducatives basées sur une pratique démocratique de l'exercice du pouvoir parental qui assure de fréquentes explications justifiant les décisions, garantit le développement progressif de l'autonomie comportementale et affective des adolescents, en leur permettant de maîtriser les décisions qui affectent leur propre existence. L'exercice autoritaire de ce pouvoir suscite des réactions négatives de rejet et de dépendance. Il en va de même pour les modèles «laisser-faire» et «ignorant», mais ici, on est en droit de se demander s'il s'agit d'un exercice réel des fonctions parentales ou plutôt de l'expression d'une incapacité d'assumer ce rôle.

F. *La représentation de l'adolescence par les adultes*

La représentation des adolescents par les adultes a fait l'objet de très peu de recherches systématiques. Pourtant, cette question alimente bien des discussions passionnées et a inspiré plus d'une «lettre ouverte» d'une génération à l'autre, exprimant une fois l'admiration, l'autre fois la réprobation. C'est que l'adolescence constitue un miroir qui renvoie l'adulte à ce qu'il était comme adolescent et ce qu'il est devenu comme adulte et ces deux images, très investies émotionnellement, risquent de faire écran mutuellement.

Prieur et Vincent (1978) ont analysé le contenu d'un questionnaire appliqué auprès de 300 parents français, pour mettre en relation deux types de discours, celui que l'adulte tient sur sa propre adolescence et celui qu'il formule sur les adolescents contemporains, afin de dégager les facteurs de représentation qui déterminent la qualité de la relation que l'adulte entretient avec les adolescents. Les parents interrogés étaient âgés, en moyenne, de 45 ans et avaient vécu leur adolescence autour des années quarante-cinq, soit pendant ou juste après la guerre.

Le premier point qui frappe dans l'évocation de l'adolescence des adultes, c'est l'absence d'expression de conflits familiaux, les adultes déclarant le plus souvent qu'ils n'imaginaient même pas la possibilité de se rebeller contre l'autorité parentale; cette soumission entraîne une sorte d'effacement de soi qui se prolonge dans la vie présente. Les images parentales des adultes, hommes et femmes, se structurent principalement autour de la notion d'autorité et sont généralement très stéréotypées: le père était sévère, la mère était tolérante. D'ailleurs le souvenir d'une adolescence heureuse renvoie à une bonne entente avec le père qui semble détenir la clef d'un développement harmonieux, pour cette génération du moins. Et, comme nous le soulignions plus haut, ce modèle familial prévaudra en France jusqu'en 1970.

La référence à l'adolescence d'aujourd'hui constitue un perpétuel écran à la représentation de sa propre adolescence; «ils nous traitent de croulants, lorsque nous parlons de notre jeunesse», et cette jeunesse vécue en 1945 apparaît comme un monde révolu qui a subi des modifications considérables et a perdu toute pertinence pour répondre aux exigences de l'époque actuelle.

Pourtant, l'image que l'adulte garde de son adolescence est en constante mouvance et l'évocation de sa jeunesse fluctue entre deux pôles, simultanément: d'un côté, l'adolescence apparaît comme une période révolue qui renvoie à un passé clos et résolument fini, mais, en même temps, l'adolescence apparaît comme quelque chose qui subsiste en soi, qui continue à vibrer et défie le temps. Si la première représentation soulève des sentiments de rupture et de tristesse, la seconde évoque la permanence, la vitalité et l'élan.

La perception que l'adulte possède de l'adolescence est reliée à cette représentation que l'adulte se fait de sa propre jeunesse et cette perception se révèle très tranchée dans l'analyse de Prieur et Vincent, car, suivant ce que les adolescents peuvent apporter à l'adulte, ils sont perçus comme source de joie ou source d'ennuis et de soucis. En effet, comme nous le signalions antérieurement, la perception qu'ont les adultes des adolescents contemporains peut être très négative et particulièrement exprimée en termes de manque: manque de joie de vivre, de tonus, de passion. Le fait d'avoir vécu une adolescence heureuse n'agit nullement sur cette vision positive ou négative, c'est l'éveil de l'un ou l'autre pôle du registre de la représentation de sa propre adolescence qui suscite distance ou proximitié. Si les adolescents contemporains évoquent chez moi l'image close de ce que j'ai été, s'ils ne reproduisent pas une image gratifiante qui subsiste en moi, ils éveillent des sentiments négatifs. Les adultes utilisent d'ailleurs des expressions souvent identiques pour décrire les adolescents et parler de ce qu'ils sont eux-mêmes devenus. Pour Prieur et Vincent, la compréhension qui s'établit entre les générations est de l'ordre de la communion et peut se traduire de la façon suivante: « les adolescents d'aujourd'hui me rappellent ma propre adolescence qui vit toujours en moi, comme joie de vivre et comme élan ». Mais cette communication intergénérationnelle s'effectue aux dépens de la solidarité intragénérationnelle, comme si la proximité avec la jeunesse s'opérait au prix d'une mise à distance des adultes de sa propre génération.

G. Conclusion

Les travaux rapportés au cours des pages précédentes ne rejoignent pas le tableau dramatique d'une démarche d'émancipation marquée par les conflits, les sentiments dépressifs ou la culpabilité, ni par l'image d'une famille perturbée par des discussions autour des conflits adolescents. Sans doute, la présence de désaccords entre parents et adolescents n'est pas rare et constitue plutôt la règle, mais, le plus souvent, le passage progressif vers l'autonomie s'effectue sans traumatismes apparents. Adolescents et parents transigent avec les exigences de la croissance et les gains attachés à l'acquisition du statut adulte l'emportent largement sur les nostalgies mélancoliques de l'enfance révolue. D'ailleurs, la présence de conflits majeurs entre parents et adolescents n'est pas spécifiquement rattachée à l'expérience adolescente; lorsqu'ils surgissent, les conflits s'inscrivent le plus souvent dans une histoire d'enfance perturbée, marquée soit par des carences affectives soit par la surprotection parentale.

La recherche de l'émancipation des adolescents s'inscrit dans une perspective historique qui a favorisé la dépendance accrue et prolongée des adolescents sous le contrôle parental. Les travaux cités semblent démontrer que la prise d'autonomie des adolescents constitue sans doute plus un problème pour les adultes que pour les adolescents eux-mêmes. En fait, l'investigation de la prise d'indépendance des adolescents nous renseigne surtout sur la famille et sa maturité affective. Le contenu et l'intensité des conflits renvoient aux parents, à leurs modèles éducatifs et aux attentes qu'ils ont développées vis-à-vis de leurs enfants.

On assisterait aujourd'hui à un déclin de l'autoritarisme paternel dans la représentation adolescente. L'image d'un père autoritaire, source de rupture affective à l'adolescence, semble s'estomper au profit d'un rôle qui se confond plus avec celui de la mère et qui privilégie la proximité, la compréhension et l'affection.

Les travaux cités démontrent également que, de toute évidence, les idées de conflit ou de fossé des générations sont sans fondement. Sans doute, au cours des années soixante, divers mouvements de revendication sociale plaçaient la jeunesse à l'avant de la contestation et pouvaient laisser croire à une rupture entre les générations. Mais il s'agissait là d'un problème qui débordait largement un simple débat intergénérationnel et si la jeunesse s'y montrait plus activement engagée, c'est que la question revêtait pour elle une signification historique toute particulière. Les travaux empiriques de Douvan et Adelson (1966) et de Offer (1975) aux Etats-Unis, ceux de Gustafson (1972) en Suède ou de Rutter (1980) en Angleterre démontrent unanimement que la majorité des adolescents épousent les valeurs conventionnelles de leur communauté familiale, la conformité aux valeurs parentales l'emporte largement sur les aspects de confrontation et la solidarité entre la génération des parents et des adolescents prédomine le plus souvent.

Il apparaît enfin que le processus d'émancipation de la tutelle parentale s'opère de façon très contrastée et très stéréotypée dans le cas des garçons et des filles. Les rôles sexuels ont une incidence majeure sur la socialisaion à l'adolescence. Les pages suivantes tentent de faire le point sur cette question.

2. Les rôles sexuels à l'adolescence

A de multiples reprises, cet ouvrage a relevé des différences sexuelles importantes dans les comportements et les représentations des adolescents. Qu'il s'agisse de l'image corporelle, des caractéristiques cognitives ou de l'émancipation de la tutelle parentale, il apparaît que le fait d'être une fille ou un garçon constitue une source majeure de différenciation de l'expérience adolescente. Pourtant, l'étude systématique des différences sexuelles n'occupe qu'une place limitée dans la littérature psychologique de l'adolescence.

La recherche de B. Zazzo (1966) qui s'était donnée comme tâche «d'enrichir la psychologie différentielle de l'adolescence», envisageait essentiellement d'analyser les variations en fonction des conditions sociales et culturelles. Dans la conclusion de l'ouvrage, B. Zazzo doit toutefois constater que si les écarts attendus se vérifient chez les garçons, «les différences en fonction du statut socioculturel se reflètent beaucoup moins dans les résultats des filles» (B. Zazzo, 1966, p. 374). Dans le cas des adolescentes, l'effet du sexe efface les autres différences; «pour les filles, le sexe joue en tant que facteur culturel plus fortement que les autres facteurs que nous avons considérés: le milieu social, le niveau culturel et l'âge des adolescents» (B. Zazzo, 1966, p. 374).

Au cours de ces dix dernières années, la question des rôles sexuels a connu un développement considérable au point de constituer aujourd'hui un champ de recherche et d'enseignement spécifique en psychologie. Souvent entrepris par des femmes ou des groupes de femmes, ces travaux se sont notamment attachés à analyser le rôle des media et des modèles éducatifs ainsi que les valeurs véhiculées par l'école et les manuels scolaires sur les procédures de socialisation particulières aux filles et aux garçons. Le terme de «rôle sexuel» fait référence à l'intériorisation des normes qui dessinent les comportements masculins et féminins appropriés dans une culture donnée. Dès la petite enfance, l'individu identifie rapidement les comportements valorisés et bannis pour chaque sexe; cette assimilation n'est pas le résultat d'un apprentissage explicite, mais plutôt le fruit de l'absorption progressive d'une série de signes qui modèlent les comportements adéquats.

Dans un article récent, Elisabeth Douvan (1979) tente de faire le point sur la question des rôles sexuels à l'adolescence, qui, à ses yeux, souffre beaucoup de confusion, en distinguant trois notions apparentées: l'identité de genre, les rôles sexuels et l'identité sexuelle.

A. *L'identité de genre*

La notion d'identité de genre qualifie essentiellement les dimensions corporelles de la représentation de soi et de son sexe. Très tôt, avant l'âge de cinq ans, l'enfant sait qu'il est fille ou garçon et manifeste les préférences typiques de son sexe dans le choix des jouets, des vêtements, etc., car cette représentation intime est le fruit de la reconnaissance d'un corps sexué, combiné aux effets précoces de la socialisation. Il existe ici un débat quant à savoir si l'identité de genre précède ou non l'identification au parent du même sexe; les données rapportées par Douvan (1979) appuient le fait que la représentation du sexe précède les processus d'identification et que les parents ne constituent pas la seule source qui dessine l'identité de genre. L'action d'autres adultes et surtout celle d'autres enfants serait très déterminante sur l'incorporation des indices corporels. En définitive, quels que soient les processus par lesquels s'opère l'intériorisation de ces représentations, l'identité de genre constitue une forme d'attachement primitif à une image corporelle de garçon ou de fille qui se développe et s'affirme très tôt.

Mais, à l'adolescence, comme nous l'indiquions au chapitre IV, la problématique de l'identité de genre est ravivée en revêtant un caractère normatif qu'elle ne possédait pas durant l'enfance. L'accès à la maturité pubertaire impose un corps manifestement sexué pour soi et pour l'entourage et entraîne l'exigence de reconstruire l'image corporelle. Ces préoccupations s'inscrivent à l'adolescence au sein d'un système coercitif de conformité aux normes de l'apparence sexuelle adéquate, normes véhiculées par l'ensemble de la société mais, plus impérativement, par le groupe des pairs du même âge.

Le jeu des pressions sociales sur la représentation de l'identité de genre s'exerce différemment auprès des deux sexes. L'acceptation de l'identité de genre paraît plus problématique chez l'adolescent (Rosenbaum, 1980; Douvan, 1979): l'adhésion à son propre sexe souffre plus souvent d'ambiguïté chez les garçons et cela s'accompagne d'un taux apparemment supérieur d'homosexualité masculine ainsi que de projets transsexuels. Diverses explications ont été avancées pour rendre compte de ce fait. Bettelheim (1971) estime que les menstruations offrent un signe précis de l'accès à la féminité alors que les garçons ne détiennent pas un indicateur aussi clair, dissipant toute ambiguïté sur l'identité de genre. Les théoriciens de l'identification s'appuient sur le fait que les attachements initiaux se fixent auprès d'une image féminine et que les garçons entretiendraient des résidus d'identification féminine qui compliquent la résolution de l'identité de genre. Cette dernière explication insiste sur le jeu des pressions sociales qui s'exerce différemment auprès des filles et des garçons. L'identité virile est strictement délimitée au moyen de critères univoques et toute dérogation entraîne des risques de rejet, alors que chez les filles, le choix de l'identité de genre se déploierait dans un éventail de rôles plus large. En revanche, chez les filles, l'image corporelle est considérablement affectée par la pression des normes sociales à l'adolescence, au point que cette représentation irradie l'ensemble de la conception de soi, comme nous l'indiquions au chapitre III.

B. Les rôles sexuels

La notion de rôle sexuel fait appel à la représentation de soi comme être masculin ou féminin mais, cette fois, en termes de comportements et d'attitudes s'exprimant dans des situations sociales. Il s'agit d'une réalité qui se joue essentiellement sur la scène sociale et qui fait allusion aux comportements masculins et féminins appropriés à des situations données. Ce concept est clairement relié à la culture qui définit les comportements requis dans la vie quotidienne à travers les aspects les plus apparents et les plus expressifs des conduites: les goûts, les préférences. Puisqu'il est question ici, pour chaque sexe, de rencontrer les normes sociales prescrites, ces rôles sexuels sont hautement prévisibles: on s'attend à ce que les filles s'émeuvent devant les bébés ou les petits animaux, que les garçons s'intéressent aux sports, etc.

Pour Douvan (1979), l'adoption du rôle sexuel constitue une réalité centrale qui s'impose à l'adolescence durant une courte période qu'elle situe entre la puberté et le début de l'âge adulte. Car si, au cours de l'enfance, l'entourage peut tolérer certains écarts par rapport aux rôles prescrits, à la puberté, le choix se doit d'être clair, le jeu devient sérieux et l'urgence de se garder de toute déviation s'impose. A la puberté, les pressions sociales véhiculées par les adultes et plus particulièrement par le groupe des pairs, poussent l'individu à s'engager dans un rôle sexuel tranché et socialement acceptable, circonscrit à l'intérieur de paramètres comportementaux spécifiques. En se situant en deçà de ces limites, l'adolescent va soulever des inquiétudes sinon des alarmes de la part des parents et des adultes, il risque le rejet des pairs et la perte de contact avec la scène hétérosexuelle où se joue une partie critique: l'acceptation par les pairs et la reconnaissance du statut. Car le succès au sein de la société adolescente dépend fortement de la rencontre des critères reliés aux rôles sexuels (Coleman, 1961). Il n'est donc guère surprenant de voir s'intaller dans les groupes adolescents des rôles sexuels très marqués, revêtant quelquefois des aspects parodiques, du moins aux yeux des adultes.

Douvan (1979) considère que le développement du rôle sexuel serait plus problématique pour la fille que pour le garçon et fait appel, pour rendre compte de cette difficulté spécifique, à une double forme de discontinuité dans les modèles de socialisation proposés aux garçons et aux filles. Chez le garçon, bien avant l'entrée à l'école, on observe une rupture dans les procédures de socialisation, lorsqu'il doit abandonner la dépendance et la passivité qui caractérisaient le premier âge, pour adopter une forme d'indépendance et d'affirmation de soi dans la vie sociale, avec les autres enfants. Chez la fille, cette rupture s'opère à l'adolescence. Durant l'enfance, la fille aurait été soumise à un double message, le premier favorisant la dépendance dans le foyer, le second encourageant l'individualisme et la compétition dans la vie scolaire; mais à l'adolescence, «la fille découvre qu'elle doit abandonner ou déguiser ces traits de compétition individuelle si elle veut se faire accepter comme être féminin ... on attend d'elle qu'elle abandonne les projets de réalisation personnelle ou qu'elle relègue ses ambitions, pour adopter ses objectifs majeurs: devenir épouse et mère» (Douvan, 1979, p. 90).

La question de l'accomplissement chez les femmes constitue l'un des thèmes cruciaux de la psychologie différentielle des sexes et occupe le premier plan des travaux engendrés par l'explosion récente de la recherche sur la condition féminine. De multiples données convergentes donnent à penser que les pressions exercées au moment de l'adolescence entraîneraient chez la fille un repli de ses projets de réalisation, «un refuge dans la féminité» et une baisse concomitante de la motivation à l'accomplissement» (Claes et Salamé, 1980).

«Jusqu'à l'adolescence, les filles peuvent s'imaginer qu'elles possèdent des capacités comparables à celles des garçons et qu'elles peuvent choisir le mode de vie qui leur convient. Mais à l'adolescence, quelquefois, le message se clarifie; elles découvrent qu'il vaut mieux ne pas viser trop haut, que la compétition est agressive et non féminine et que les dérogations menacent les relations hétérosexuelles» (Bardewick et Douvan, 1971, p. 152).

C. L'identité sexuelle

La notion d'identité sexuelle devrait être réservée, selon Douvan (1979), aux aspects de la représentation de soi qui relèvent très explicitement des réalités sexuelles. Au terme de l'adolescence, l'individu adhère fondamentalement à un style de vie qui identifie directement sa position sexuelle et il se définit, plus ou moins explicitement, à travers des images sexuelles: «fille sérieuse», «Don Juan», «fille sexy», «homosexuel», etc. Le jeu social perd son pouvoir coercitif et les règles se révèlent moins restrictives qu'à l'adolescence, car le jeune adulte s'est émancipé du contrôle immédiat de la famille et se trouve le plus souvent supporté par un groupe social sélectif qui partage ses choix sexuels.

Peu d'adultes se définissent exclusivement comme strictement masculins ou féminins: moins de 20 % d'hommes et de femmes, selon Douvan (1979). La majorité d'entre eux et d'entre elles ont intégré des composantes de l'identité de genre inadéquates à leur sexe propre au sein de leur identité sexuelle et assument, sans anxiété, des aspects de la personnalité, des comportements ou des préférences qui se situent en dehors des rôles sexuels prescrits; tel homme se reconnaît une émotivité vive sans remettre en question sa masculinité, telle femme s'engage dans la compétition sans douter de sa féminité.

3. Le groupe des pairs

Le groupe des pairs du même âge assume un rôle central dans les procédures de socialisation des adolescents, puisque le mouvement d'émancipation de l'influence familiale s'opère parallèlement à un investissement intense dans les activités sociales avec les partenaires du même âge. Le phénomène de regroupement des adolescents semble être universel. Les références historiques sont rares, mais plusieurs documents du 18e et du 19e siècles (dont ceux de Katz que nous citions au premier chapitre) signalent l'existence de bandes d'adolescents dans les villes. Par ailleurs, il est malaisé de comparer un événement comme le regroupement des adolescents en l'isolant de son contexte géographique ou ethnique, mais le fait a été signalé partout: dans les pays occidentaux, en Afrique, en Asie et dans les pays de l'Est. Il semble même que ce phénomène s'étende à la série animale, puisque le regroupement des individus pubères n'ayant pas accédé à la reconnaissance adulte a pu être observé, notamment, chez les singes supérieurs; d'ailleurs, Morin (1973) a relevé la parenté entre le phénomène de rassemblement chez les singes «adolescents» qui partagent une vie de groupe en marge de la bande des adultes et le regroupement des adolescents dans les sociétés humaines.

Il existe une abondante littérature traitant des groupes d'adolescents, car ce phénomène a retenu depuis fort longtemps l'attention des chercheurs qui se sont presque exclusivement attachés à dégager le rôle du groupe des pairs sur le développement de comportements délinquants. Une identité a été établie de longue date entre ces deux événements, la fréquentation des pairs par les adolescents et le fait de commettre des actes antisociaux, au point de masquer complètement les aspects positifs du groupe des pairs sur le développement de la socialisation et l'apprentissage des habiletés sociales. Cette association entre groupe des pairs et délinquance est pourtant sérieusement remise en question par la recherche en criminologie contemporaine, comme en témoignent les lignes qui suivent.

A. Le groupe des pairs et les comportements asociaux

Dès 1925, plusieurs travaux américains ont tenté de déceler la dynamique de la délinquance juvénile au sein des bandes d'adolescents. Ainsi, Trasher (1927) considérait la bande comme le lieu naturel de l'expression de l'agressivité adolescente: la bande entretient l'imaginaire aventureux et offre ainsi une échappatoire à la misère sociale. Plus tard, Cohen (1955) et surtout Cloward et Ohlin (1960) introduisent, dans le débat, la notion de conflit de classe, pour considérer la bande adolescente comme le lieu de la cristallisation des frustrations sociales des jeunes issus des classes défavorisées qui, ne pouvant accéder au succès par les voies légales qui leur sont fermées, adoptent les chemins détournés de la délinquance. En France, Robert et Lascoumes (1974) commencent par affirmer que le groupe constitue une manifestation naturelle du phénomène adolescent et que la bande ne crée pas en soi le phénomène délinquant. Selon ces auteurs, la bande adolescente serait issue d'une action de ségrégation de la part de l'environnement social qui stigmatise le groupe, le marginalise et crée, parallèlement, un puissant sentiment d'adhésion entre les membres. Cette ségrégation entre le groupe et l'environnement susciterait le passage à l'acte, ouvrirait la disponibilité pour l'action antisociale et appellerait une impulsion en faveur de l'agressivité. L'accent s'est déplacé, puisque, pour Robert et Lascoumes, c'est l'action ségrégative de la société qui crée le groupe, mais l'association groupe adolescent et comportement délinquant est renforcée: «cette action de la société rend le groupe dangereux, car elle maintient le groupe dans un état permanent de prédélinquance collective» (Robert et Lascoumes, 1974, p. 253).

On ne peut s'empêcher d'interroger ces diverses constructions théoriques à la lumière de l'histoire récente de l'évolution des bandes de jeunes. Que sont devenues les bandes de «blousons noirs» et de «Teddy-boys» qui défrayaient la chronique des journaux autour des années soixante? Tous les criminologues, théoriciens et praticiens, reconnaissent aujourd'hui que les bandes ont évolué pour faire place à d'autres modalités de regroupement, moins visibles, moins structurées et plus changeantes, qui n'ont pas échappé aux modes qui se sont succédées depuis: le mouvement psychédélique, le phénomène «hippie» ou la mode «punk». Mais il faut se demander rétrospectivement si les bandes délinquantes des grandes villes ont réellement constitué le problème social que ces théories laissaient entrevoir, ou si ce phénomène n'a pas été largement mystifié. Car il existe tout un «folklore» sur les noms des bandes, les chefs, les rites et surtout les règles d'allégeance qui relèvent plus de l'imaginaire collectif entretenu par le cinéma que de la réalité sociale.

Aujourd'hui, il paraît évident que l'importance des groupes organisés dans l'ensemble de la délinquance juvénile a été fortement exagérée. Les crimes commis dans le cadre d'actions de groupes ne représentent qu'une faible minorité de la délinquance adolescente et les bandes paraissent beaucoup moins organisées que la littérature ne le laissait croire (Cusson, 1981). Il y a peu de données empiriques sérieuses qui appuient l'idée que les groupes d'adolescents suscitent ou soutiennent l'activité délinquante de leurs membres. Il est vrai que la délinquance s'opère à plusieurs et que tous les délinquants fréquentent des personnes ayant commis des délits, mais il apparaît également que les délinquants entretiennent des relations problématiques avec leurs pairs et ceci à tous les niveaux. Il est donc faux de prétendre que le groupe crée seul la délinquance ou toute autre forme d'activité antisociale.

Ainsi, diverses recherches citées par Coleman (1980) démontrent qu'un très grand nombre d'adolescents (82 %) qui consomment régulièrement de l'alcool, ont développé ces comportements en famille, continuant ainsi des habitudes familiales. Un nombre restreint (18 %) a pourtant commencé à boire en dehors de la famille, avec les amis, dans les parcs ou les clubs de jeunes. Pourtant, parmi ces derniers, ceux qui deviendront de «gros buveurs» se caractérisent par de mauvaises relations familiales et des attitudes hostiles face à l'autorité, ce qui laisse entendre que l'alcoolisme développé à l'extérieur du milieu familial ferait partie d'un tableau conflictuel, la rupture avec les adultes offrant une vulnérabilité particulière à la pression des pairs. Kandel et ses collaborateurs (1978) ont entrepris, quant à eux, de vastes recherches auprès d'adolescents new-yorkais, sur l'acquisition d'habitudes de consommation de drogue, afin d'identifier le rôle des pairs sur le début et le maintien de l'usage de la drogue. Kandel *et al.* ont regroupé les facteurs pouvant agir sur la consommation de drogue au sein de deux entités. Les facteurs « situationnels ou interpersonnels » qui relèvent de l'école fréquentée, de la nature du groupe des pairs, du modèle éducatif de la famille, etc., jouent un rôle déterminant au début, quand l'adolescent sera ou ne sera pas initié à la consommation de la drogue. Les facteurs « intrapsychiques », comme les nomment Kandel *et al.*, qui font référence aux ressources et aux déficiences de la personnalité, se révèlent beaucoup plus déterminants sur le maintien et l'accoutumance des habitudes de consommation de drogue.

Tout ceci laisse entendre que, si le groupe des pairs influence l'acquisition de certains comportements jugés asociaux, cette influence s'exerce au sein d'un réseau complexe de facteurs sociaux et personnels. Mais il est certain que le type de relation que l'adolescent entretient avec sa famille est important et que la présence de relations familiales problématiques rend l'adolescent plus vulnérable à l'influence des pairs.

B. *L'évolution des groupes et des amitiés en fonction de l'âge et du sexe*

L'influence du groupe des pairs sur la socialisation ne commence pas à l'adolescence, elle s'exerce dès le début de la vie sociale de l'enfant et assume des fonctions identiques: développer des habiletés afin de pouvoir interagir adéquatement avec les compagnons, partager des préoccupations, des intérêts et des sentiments communs. Mais la structure des groupes évolue en fonction de l'âge et, à l'adolescence, l'individu est généralement impliqué dans divers groupes qui se chevauchent et changent en termes de taille et de degré d'intimité entre les membres.

Durant l'enfance et à la préadolescence, les relations de l'enfant avec ses pairs se déroulent principalement avec des partenaires de jeu du même sexe, qui se recrutent dans le quartier immédiat ou parmi les compagnons de classe. Largement informels au départ, les groupes se structurent progressivement et, vers l'âge de 10 ans, les amitiés se révèlent assez durables pour se maintenir en dépit d'un changement de classe ou d'un déménagement. Coleman (1980) identifie trois étapes dans l'évolution des amitiés à l'adolescence. Vers 10-11 ans, les amitiés se centrent plus sur les activités et les jeux que sur l'interaction en soi; l'ami est décrit comme le compagnon de jeu privilégié. Mais une importante évolution apparaît vers 14-15 ans, lorsque le sentiment et la conscience gagnent les relations d'amitié. Les notions de choix, d'affinités et d'intimité apparaissent relativement tard dans la conscience adolescente. A cette époque, la confiance réciproque est l'affect qui prévaut dans l'amitié. En effet, lorsqu'on demande aux adolescents de cet âge de formuler les qualités attendues chez l'ami, les thèmes de sincérité, de loyauté et de confiance sont surtout mis en avant alors qu'ils appréhendent le rejet et la trahison. Vers 18 ans, c'est la recherche d'expériences communes et le partage des intérêts qui prédominent; la tolérance face aux différences individuelles s'accroît et la crainte d'être abandonné par les amis s'estompe (Douvan et Adelson, 1966).

Au cours de l'enfance et à la préadolescence, les groupes sont très nettement séparés sur le plan sexuel. Les garçons sont engagés dans un nombre supérieur d'activités avec les pairs, alors que les filles entretiennent des relations plus serrées avec un nombre plus restreint d'amies. L'investissement affectif dans l'amitié est toujours plus intense chez les adolescentes que chez les adolescents: tensions, jalousies et conflits avec les amies intimes émaillent plus souvent leur description de l'amitié; elles expriment également une proportion supérieure de thèmes de rejet et d'exclusion et ceci, comme nous le signalions plus haut, est particulièrement net à la période médiane de l'adolescence. Cette vulnérabilité particulière des filles à la jalousie et à la crainte du rejet découle de la survalorisation de l'intimité et de la dépendance dans les procédures de socialisation des filles (Douvan et Adelson, 1966). L'amitié est jugée comme une réalité aussi importante par les garçons et par les filles, mais elle revêt une signification différente; alors que pour le garçon les relations d'amitié sont orientées vers l'action commune, pour la fille, la recherche de satisfactions affectives et le plaisir de l'intimité partagée l'emportent largement (Coleman, 1980).

C. *L'évolution de la structure du groupe des pairs*

A l'adolescence, la structure du groupe des pairs évolue considérablement sous la pression des exigences dictées par l'engagement dans les relations hétérosexuelles. L'ensemble des relations interpersonnelles s'inscrit à l'intérieur de deux cercles concentriques: le groupe élargi des «amis», fréquentés occasionnellement dans le quartier et à l'école, qui compte, en moyenne, de 15 à 30 membres, et le cercle restreint des amis intimes qui comprend, en général, de 2 à 9 membres avec une moyenne de 6. Pour Lambert *et al.* (1972), ce n'est pas par hasard que ce nombre rejoint la moyenne des membres d'une famille, facilitant ainsi le transfert d'allégeance de la famille vers le groupe des pairs. Ces deux cercles assument des fonctions différentes: le premier groupe organise les activités sociales — rencontres, jeux, soirées — et agit surtout durant les week-ends et les congés; le groupe restreint est plus permanent, il constitue le lieu de la rencontre et, surtout, de l'échange des idées, des intérêts et des sentiments.

Pour Dunphy (1963), le grand groupe a pour fonction de favoriser la transition des activités unisexuelles en faveur des relations sociales hétérosexuelles, par les échanges entre les petits groupes d'amis. Dunphy a entrepris une vaste étude des groupes d'adolescents en Australie et sa recherche constitue une référence classique en la matière. Dunphy identifie cinq étapes dans l'évolution des sous-groupes adolescents. Le premier stade, à la préadolescence, est caractérisé par la coexistence de deux groupes «unisexués», isolés l'un de l'autre. La deuxième étape introduit un premier mouvement vers l'hétérosexualité; il s'agit d'interactions superficielles et souvent antagonistes, entreprises au sein de la sécurité prodiguée par le groupe. Au stade suivant, qui se situe à 14 ans, apparaissent les premiers échanges hétérosexuels, mais il s'agit de contacts d'individu à individu engagés par les membres qui possèdent un statut supérieur au sein du groupe des filles et du groupe des garçons. L'étape suivante voit la dislocation des groupes initiaux et l'éclosion de nouveaux sous-groupes, franchement hétérosexuels cette fois. Le stade 5 correspond à la désintégration progressive du cercle élargi initial au profit de groupes restreints nouveaux composés de couples engagés dans une relation durable.

L'origine sociale et économique est très déterminante sur la composition des groupes adolescents qui se révèlent très peu perméables sur ce plan. Les groupes naturels d'adolescents sont extrêmement homogènes et très étanches sur le plan socio-économique. Ceci paraît très évident dans les sociétés européennes, fortement stratifiées sur le plan socioculturel, mais Conger (1977) constate la même intolérance de la part des adolescents américains envers ceux qui ne partagent pas la même origine sociale et, a fortiori, ethnique. Cette étanchéité sociale est plus particulièrement marquée dans les groupes de filles qui sont plus restreints, plus durables et plus fermés. Coleman (1961) a pu observer que, chez les garçons, la possession de capacités sportives ou d'habiletés sociales exceptionnelles peut, à l'occasion, rompre les barrières sociales et ethniques.

D. *La référence aux pairs ou aux parents: distance ou proximité des générations*

L'émancipation de la tutelle parentale et l'importance croissante du groupe des pairs dans le champ social des adolescents entraînent une conformité accrue aux valeurs véhiculées par les contemporains. Comme on a pu le constater au cours du chapitre IV, la pression du groupe des pairs s'exerce de façon déterminante, voire coercitive, dans le domaine de la conformité aux rôles sexuels. Mais il s'agit d'une zone de la construction de l'identité adolescente particulièrement vulnérable aux divers aspects de la reconnaissance sociale. Observe-t-on une action comparable du groupe des pairs dans l'ensemble de la vie sociale, au point de devoir admettre une forme d'aliénation aux normes du groupe ou encore de constater l'émergence d'une culture adolescente, véhiculant des valeurs propres?

Ce fait a été quelquefois avancé par certains auteurs (M. Mead, 1971), qui ont, le plus souvent, fait référence aux changements sociaux rapides qui ont créé un écart entre les générations, contribuant à accroître le rôle du groupe de leurs contemporains dans les procédures de socialisation des adolescents. L'ouvrage de Coleman (1961) a cristallisé ce débat aux Etats-Unis, autour de la notion d'une «société adolescente», créant ses propres normes de conduite et régissant le comportement quotidien des jeunes. Coleman avait examiné les systèmes de valeurs qui prévalent auprès des adolescents, les modèles de succès, les facteurs de popularité et de leadership et les voies d'accès à la réussite, pour conclure à l'existence d'une culture adolescente souterraine, indépendante de la culture des adultes. Une telle société existe, affirme Coleman, puisque les adolescents se retournent vers leurs pairs pour modeler leurs comportements à partir des normes du groupe qui détient le système de récompense et de punition valorisé par les adolescents.

Mais d'autres travaux ultérieurs, comme ceux de Britain (1963), ont nuancé ces propos en démontrant que chacun des groupes, les pairs et le cadre familial, agissent alternativement comme source de référence dans le choix des conduites. Les adolescents sont enclins à se conformer aux normes parentales dans des domaines où les valeurs culturelles sont stables et lorsque les décisions impliquent des conséquences à long terme, alors que le groupe des pairs sert de référence dans les multiples comportements où les valeurs sociales et culturelles sont changeantes et les conséquences immédiates.

Il apparaît donc que ce débat tranché, opposant ces deux sources de référence, était mal posé parce qu'il introduisait une dichotomie artificielle : chacun des groupes agit en fonction de la situation. L'action du groupe des pairs est déterminante dans le domaine des goûts, des préférences, du langage et des modèles d'interactions individuelles ou sexuelles, l'influence des modèles parentaux l'emporte dans le choix des valeurs socio-économiques, les habitudes de consommation, l'appartenance religieuse et l'adhésion politique (Hill, 1970).

E. Conclusion: les fonctions du groupe des pairs

Le groupe des pairs du même âge assume un rôle prépondérant dans les procédures de socialisation des adolescents car les interactions avec les partenaires du même sexe et du sexe opposé offrent un prototype des relations qu'adultes, ils réaliseront sur le plan social, professionnel et sexuel. Le groupe assume une fonction centrale auprès d'individus vivant une problématique commune sur le plan de l'émancipation de l'autorité parentale, de la recherche d'un statut et de l'identification sexuelle. Les relations parentales sont souvent chargées d'émotions conflictuelles, au point qu'il devient malaisé pour l'adolescent de partager avec ses parents la réalité de ses expériences et de ses émotions. Le groupe des pairs offre des occasions multiples de développer des relations nouvelles avec soi et autrui en aidant l'individu à acquérir une représentation de soi, un sens de sa valeur, en lui offrant l'occasion de prendre des risques et de se confronter à des réalités compétitives.

Chapitre VII
La genèse de l'identité à l'adolescence

Tout le monde reconnaît que l'adolescence se caractérise par une modification majeure de la représentation de soi et que l'identité personnelle, c'est-à-dire l'ensemble des croyances, des sentiments et des projets rapportés à soi, subit une évolution importante entre l'enfance et le début de l'âge adulte.

Nous signalions au premier chapitre l'intérêt croissant des chercheurs en sciences humaines pour le concept d'identité. Cet engouement semble donner raison à l'affirmation d'Erikson qui déclarait, au cours des années 60, que «l'étude de l'identité revêtait un caractère stratégique à notre époque» (Erikson, 1963). Deux ouvrages récents en témoignent. Le premier, édité par Lévy-Strauss, sous le titre *L'identité* (1977), rapporte une série de séminaires multidisciplinaires, réunissant des anthropologues, des mathématiciens, des linguistes et des psychanalystes qui se sont interrogés sur la portée de ce concept dans leurs disciplines respectives. Dans l'avant-propos, Levy-Strauss tient à justifier le choix de ce thème qui se situe à plusieurs carrefours :

«nous n'avons pas choisi [ce thème] parce qu'une mode prétentieuse l'exploite. A en croire certains, la crise d'identité serait le nouveau mal du siècle... [mais] réduite à ses aspects subjectifs, une crise d'identité n'offre pas d'intérêt intrinsèque. Mieux vaudrait regarder en face les conditions objectives... qu'elle reflète. On l'évite en évoquant des fantômes sortis tout droit d'une psychologie à bon marché» (Levy-Strauss, 1977, p. 9-10).

L'autre ouvrage rapporte les Actes du Congrès de Toulouse tenu en 1979 (Tap, 1980), où furent soumises pas moins de 160 communications sur le thème de l'identité personnelle et sociale, le plus souvent par des psychologues ne pratiquant vraisemblablement pas tous leur métier «à bon marché». Sans doute, comme déclare Malrieux (1980) lors de ce même congrès, la notion d'identité possède-t-elle un caractère idéologique, parce qu'elle est en elle-même ambiguë et qu'elle ne désigne pas des processus empiriques, objets d'observations et d'expérimentations rigoureuses. Cependant:

«qu'une notion soit idéologique ne la disqualifie pas aux yeux du chercheur. Elle lui désigne une sphère à explorer, une réalité jusqu'alors insuffisamment reconnue... il lui revient la tâche... de la confronter avec des réalités qui lui donnent une fonction dans l'idéologie de l'époque et d'atteindre les processus psychologiques et sociaux, dont elle est le signifiant» (Malrieux, 1980, p. 39).

Nous avons choisi de présenter la théorie de l'identité psychosociale d'Erikson et d'illustrer deux courants de recherche actuels sur la construction de l'identité à l'adolescence, à travers les travaux de Marcia et de Rodriguez-Tomé. Le choix d'Erikson s'impose. Comme le déclare Tap, dès la première phrase de présentation des Actes du Congrès de Toulouse, «c'est à Erik Erikson que l'on doit d'avoir introduit dans les sciences humaines une réflexion systématique sur l'identité personnelle et sociale» (Tap, 1980, p. 7). Erikson est le seul parmi les psychologues généticiens modernes à s'être centré sur l'adolescence, qu'il considère comme la période pivot du développement, au cours de laquelle s'organise la construction de l'identité du moi, période de récapitulation des conflits de l'enfance et d'anticipation de l'âge adulte. A ce titre, Erikson méritait un traitement particulier dans un ouvrage consacré à l'adolescence. Nous nous sommes donc attardé à décrire, plus longuement qu'ailleurs, les perspectives d'Erikson, en rapportant le cheminement d'une pensée qui devait le conduire à formuler progressivement sa théorie de l'identité. Nous considérons que les travaux d'Erikson sont, encore aujourd'hui, les plus élaborés et les plus stimulants dans le domaine de la construction de l'identité à l'adolescence, même si ses perspectives soulèvent d'importantes réserves. En effet, son modèle du développement paraît souvent hautement spéculatif, ce qui en réduit la portée; mais c'est plus fondamentalement son idéologie et sa représentation du rôle de la société dans le développement qui limitent la puissance de la vision d'Erikson, pour reprendre le titre de l'ouvrage que Paul Roazen* (1976) lui a consacré. Nous éviterons cependant la

---

[1] P. Roazen, *Erik Erikson: The Power and Limits of a Vision*.

formulation de considérations critiques au cours de l'exposé des idées centrales d'Erikson, réservant ces critiques pour la partie finale.

I. Erik Erikson et la théorie de l'identité à l'adolescence

A. *Le concept d'identité*

Le concept d'identité rassemble plusieurs idées majeures. D'abord, la notion de permanence et de continuité, maintenant la constance des objets et des sujets, en dépit des fluctuations du temps et des modifications plus ou moins importantes qu'ils peuvent subir. En second lieu, l'identité fait appel à l'idée d'unité, de cohésion, permettant de circonscrire les choses en les délimitant les unes par rapport aux autres. Enfin, l'identité permet d'établir un rapport entre les choses, en réunissant « celles qui vont ensemble » et « en regroupant les similitudes et les dissemblances ». Etre, être un, reconnaître l'un, constituent solidairement le sol de l'activité [de l'identité] » (Green, 1977, p. 82).

La notion d'identité du moi qu'Erikson va placer progressivement au centre de sa réflexion sur le développement, s'appuie simultanément sur ces trois axes de la représentation de cet objet particulier. L'identité s'appuie d'abord sur la conscience d'une continuité temporelle, d'un moi qui entraîne un passé qui lui appartient et s'engage dans le futur, en opérant des choix significatifs parmi les diverses voies offertes par la croissance. L'identité se définit, par ailleurs, en termes de similitude avec soi-même et s'oppose à l'expérience de la division, de la diffusion et du morcellement. Enfin, l'identité du moi fait appel à la réunion, au sein d'une unité fonctionnelle, d'éléments à travers lesquels « je me reconnais », en me démarquant de ceux « qui ne me ressemblent guère », car ils sont différents de ce que je suis ou crois être.

Il s'agit là, comme les philosophes l'ont répété à maintes reprises, d'une réalité intime et ineffable, qui ne peut être pointée du doigt ni faire l'objet d'une démonstration directement observable. Pourtant, la référence clinique peut être ici d'un certain secours, en révélant de façon tangible l'expérience de l'identité menacée ou morcelée. Car, quand « je souffre », quand « je suis mêlé », que « je ne sais plus où j'en suis » ou que « je suis sens dessus dessous », j'ai la conscience aiguë d'un moi désemparé, limité dans ses zones d'action familières. Et c'est notamment à partir de l'analyse clinique des vicissitudes du moi dans l'expérience de la névrose, qu'Erikson va bâtir sa théorie de l'identité.

Les grandes lignes de cette démarche seront rapportées bientôt. Avant cela, il faut préciser que le concept d'identité fait référence à un processus en voie d'élaboration, une construction jamais achevée du moi. Car, si dans la perspective d'Erikson, la construction de l'identité revêt une importance tout à fait primordiale à l'adolescence, cette tâche n'est jamais achevée; l'unité du moi n'est jamais à l'abri des disloquations et des replis régressifs, lors des événements qui vont l'éprouver: les deuils, les ruptures et les échecs.

B. La conception du moi chez Erikson

Erikson a introduit le concept d'identité dans le langage psychologique. A ses yeux, l'acquisition d'une identité personnelle constitue la tâche majeure de la personnalité au cours du développement et l'adolescence occupe une place centrale dans cette construction progressive du moi. A cette époque, le moi est appelé à opérer une récapitulation de l'ensemble des identifications de l'enfance en vue de les absorber dans une nouvelle configuration de l'identité permettant d'affronter les tâches de l'âge adulte.

Sans doute peut-on retracer dans l'histoire de la psychologie de multiples tentatives entreprises en vue de cerner l'émergence et l'évolution de la représentation de soi dans la conscience: Baldwin (1895), James (1908) et Wallon (1959) ont effectué des percées fondamentales en la matière. Mais la démarche d'Erikson se situe ailleurs, car sa notion d'identité fait appel à une conception dynamique du moi qui englobe, à l'intérieur d'une unité fonctionnelle, les aspects normaux et pathologiques des diverses dimensions de la croissance: les données biologiques, les représentations et les réponses offertes par l'environnement social.

Freud n'a cité qu'une seule fois le terme d'identité, lors du discours qu'il adressa à l'Association Juive B'Naï B'Rith à Vienne, en 1926. Il utilisa ce terme dans le sens classique d'une identité ethnique entretenue avec l'ensemble de la communauté juive, lorsqu'il proclama, malgré une «confession» d'athéisme, son attrait irrésistible pour le judaïsme et la conviction de partager «la claire conscience d'une identité intérieure, le sentiment intime d'une même construction psychique» (Robert, 1964, p. 33).

Erikson a souvent cité cette déclaration de Freud, en tentant d'extraire des textes mêmes de Freud ce concept non formulé d'identité qui deviendra si important dans ses propres écrits. «J'ai utilisé le terme d'identité du moi ... bien avant d'être conscient que Freud avait utilisé les mots d'identité intérieure en faisant référence à un sujet central dans sa vie» (Erikson, 1954, p. 168). A maintes reprises, Erikson exprimera sa loyauté envers la pensée freudienne, notamment quand il déclare en 1969: «je suis psychanalyste avant tout, c'est la seule méthode que j'ai apprise» (Evans, 1969, p. 81). Et si ces expressions de fidélité se multiplient dans ses derniers écrits, c'est, sans doute, comme le suggère Roazen (1976, p. 16), qu'Erikson a toujours été rongé par la crainte d'être «excommunié» par les psychanalystes orthodoxes. Mais ce fut peine perdue. Il est vrai que sur plusieurs points centraux, les conceptions d'Erikson se démarquent fondamentalement de la pensée freudienne.

Erikson s'est proposé de déplacer le foyer de la pensée psychanalytique de la personnalité névrotique vers le développement normal:
«les phases critiques de la vie ont été décrites par la psychanalyse principalement en termes d'instinct et de défenses, c'est-à-dire en termes de situations typiquement dangereuses» (Erikson, 1972, p. 159).

Pour la psychanalyse, le moi constitue une instance de la personnalité ayant une fonction défensive: instaurer les mécanismes de défense inconscients et neutraliser l'anxiété attachée à la résolution des conflits entre tendances contradictoires. Erikson insiste sur les aspects adaptatifs du moi, une instance engagée dans la lutte inconsciente pour maintenir la continuité et la permanence de l'existence,
«une force pouvant réconcilier les discontinuités et les ambiguïtés de l'expérience» (Erikson, 1975, p. 19).

Le moi assure la cohérence des comportements, maintient l'unité interne, assure la médiation entre les événements extérieurs et intérieurs et garantit la solidarité avec les idéaux sociaux et les aspirations du groupe. Il est le gardien de l'indivisibilité et de l'identité; assurant
«le sens d'être un avec soi-même qui croît et se développe» (Erikson, 1974, p. 92).

Erikson explique cette modification des perspectives freudiennes lors de l'entrevue qu'il accordait à Evans (1969), en affirmant que la pensée de Freud était guidée par les préoccupations scientifiques dominantes de son temps, à savoir la théorie de la transformation de l'énergie. Si Freud porta une telle attention à la transformation de l'énergie sexuelle, estime Erikson, c'est que la sexualité constitue le lieu propice pour suivre le transfert de la chimie corporelle en énergie psychique. Or, la sexualité est particulièrement réprimée dans la société viennoise du siècle dernier; cette double confrontation ainsi que

« l'opiniâtreté et le courage face à ses propres conflits intérieurs et face à la désapprobation universelle feront jaillir les grandes découvertes de Freud : la théorie de la libido, les stades du développement psycho-sexuel et l'intuition de l'inhibition névrotique » (Evans, 1969, p. 13-15).

De nos jours, déclare Erikson, nous sommes guidés par d'autres concepts scientifiques, notamment ceux de la relativité et de la complémentarité. Et, dans un texte souvent cité, Erikson affirme :

« le patient des premiers psychanalystes souffre principalement d'inhibitions l'empêchant d'être ce qu'il pense savoir qu'il est; le patient d'aujourd'hui « souffre » surtout du problème de « ce en quoi il doit croire » et ce qu'il doit — ou plutôt ce qu'il peut — devenir » (Erikson, 1963, p. 279).

« L'étude de l'identité devient aussi stratégique aujourd'hui que l'étude de la sexualité du temps de Freud » (Erikson, 1963, p. 282).

C. L'origine et le développement du concept d'identité

a) Erik Erikson

Erikson est entré en contact avec l'école de Vienne en 1927, lorsqu'il avait 25 ans. Rien ne le prédisposait à la pratique psychanalytique puisqu'il était, à l'époque, artiste peintre, spécialisé dans le portrait d'enfants. Pourtant, c'est par ce biais qu'il rencontra Anna Freud qui l'orienta vers la psychanalyse infantile; elle lui proposera d'entreprendre une analyse et de participer aux séminaires de l'école de Vienne. En 1933, Erikson émigre aux Etats-Unis où il enseignera successivement aux universités de Yale, de Berkeley et, finalement, à Harvard.

C'est aux Etats-Unis qu'Erikson adoptera son nom actuel et ce détail n'est pas sans intérêt, venant de quelqu'un qui s'est tellement préoccupé d'identité. Jusque-là, Erikson se nommait Erik Homburger, du nom du pédiatre juif qui avait épousé sa mère et adopté le petit Erik, fils « bâtard » d'une mère juive et d'un père danois inconnu. Et c'est par fidélité envers ce père inconnu qu'il choisira ce nom à consonance nordique.

Pourtant, l'analyse des divers récits autobiographiques d'Erikson révèle des obscurités sinon des distorsions sur ses origines ethniques et religieuses. Erikson a opté pour le christianisme et seule la profondeur de son engagement dans l'éthique chrétienne peut rendre compte de son intérêt pour une personnalité historique comme celle de Luther et de sa contribution si particulière à la pensée clinique (Roazen, 1976, p. 95). Un tel choix ne se réalise qu'au prix d'une reconstruction de son propre passé. Erikson — qui s'est penché passionnément sur la biographie d'hommes exceptionnels — le déclare lui-même : « toutes les autobiographies sont rédigées dans l'intention de recréer une image de soi convaincante » (Erikson, 1975, p. 125). En adoptant le nom d'Erikson, il devint le fils d'Erik ou, comme le déclare Roazen (1976, p. 98), « le fils de soi-même ».

En psychologie, parmi les multiples écrits d'Erikson, deux ouvrages dominent: *Enfance et Société* (1950, 1959 trad. franç.) et *Adolescence et Crise* (1968, 1972 trad. franç.). Mais ses succès littéraires et son prestige auprès des intellectuels américains lui viennent de deux études biographiques dans lesquelles il analyse la conjonction de l'histoire d'une vie exceptionnelle et du moment historique: *Young Man Luther* (1958, 1968 trad. franç.) et *Gandhi's Truth* (1969, 1974 trad. franç). Ce dernier lui méritera le prix Pulitzer et le National Book Award aux Etats-Unis.

b) Les travaux cliniques auprès de militaires

Au cours de la guerre 40-45, Erikson a été chargé de traiter des militaires atteints de ce qu'on appelait à l'époque les névroses de guerre. C'est à l'occasion de ces travaux cliniques auprès de fusiliers marins ayant participé à la campagne du Pacifique et qui avaient été rapatriés aux Etats-Unis, puis réformés à la suite de problèmes psychologiques sévères, qu'Erikson formulera pour la première fois le concept d'identité afin de rendre compte d'une perturbation centrale dans l'organisation du moi.

« Dans certains cas, ce délabrement du moi paraissait avoir puisé son origine dans des événements violents... une tension somatique, une panique sociale et une angoisse du moi manifestaient constamment leur présence. Mais avant tout, ces hommes « ne savaient plus qui ils étaient », il y avait une perte très nette de l'identité du moi. Le sentiment de la permanence et de la continuité du moi ainsi que la foi dans la valeur du rôle social avaient disparu. Dans ce secteur de l'observation clinique, j'ai rencontré, pour la première fois, l'hypothèse d'une perte centrale du sentiment d'identité, aussi limpide qu'irréfutable » (Erikson, 1972, p. 63).

c) Les recherches anthropologiques auprès des Indiens

Avant la guerre, Erikson avait effectué un séjour dans les réserves d'Indiens Sioux, au Dakota, avec l'anthropologue Mekeel. Cette étude répondait à une demande de la Commission Américaine des Affaires Indiennes, inquiète de constater le peu de succès des efforts des éducateurs officiels auprès des jeunes Indiens, qui, selon les éducateurs, rejetaient les principes inculqués par les instituteurs blancs, pour se réfugier dans l'apathie, la résistance passive, l'école buissonnière et le vol.

Erikson décrit le Sioux comme l'incarnation même de l'Indien nomade, poursuivant inlassablement les troupeaux errants de bisons et les bandes mouvantes d'ennemis dans l'espace infini de la prairie américaine. Toute l'organisation sociale et économique était ritualisée dans cette perspective de «mobilité centrifuge» et l'éducation traditionnelle visait à garantir l'assimilation mutuelle des schémas somatiques, mentaux et sociaux en vue de permettre à l'individu de se mouvoir avec aisance dans un espace sans bornes et dans une perspective temporelle caractérisée par un avenir toujours incertain.

Une double catastrophe s'est abattue sur la tribu: les troupeaux de bisons ont été décimés et l'administration centrale a parqué les Indiens dans des réserves. Une profonde apathie s'est emparée de la réserve, appelée à vivre désormais dans un plan de vie dicté par les éducateurs blancs qui proposent des objectifs «centripètes et localisés»: établir une maison, s'engager dans un emploi stable, ouvrir un compte en banque, épargner. Le passé est éliminé, les satisfactions présentes sont sacrifiées à un avenir meilleur.

«Le Sioux, dans ces conditions dramatiques, s'est trouvé dépossédé des bases nécessaires à la formation de l'identité collective. Par là, il perdait la source d'où l'individu doit tirer son statut d'être social» (Erikson, 1959a, p. 106).

Dans un autre chapitre de l'ouvrage *Enfance et Société*, Erikson rapporte un autre séjour chez les Indiens Yurok, tribu située au bord du Pacifique, le long du fleuve Klamath. Erikson y rapporte l'organisation éducative qui entoure les grandes étapes du développement: la période orale, l'analité et l'apprentissage de la propreté, la période génitale et la subordination des conduites instinctives aux impératifs culturels de la tribu. Erikson y livre une de ses principales intuitions qui fut de tenter d'insérer les réponses sociales à l'intérieur d'un modèle du développement: à chaque étape de la vie — la naissance, la période orale, la maîtrise de l'analité, la découverte du sexe, l'adolescence... — coïncide une réponse de la culture, réponse qui se situe dans un plan organisé et dont l'objectif est de construire un individu sain qui puisse s'imbriquer dans la culture.

Chaque société tente de synthétiser sa vision du monde et ses idéaux en un type de comportement cohérent:

«une culture primitive [doit donner] une signification spécifique aux premières expériences corporelles et interpersonnelles... et mettre l'accent voulu sur les modalités sociales» ... «la culture même la plus sauvage» doit avoir pour but d'établir chez la majorité de ses membres... ce que nous appelons un moi fort, c'est-à-dire un centre ...

assez ferme et assez souple pour réconcilier les contradictions inévitables dans n'importe quelle organisation humaine ... et pour émerger de l'enfance ... avec le sentiment de son identité et l'idée de son intégrité» (Erikson, 1959a, p. 124).

D. Le modèle du développement et la genèse de l'identité

Erikson a construit un schéma complet du développement humain en retraçant ce qu'il nomme les huit étapes de la vie qui jalonnent la croissance, de la naissance à la vieillesse.

Ce modèle est guidé par un principe «épigénétique» qui s'inspire de l'embryologie: au cours du développement fœtal, chaque étape possède une période d'ascendance cruciale qui sera décisive sur l'évolution ultérieure, tout en étant menacée de dangers spécifiques. Erikson adopte ce principe pour souligner d'abord l'insertion de la croissance dans un plan biologique fondamental:

«tout ce qui croît possède un plan fondamental ... et chaque période émerge de ce plan de base, ayant une période d'ascendance qui participe progressivement à l'élaboration d'un tout fonctionnel» (Erikson, 1959(b) p. 52).

Ensuite, les étapes du développement sont conçues comme autant de moments critiques de la croissance, «points tournants, moments de décision entre le progrès ou la régression, l'intégration ou la stagnation» (Erikson, 1963, p. 256).

C'est pour rendre compte de cet aspect critique qu'Erikson formule les diverses étapes de la vie en termes de conflit entre deux positions qui constituent les pôles extrêmes dessinant l'issue possible du conflit. Il s'agit d'un conflit «normatif» ou commun et habituel, par lequel chaque enfant doit passer et dont chaque adulte conservera les traces dans sa personnalité.

Les cinq premières étapes reprennent les stades classiques du développement psychosexuel freudien, en élargissant la notion de zone libidinale à celle du mode organique caractérisant le type de relation entre le corps et l'environnement; ainsi, le mode incorporatif domine le stade oral, le mode rétentif-éliminatif, le stade anal, etc... Enfin, Erikson insère dans chacune des étapes la maîtrise des fonctions motrices et locomotrices pour marquer l'élargissement du rayon social et les capacités toujours plus différenciées du moi. La résolution du conflit «normatif» assure l'acquisition d'une «vertu» qui contribuera progressivement à élaborer les forces du moi. Ce terme de vertu lui fut souvent reproché, mais Erikson se défend d'utiliser ce mot dans son sens moral, voulant plutôt qualifier les forces fondamentales qui assureront la vitalité des diverses fonctions du moi (Evans, 1969, p. 17).

Erikson a introduit ces étapes dans un célèbre diagramme auquel il a travaillé avec beaucoup de soin durant plus de vingt ans. Il le publiera trois fois (1959 (b), 1963, 1968) en y apportant chaque fois plusieurs modifications.

La diagonale rapporte les huit étapes de la vie, chacune étant exprimée sous forme d'un conflit bipolaire résumant le défi central qui s'impose au moi à chacun des stades du développement. La formulation des quatre premières étapes de l'enfance — confiance opposée à méfiance, autonomie opposée à honte et doute, initiative opposée à culpabilité, réalisation opposée à infériorité — s'appuie sur de nombreuses données empiriques et cliniques. La première étape est d'ailleurs largement acceptée et utilisée aujourd'hui en psychiatrie infantile. En revanche, la formulation des trois étapes de l'âge adulte relève beaucoup plus de la spéculation. On peut admettre que le jeune adulte est activement concerné par la capacité de s'engager dans une relation intime et que l'isolement risque d'hypothéquer ses possibilités ultérieures d'expression du moi. L'âge adulte est sans doute une période menacée par la stagnation et Erikson invente le néologisme de « générativité » pour exprimer les préoccupations de réalisation et de prise en charge d'autrui qui caractérisent, à ses yeux, les élans du moi à cette époque. On ne peut cependant s'empêcher d'interroger la pertinence de faire de ces deux thèmes le centre du développement du moi à l'âge adulte. L'accès à « l'intégrité » du vieillard,

« qui, tout en étant détaché, reste activement concerné par la vie, même s'il affronte le visage de la mort... témoignant de l'intégrité de l'expérience, malgré le déclin des fonctions corporelles et mentales » (Erikson, 1976, p. 2)

possède la marque de l'optimisme d'Erikson car, de toute évidence, l'expérience de la vieillesse et les perspectives de la mort se révèlent souvent comme des réalités pénibles. On peut y voir aussi des traces de l'autosatisfaction d'Erikson qui a rédigé ce texte à l'aube de ses 70 ans.

E. L'anatomie du concept d'identité à l'adolescence

L'adolescence est caractérisée par un conflit entre l'identité et la confusion de l'identité et la ligne horizontale du diagramme recouvre tous les aspects de ce conflit. Les quatre premières cellules concernent les aspects récapitulatifs de la construction de l'identité à l'adolescence puisqu'elles sont conçues comme la reformulation des diverses fonctions du moi élaborées au cours de l'enfance. Les trois dernières cellules ont un aspect anticipatif puisqu'elles concernent

LES ETAPES DE LA VIE (stades psychosexuels)	PERSPECTIVES TEMPORELLES opp. à CONFUSION DE TEMPS	CERTITUDE DE SOI opp. à CONSCIENCE (EXCESSIVE) DE SOI	EXPÉRIMENTATION DE RÔLES opp. à FIXATION DE RÔLE	APPRENTISSAGE opp. à PARALYSIE DE L'ACTION	IDENTITÉ opp. à CONFUSION D'IDENTITÉ	POLARISATION SEXUELLE opp. à CONFUSION BISEXUELLE	POUVOIR ET SUBORDINATION opp. à CONFUSION D'AUTORITÉ	ENGAGEMENT IDÉOLOGIQUE opp. à CONFUSION DES VALEURS
VIEILLESSE								INTEGRITE opp. à DESESPOIR
MATURITE							GENERATIVITE opp. à STAGNATION	
JEUNE ADULTE						INTIMITÉ opp. à ISOLEMENT		
ADOLESCENCE (génitalité)	PERSPECTIVES TEMPORELLES opp. à CONFUSION DE TEMPS	CERTITUDE DE SOI opp. à CONSCIENCE (EXCESSIVE) DE SOI	EXPÉRIMENTATION DE RÔLES opp. à FIXATION DE RÔLE	APPRENTISSAGE opp. à PARALYSIE DE L'ACTION	IDENTITÉ opp. à CONFUSION D'IDENTITÉ	POLARISATION SEXUELLE opp. à CONFUSION BISEXUELLE	POUVOIR ET SUBORDINATION opp. à CONFUSION D'AUTORITÉ	ENGAGEMENT IDÉOLOGIQUE opp. à CONFUSION DES VALEURS
AGE SCOLAIRE (période de latence)				RÉALISATION opp. à INFÉRIORITÉ				
AGE DU JEU (stade phallique)			INITIATIVE opp. à CULPABILITÉ					
PREMIERE ENFANCE (stade anal)		AUTONOMIE opp. à HONTE, DOUTE						
PETITE ENFANCE (stade oral)	CONFIANCE opposé à MÉFIANCE							
LES VERTUS	ESPOIR	POUVOIR	INTENTIONNALITÉ	COMPÉTENCE	FIDÉLITÉ	AMOUR	PRISE EN CHARGE	SAGESSE

RÉCAPITULATION DE L'ENFANCE (POUVOIR — INTENTIONNALITÉ — COMPÉTENCE)

ANTICIPATION DE L'AGE ADULTE (AMOUR — PRISE EN CHARGE — SAGESSE) trois zones de l'identité — l'intimité sexuelle, les relations avec l'autorité et l'engagement idéologique — qui constituent les pôles centraux des étapes ultérieures de l'âge adulte.

L'engagement dans une perspective temporelle, opposé à la confusion du temps, renouvelle la problématique centrale qui avait dominé la petite enfance, lorsque, au cours de cette expérience de régulation mutuelle entre les besoins oraux et les réponses maternantes, le jeune enfant s'inscrit pour la première fois dans la temporalité, les réponses de la mère assurant la prédictabilité d'une réponse réconfortante. A l'adolescence, la réconciliation du passé et du présent s'impose à nouveau. La projection de plans cohérents de vie adulte fait appel à la capacité de se projeter dans l'avenir, afin d'anticiper le futur état adulte et d'établir le pont entre ce que «j'étais comme enfant» et ce que «je suis en train de devenir comme adulte» (Erikson, 1959, (b), p. 111).

Un parallélisme semblable est établi pour le second aspect du conflit, qui marque la construction de l'identité du moi à l'adolescence. L'assimilation du passé et l'anticipation de l'avenir exigent une ferme «certitude de soi», la conviction que le passé s'accorde avec le présent. Généralement, affirme Erikson, cette étape est aisément résolue. Pourtant, un conflit ancien peut resurgir ici et l'interrogation compulsive et douloureuse sur soi peut réactiver les anciennes émotions de honte et de doute qui menaçaient l'issue du second conflit, au cours de la période de maîtrise des fonctions sphinctériennes.

La notion de «libre expérimentation de rôle» recouvre tous les aspects de la vivacité adolescente et l'exploration d'activités diverses, «plus ou moins délictueuses», afin d'élargir l'identité du moi à la multiplicité des initiatives et des rôles nouveaux. C'est la fixation dans un rôle restrictif qui limite ici le champ d'investissement des forces du moi. Avant 1968, Erikson parlait de choix d'identité négative plutôt que de fixation de rôle, évoquant par là une forme «d'identité perversement établie sur toutes les identifications... qui, aux stades critiques du développement, avaient été présentées comme indésirables ou dangereuses» (Erikson, 1972, p. 172).

Erikson fait appel à un dernier conflit récapitulatif: l'apprentissage qu'il oppose à la paralysie de l'action. Au cours d'une période de moratoire offerte selon lui par toutes les sociétés aux adolescents afin qu'ils puissent librement expérimenter des rôles multiples, l'individu sera appelé à développer des compétences nouvelles, à s'engager dans diverses zones de réalisation et à investir ces ressources dans un choix professionnel. L'apathie ou l'inhibition de l'activité menace ici l'identité du moi, en réactivant des sentiments d'incompétence qui défiaient déjà l'individu au cours de l'enfance.

Les trois dernières cellules du diagramme recouvrent des aspects de la formation de l'identité qui devront être résolus à l'adolescence afin de permettre la réalisation des tâches centrales du moi à l'âge adulte. La polarisation sexuelle opposée à la confusion bisexuelle, l'intégration des fonctions de pouvoir et de subordination opposée à la confusion de l'autorité et l'engagement idéologique opposé à la confusion des valeurs constituent ces trois aspects de la construction de l'identité à l'adolescence qui anticipent les grandes étapes de l'âge adulte.

La notion de polarisation sexuelle implique à la fois une sensibilité nouvelle aux réalités sexuelles et le choix d'une orientation sexuelle. Pour Erikson, la sexualité est une dimension essentielle de l'expérience adolescente et l'apprentissage de l'intimité un des défis de cette période qui annonce les engagements sexuels ultérieurs, car la confirmation d'un choix hétérosexuel ou homosexuel constitue un des aspects cruciaux de la fin de l'adolescence. La confusion bisexuelle recouvre un état qui, selon Erikson, n'est pas rare à l'adolescence, lorsque:

« le jeune individu ne se sent pas clairement ordonné à l'un ou l'autre sexe... [ou qu'il développe] des préoccupations excessives sur la question de savoir quelle espèce d'homme ou de femme, ou quelle espèce intermédiaire... il deviendra » (Erikson, 1972, p. 184).

En assurant parmi ses semblables des fonctions de leader ou de subordonné, l'adolescent réalise « un pas important vers la condition parentale et vers la responsabilité adulte » (Erikson, 1972, p. 185), anticipant ainsi les fonctions de « prise en charge » et l'exercice des fonctions d'autorité. Le versant négatif de ce conflit entraîne une fixation des rôles d'autorité, s'exprimant par le repli dans la dépendance ou la suraffirmation autoritaire et despotique.

Le dernier conflit oppose la confusion des valeurs, caractérisée par l'absence d'option idéologique et de vision signifiante du monde, à l'engagement idéologique. Selon Erikson, les idéaux offerts par les sociétés sous la forme implicite ou explicite d'une idéologie permettent aux adolescents de s'engager dans une multiplicité de tâches : développer une perspective du futur, les introduire à l'éthique de la technologie dominante, leur offrir une image du monde convaincante.

Erikson considère que ces divers conflits s'imposent à tous les adolescents, que ces menaces « se retrouvent à l'état latent dans maintes situations... et que tout adolescent connaît au moins des moments fugaces où il est ainsi en difficulté » (Erikson, 1972, p. 179). Tous les adolescents connaîtraient donc des périodes passagères de confusion temporelle, de paralysie de l'action, de confusion bisexuelle, etc., qui constituent autant d'aspects « normatifs » de la diffusion du moi à l'adolescence, concept qu'Erikson oppose à la notion de confusion d'identité pathologique.

F. Diffusion et confusion d'identité

On cherche vainement dans les écrits d'Erikson la description des aspects « normatifs » du pôle négatif de chacun des conflits qui ponctuent la construction de l'identité. Les cas rapportés relèvent de toute évidence de la psychopathologie adolescente. L'ambiguïté entre le « normatif » et le pathologique se retrouve ailleurs, puisque au cours des formulations successives de son modèle, Erikson utilise alternativement les termes de diffusion et de confusion pour rendre compte de l'aspect pathologique qui menace la résolution du conflit d'identité du moi à l'adolescence. Il s'en est expliqué dans un article récent (1970), pour convenir que la construction de l'identité entraîne nécessairement des états de diffusion.

A ses yeux, le développement du moi à l'adolescence passe par des zones de diffusion permettant d'expérimenter le franchissement des frontières du moi sur le plan émotionnel, cognitif et idéologique, pour inclure ces expériences d'expansion du moi dans une identité élargie. Pour démêler les expériences « normatives » de diffusion et les états de confusion pathologique, il faut savoir si ces états cumulatifs de diffusion entraînent ou non une régression à des étapes antérieures du développement:

« débouchent sur une nouvelle vision potentielle ou sur une illusion régressive de l'agir significatif... la confusion d'identité caractérise ces états qui trahissent un appauvrissement des gains émotionnels, cognitifs et idéologiques, dans des états transitoires ou dans une nouvelle forme d'isolement » (Erikson, 1970, p. 585).

G. La genèse de l'identité du moi

L'adolescence occupe une position centrale dans le diagramme du développement et la construction de l'identité à l'adolescence constitue le pivot autour duquel s'articulent les étapes de la croissance. Erikson propose un schéma psychosocial de l'élaboration de l'identité du moi, au moyen d'interactions de plus en plus complexes avec les modèles sociaux disponibles. L'introjection offre une forme primitive de la construction de l'identité; l'expérience de la réciprocité initiale avec la mère maternante permet à l'enfant materné de bâtir un premier noyau du moi autour des images interiorisées. Bientôt prennent place les mécanismes d'identification permettant au moi de se modeler à partir des rôles parentaux significatifs. Pourtant, selon Erikson, la somme des identifications ne peut, à elle seule, bâtir une personnalité fonctionnelle. En effet, l'accès à la génitalité impose des choix d'objets sexuels en dehors des zones d'identification parentale et l'absorbtion dans la vie sociale extra-familiale accule l'individu à des choix qui l'engagent pour la vie :

«d'un point de vue génétique, le processus de la formation de l'identité se présente comme une configuration en voie d'évolution... qui intègre progressivement les données constitutionnelles, les besoins libidinaux, les habiletés privilégiées, les identifications signifiantes, les défenses efficientes, les sublimations réussies et les rôles consistants» (Erikson, 1959, (b), p. 111)

«le sentiment optimal de l'identité est... vécu simplement comme un bien-être... le sentiment d'être chez soi dans son corps..., de «savoir où l'on va» et l'assurance intérieure d'une reconnaissance anticipée de la part de ceux qui comptent» (Erikson, 1972, p. 163).

H. *Les limites de la vision d'Erikson*

Nous nous sommes efforcé de rapporter aussi fidèlement que possible les perspectives d'Erikson, en évitant chaque fois des remarques ou des réserves risquant de distraire la saisie des fondements d'une pensée originale et créatrice. Le lecteur ayant développé quelques perspectives critiques a sans nul doute été provoqué au cours de cet exposé. C'est que, comme nous l'indiquions au début de ce chapitre, plusieurs problèmes majeurs limitent la portée de la vision d'Erikson.

La théorie de l'identité a été inspirée par de brillantes intuitions qui se sont alimentées à la fois à la pratique de la clinique psychanalytique, à la recherche longitudinale sur le développement des enfants et à l'investigation anthropologique sur le terrain. C'est la jonction de ces travaux qui devait conduire à la formulation d'une théorie du développement qui a tenté d'intégrer les découvertes freudiennes et les réponses de l'environnement social au sein d'un modèle du développement. Sans doute, ce modèle paraît souvent très spéculatif. C'est qu'on ne dispose toujours pas d'une méthodologie adéquate pour rejoindre la problématique de l'identité psychosociale, noyau intime de la représentation de soi et de l'intériorisation des dimensions multiples de l'expérience. Erikson est conscient de ce fait et choisit, pour rendre le concept plus explicite:

« d'approcher le concept d'identité sous des angles variés — biographiques, pathologiques et théoriques — et de laisser le terme parler de lui-même dans une multitude de connotations » (Erikson, 1959 (b), p. 102).

Le problème est que cette approche « allusive » est entâchée d'un moralisme fondamental. Sans doute, la plupart des théories psychologiques sont sous-tendues par des idéologies et des projets éthiques. L'entreprise d'Erikson est plus explicitement morale. Les termes d'intégrité, d'espoir, de sagesse, de vertu ponctuent ses analyses et son modèle de développement. Mais quel individu peut accéder à une ferme conviction de son identité, « rafraîchir » son moi au partage de l'intimité, s'engager dans la « générativité » créatrice et accéder à la sagesse intègre du vieillard, sinon des individus exceptionnels, exceptionnellement dotés par la nature ? Et la force du moi, fruit de la consolidation progressive de vertus fondamentales assurant la vitalité de l'ego, apparaît plus comme une réalité éthique que comme un concept clinique opérationnel.

La vision du moi est également entâchée d'ambiguïtés caractéristiques. Erikson, qui fait appel à l'expérience intérieure, réfère constamment à la notion de sens : sens de l'identité, sens de sa maîtrise, de sa continuité, etc. Mais l'expérience intérieure n'est pas un témoin impartial garantissant la distinction entre le réel et la falsification du réel et on sait combien le moi est habile à masquer, déplacer et confondre les contradictions intolérables.

Enfin, pour ne s'en tenir qu'aux aspects les plus gênants de la théorie d'Erikson, il faut s'inquiéter du pari d'harmonie et d'optimisme qui caractérise sa vision du développement et des rapports entre l'individu et la société. Erikson affirme à tous moments que le moi a comme fonction de réconcilier les contradictions de l'expérience, de garantir l'intégrité et la continuité, d'établir le pont entre le passé et l'avenir. L'optimisme d'Erikson face au rêve ou à l'expérience religieuse se démarque fondamentalement de la conception freudienne,

« nous revivons tous des étapes très anciennes de notre existence dans le rêve, l'expérience artistique et la dévotion religieuse, seulement pour en sortir rafraîchi et revigoré » (Erikson, 1964, p. 69).

Mais c'est la vision de la société qui « accueille » l'individu, et « lui accorde une niche prévue pour lui » qui limite le plus sûrement la portée de son projet d'insérer les réponses de la culture au sein d'un modèle du développement humain :

« l'adolescence peut être conçue comme une période de moratoire psychosocial au cours de laquelle l'individu... peut se trouver une case dans un certain secteur de la société... En la trouvant, le jeune adulte... va réconcilier sa conception de lui-même et la reconnaissance de sa communauté (Erikson, 1959, (b), p. 111).

Et plus loin:

«la formation de l'identité dépend du processus par lequel une société identifie le jeune individu, le reconnaissant comme quelqu'un qui devait devenir ce qu'il est devenu et qui, étant ce qu'il est, est considéré comme accepté» (Erikson, 1959a, p. 113).

Cette vision d'une société bonne et accueillante, la présomption d'un accord miraculeux entre la société et le jeune individu, l'insistance mise sur les notions d'acceptation, de reconnaissance et de réconciliation, tout indique un parti pris illusoire d'harmonie qui risque de dénaturer la réalité sociale et de dissimuler les conflits. Combien de réalisations auraient vu le jour si leurs auteurs avaient attendu la reconnaissance de la société? Les plus importantes d'entre elles se sont précisément bâties en dehors ou à l'encontre de toute reconnaissance sociale. Erikson n'a pas échappé au piège de penser que toute demande culturelle est nécessairement «bonne» pour l'individu. Même dans une communauté restreinte comme celle des Yuroks, le projet culturel passe par la nécessité de conformer l'identité individuelle aux réalités sociales et politiques. Erikson a voulu déplacer le foyer de la pensée psychanalytique, centrée sur l'expérience névrotique, au profit d'une conception du développement normal réunissant les étapes de la croissance et les réponses de la culture. Mais ce déplacement s'est effectué au prix d'un affadissement considérable des concepts cruciaux de la pensée freudienne.

Tout ceci ne doit nullement masquer la puissance de la vision d'Erikson qui offre un modèle évocateur et dynamique du développement humain. Erikson a tenté de dépasser les nombreuses limitations du modèle du développement de la psychanalyse — lui-même très spéculatif — et particulièrement inadéquat lorsqu'il parle d'adolescence. Toute réflexion sur l'identité à l'adolescence est nécessairement confrontée à la pensée d'Erikson, pensée stimulante en vertu notamment des interrogations qu'elle pose et du recul critique qu'elle impose.

2. L'évaluation de l'identité à l'adolescence; les travaux de Marcia

Au cours de ces quinze dernières années, divers travaux ont développé des instruments visant à mesurer l'évolution de l'identité à l'adolescence à partir des perspectives théoriques d'Erikson et ceci malgré des mises en garde de ce dernier qui estime que l'identité ne peut être cernée au moyen d'instruments objectifs. Seule, à ses yeux, la clinique analytique peut approcher la problèmatique de l'identité.

Bourne (1978 a et b) a fait le relevé systématique de ces travaux, en les regroupant autour de trois approches méthodologiques: les questionnaires, les instruments autodescriptifs et l'entrevue semi-structurée. Divers questionnaires ont tenté de mesurer la progression de l'identité en évaluant le degré de consistance entre divers rôles sociaux perçus: mesure des distances entre rôles idéaux et réels, entre rôles interpersonnels et sexuels ou entre rôles actuels et futurs. Le problème est de savoir si les inconsistances révélées par ces questionnaires témoignent réellement d'une confusion de l'identité à l'adolescence ou si elles offrent plutôt des signes de flexibilité d'une personnalité en devenir.

D'autres travaux ont tenté de cerner le développement de l'identité par le biais des techniques autodescriptives, en évaluant le degré de congruence entre l'image que le sujet se fait de lui-même et les images qu'il suppose que d'autres se font de lui. Or, l'identité est le fruit de la rencontre de ces deux représentations. Avant de bâtir ce type d'instrument, il faudrait clairement savoir si la maturation du processus de l'identité entraîne un rapprochement ou une distance entre l'image de soi et les images supposées de soi chez autrui.

Marcia a choisi d'évaluer l'identité au moyen d'entrevues semi-structurées ouvertes, en adoptant un modèle théorique et une terminologie qui se veulent proches de la pensée d'Erikson. Les travaux de Marcia dominent le secteur du développement de l'identité à l'adolescence, aux Etats-Unis aujourd'hui. Aussi a-t-il paru indiqué de rapporter ici les principes de sa méthodologie, la description des statuts d'identité et les principaux problèmes reliés à ces questions.

A. *La définition de l'identité*

Marcia (1976) définit l'identité comme la structure interne et dynamique des pulsions, des habiletés, des croyances et des identifications antérieures. L'opérationalisation du concept repose sur un double présupposé théorique: l'identité du moi est conçue comme un état hypothétique de structuration progressive de la personnalité qui émerge pour la première fois à l'adolescence et, d'autre part, l'identité du moi est un sentiment subjectif pouvant être approché par l'introspection. Cette structure du moi est d'autant mieux développée que l'individu est conscient de sa propre unité, de sa similitude et de sa dissemblance avec autrui, de ses limites et de ses ressources face au choix qu'il opère dans le monde. Cette structure est d'autant plus fragile que l'individu exprime de la confusion dans sa distinction entre soi et autrui ou qu'il doit faire appel à d'autres pour définir ses choix fondamentaux. La structure de l'identité est dynamique et changeante et le test crucial pour évaluer la maturation des processus sous-jacents consiste à évaluer le niveau d'organisation plus ou moins élevé d'éléments disparates à l'intérieur d'une unité flexible.

Sans doute, la formation de l'identité n'apparaît jamais nettement. Mais, «au niveau minimal, elle recouvre l'implication dans une orientation sexuelle, l'adoption d'une position idéologique et le choix d'une direction professionnelle» (Marcia, 1980, p. 160).

B. *Méthodologie*

Marcia (1966) s'est proposé d'approcher le niveau plus ou moins élevé de structuration de l'identité au moyen d'une entrevue semi-structurée qui explore trois thèmes: l'idéologie, l'engagement professionnel et l'implication sexuelle. L'idéologie recouvre les positions personnelles face à la religion et à la politique, la sexualité est approchée par le biais des rôles sexuels et des attitudes face aux relations sexuelles[2].

Au terme de l'entrevue, les sujets sont classés selon quatre «statuts» d'identité, en fonction de deux critères qui guident l'analyse du contenu des réponses:

1. la présence ou l'absence d'une période critique de prise de décision dans le thème exploré, afin de dégager les éléments constitutifs de la définition de soi et la présence d'une période active de questionnement;

2. le degré d'investissement affectif et d'engagement cognitif dans les diverses zones qui permet d'évaluer l'organisation fonctionnelle des éléments au sein d'une unité flexible en voie de consolidation.

Les quatre statuts d'identité sont les suivants:

1. L'identité réalisée. Ce statut identifie les sujets qui ont fait l'expérience d'une période critique et se sont engagés dans une préparation professionnelle et une idéologie propre. Ils ont franchi une période de remise en question, considéré sérieusement des choix divers

---

[2] Initialement, Marcia n'utilisait que les deux premiers thèmes: l'idéologie et le choix professionnel. L'engagement sexuel a été introduit récemment afin de résoudre divers problèmes d'identification des statuts auprès des adolescentes.

et pris des décisions dans leurs propres termes. Ils ont réévalué les convictions antérieures de l'enfance et se démarquent des idées de leurs parents. Ils sont concernés affectivement par les réalités idéologiques, professionnelles et sexuelles.

2. Le moratoire[3]. L'individu est actuellement dans une période critique et tente de «se faire une idée». L'interrogation est vague et contradictoire. Une qualité importante émerge ici, c'est l'expression d'une confrontation active à diverses possibilités. Les problèmes classiques de l'adolescence concernent fortement l'individu qui réalise des compromis entre ses propres désirs, la volonté des parents et les demandes sociales. Il paraît «embarrassé»; les préoccupations et les problèmes vitaux lui apparaissent comme autant de questions insolubles.

3. La diffusion. L'individu «en diffusion» peut avoir expérimenté une période critique, ou non. Ce qui le caractérise, c'est le fait d'être peu concerné par les problèmes de choix et par l'absence d'engagement dans un quelconque modèle idéologique, professionnel ou sexuel. L'image de marque ici, c'est l'absence d'implication affective et cognitive dans les différentes zones examinées.

4. La forclusion. L'individu n'a pas vécu d'expérience de crise. On ne peut identifier de période réelle de prise de décision face aux réalités vitales et pourtant il est concerné par son activité future, son idéologie et son rôle sexuel. Il est devenu ce que d'autres voulaient qu'il devienne; l'expérience de l'adolescence a servi à confirmer ses croyances infantiles.

C. *Validation de la technique d'évaluation des statuts d'identité*

Les statuts d'identité peuvent être objectivement identifiés sur la base du schéma d'entrevue semi-structurée, à partir de critères précis. Marcia affirme que le degré de fidélité entre les classements des juges expérimentés est de l'ordre de .80 (Marcia, 1976).

Ce modèle a suscité beaucoup d'intérêt et, depuis une dizaine d'années, un nombre important de recherches ont tenté d'établir des relations entre les satuts d'identité et diverses caractéristiques de la personnalité des adolescents.

---

[3] Ce terme, moins familier en français que le «moratorium» anglais, fait référence à une période de délai, de suspension. Erikson considère que l'adolescence est une période de moratoire psychosocial au cours de laquelle toutes les sociétés tolèrent le libre jeu des expérimentations avant l'engagement dans une identité définie.

Plusieurs recherches ont pu confirmer des relations attendues entre les statuts d'identité et les traits d'anxiété : les adolescents en « moratoire » présentent un niveau élevé d'anxiété, alors que les sujets classés en « forclusion » se révèlent les moins anxieux, ceci sans doute pour des raisons défensives (Marcia, 1967). Les statuts plus élevés dans la hiérarchie, « identité réalisée et moratoire », expriment un niveau supérieur d'estime de soi par rapport aux statuts inférieurs « diffusion et forclusion ». Les sujets « en forclusion » endossent les valeurs autoritaires et Podd (1972) a pu démontrer, lors d'une expérience d'obéissance aux consignes de type Milgram, où il est demandé au sujet de punir une « victime » fautive au moyen de chocs électriques, que ces sujets se montrent plus sévères dans l'attribution des punitions et se déclarent plus souvent prêts à recommencer l'expérience. Les sujets classés dans les catégories « diffusion et forclusion » obtiennent des résultats plus réduits aux échelles d'autonomie que ceux classés en « identité réalisée et moratoire ». Enfin, les sujets « forclos et diffus » se révèlent plus « externes » aux épreuves d'attribution des causes des succès et des échecs, démontrant ainsi une maîtrise moindre du contrôle des événements qui marquent leur vie quotidienne.

Les sujets en « forclusion » se déclarent plus farouchement opposés à toute expérience de drogue, alors que les adolescents classés « en identité réalisée ou en moratoire » expriment plus librement leur adhésion aux valeurs de la culture adolescente ; les sujets « en moratoire » expriment plus d'insatisfaction sur leur vie scolaire, alors que les sujets « en forclusion » se déclarent plus satisfaits (Waterman, 1972).

Toutes ces données dégagent une image consistante et confirment généralement les hypothèses qui avaient guidé ces recherches. Les travaux réalisés en vue de relier les statuts aux modèles éducatifs préconisés par les parents renforcent cette vision. Ainsi, les adolescents « en forclusion » sont le plus souvent issus de familles où le père exerce des fonctions de domination et presse les adolescents de se conformer aux valeurs parentales ; ceci est d'ailleurs perçu favorablement par les fils. Les adolescents « en diffusion » expriment plus souvent des sentiments de rejet ou d'incompréhension de la part de leurs parents. Les ambivalences sont plus nettes auprès des sujets « en moratoire », alors que les adolescents « en identité réalisée » offrent une vision plus équilibrée des rôles parentaux tout en rapportant des sentiments positifs à l'égard de leurs parents (Marcia, 1980).

D. La mesure de l'identité auprès des filles

La plupart des données rapportées ont été établies auprès de groupes de garçons et, du moins dans leur cas, le modèle a généralement été confirmé, permettant d'établir une hiérarchie des statuts: les garçons classés en «identité réalisée» ou en «moratoire» se révélant plus matures et mieux adaptés que ceux qui furent classés en «forclusion ou diffusion» d'identité. Les résultats obtenus auprès des filles sont toutefois plus ambigus.

Le problème qui se pose ici concerne surtout les adolescentes classées «en forclusion». Ce modèle qui se caractérise par la conformité aux perspectives familiales et par l'absence d'une remise en question des valeurs parentales paraît beaucoup plus adaptatif dans le cas des filles. Ce modèle de «forclusion» présente les mêmes aspects positifs que le modèle d'identité réalisée chez les garçons. En d'autres mots, les filles classées «en forclusion» tentent de reproduire les valeurs familiales dans leur orientation idéologique et leurs perspectives d'avenir et, réalisant cette proximité au sein du leur identité personnelle, s'en trouvent bien (Marcia, 1980).

Ceci soulève un problème familier: les filles se considèrent-elles comme les gardiennes de la tradition familiale — une position «forclose» dans la terminologie de Marcia — et ne peuvent-elles s'engager dans des perspectives novatrices — une position «moratoire» — qu'au prix de conflits intrapsychiques? En effet, la majorité des recherches citées par Marcia (1980) dégagent des signes d'inadaptation chez les filles «en moratoire»: estime de soi réduite, anxiété élevée, expression d'insatisfaction et de conflits. Sans doute faut-il accuser les facteurs culturels qui limitent les adolescentes dans leur exploration des voies offertes et «font la vie plus dure» à celles qui s'engagent dans des voies iconoclastes, contestant les valeurs familiales.

3. Le développement de la structure de l'identité à l'adolescence

La démarche de Marcia est typique d'une orientation empirique de la recherche psychologique; Marcia a élaboré une technique de mesure de l'évolution de l'identité à l'adolescence et cette technique s'est révélée fertile quant au nombre et à l'étendue des variables reliées aux concepts identifiés. Cependant, l'élaboration théorique est réduite et, si les perspectives de Marcia s'appuient sur divers éléments partiels de la théorie d'Erikson, elles n'engagent pas plus la compréhension de la construction progressive de l'identité du moi à l'adolescence.

Les travaux de Rodriguez Tomé s'inscrivent dans une démarche à caractère épistémologique qui tente précisément de cerner la genèse de l'identité à l'adolescence, à partir d'un point de vue interactionniste. En effet, ce travail s'organise autour «des théories qui relient la conception de soi à autrui, cherchant à rendre compte de la participation et de la signification des autres dans la genèse et la nature de l'autoconscience» (Tomé, 1972, p. 7). Vaste question qui n'est pas nouvelle, comme le reconnaît l'auteur, mais qui reste ouverte à la réflexion théorique et à la recherche empirique. Cette approche interactionniste qui privilégie l'importance de l'autre dans le processus d'identité est en ligne directe avec la pensée de Wallon, pour lequel l'autre demeure toujours en complémentarité inséparable du moi:

«pour Wallon, il n'y a pas d'intériorisation de l'autre ni d'éjection du moi... la distinction qui s'opère... résulte d'une bipartition plus intime entre deux termes qui ne pourraient exister l'un sans l'autre... l'un qui est affirmation de l'identité avec soi-même et l'autre qui résume ce qu'il faut expulser de cette identité pour la conserver» (Tomé, 1972, p. 25).

L'hypothèse de base qui sous-tend cette démarche est que la présence de l'autre s'impose dans la conscience de soi qui ne se trouve jamais coupée de la conscience de l'autre en tant que partenaire.

A. *Le moi et autrui dans l'identité adolescente*

a) Méthodologie

Un questionnaire de type Likert a été construit, qui porte sur trois facteurs descriptifs de la personnalité adolescente: l'égotisme qui concerne la tendance à se centrer sur soi, la maîtrise de soi qui témoigne des capacités de contrôle et de persistance et la sociabilité qui exprime l'aisance à établir des contacts avec autrui.

L'adolescent remplit le questionnaire pour lui-même, identifiant ce que Tomé appelle «l'Image Propre». Le sujet est ensuite appelé à formuler ses réponses comme le feraient, selon lui, pour le décrire, son père, ses amis et ses amies. Ceci dégage ce que Tomé nomme les «quatre Images Sociales». Ensuite, le père et la mère répondent réellement au questionnaire, afin de décrire leur fils ou leur fille; c'est «l'Adolescent Perçu». Enfin, le père et la mère formulent les réponses qu'à leurs yeux, leur enfant a choisi pour se décrire lui-même. C'est «l'Adolescent Supposé».

Tous ces indices permettent une multitude de comparaisons dont les plus significatives, obtenues auprès d'un échantillon de plus de 800 adolescents, garçons et filles, seront rapidement relevées et commentées.

b) Résultats

Les premières comparaisons portent sur les correspondances entre l'image propre et les diverses images sociales. Les corrélations entre ces deux indices sont toujours élevées (entre .50 et .80) pour tous les sujets, indépendamment du sexe et de l'âge. Ceci refléterait la grande proximité des différentes composantes de la conscience ou, comme le déclare Tomé,

« le noyau stable [de la représentation de soi], facteur général saturant toutes les images du moi... il y a présence dans ce moi de l'autre chez qui [l'adolescent] doit se reconnaître semblable à la perception qu'il a de lui-même » (Tomé, 1972, p. 74).

La seconde analyse révèle la structure de l'identité pour autrui, en confrontant cette fois les diverses images sociales entre elles. On observe, chez tous les sujets, une plus grande affinité entre les images sociales d'un même ordre (père - mère, amis - amies) et cette proximité croît avec l'âge. Ainsi donc, la perception que j'estime que mon père a de moi, se rapproche de celle que je suppose que ma mère a de moi; cette proximité croissante est encore plus marquée entre l'idée que je suppose que mes amis se font de moi et celle que mes amies se feraient de moi. Cela fait dire à Tomé :

« l'organisation des images sociales en fonction du rôle du partenaire nous est ainsi apparue comme un fait éducatif: elle progresse en même temps que la conscience de soi s'affirme à l'adolescence » (Tomé, 1972, p. 91).

Enfin, pour ne s'en tenir qu'aux éléments les plus significatifs de l'identité, la recherche permet d'analyser la différenciation progressive de la conscience entre l'image propre et les images sociales reconnues chez autrui. Cette différenciation augmente en fonction de l'âge, sur tous les indices de personnalité investigués. En termes clairs, cela signifie que, plus l'adolescent avance en âge, plus il dissocie la représentation de soi de la perception qu'il considère que les autres se font de lui. Cela traduit, selon Tomé, l'affirmation de la conscience de soi qui s'opère à l'adolescence.

L'ouvrage de Tomé s'engage dans d'autres comparaisons entre les divers indices de la représentation de soi, en analysant « la superposition des consciences ». Ainsi, l'image que je me fais de moi peut être rapportée à l'image que je suppose que mon père se fait de moi, mais également à la représentation réelle de mon père et à l'idée que mon père suppose que je me fais de moi. Il y a, entre ces représentations, une distance progressivement plus marquée. Ainsi, l'image propre et l'image sociale sont toujours très proches au point de ne pouvoir se concevoir l'une sans l'autre: «sans identité pour autrui, point de conscience de moi» (Tomé, 1972, p. 63). En revanche, la distance entre l'image propre et l'image perçue par autrui se creuse progressivement, de même que l'écart entre l'image propre et l'image que les autres pensent que je me fais de moi-même.

«le processus d'individuation conduit à l'affirmation de soi, si bien qu'à l'issue de l'adolescence, l'être conscient de soi reconnaît distinctement son identité pour soi et son identité pour autrui; la conscience de soi peut désormais se déployer comme relation avec le monde et comme liberté» Tomé, 1972, p. 162).

B. La différenciation de la structure de l'identité

Plus récemment, Tomé 1980 s'est engagé dans un autre type d'analyse de l'identité, en abordant cette question par le biais de ce qu'il nomme «les références identificatoires» des adolescents, c'est-à-dire les référants que l'individu utilise pour se décrire lui-même ou se présenter à autrui.

En recourant à la technique de la question «qui suis-je?», Tomé analyse le contenu des réponses d'adolescents parisiens, en tenant compte à la fois du contenu thématique des réponses, des modalités de présentation de soi et des caractéristiques formelles des énoncés. L'analyse factorielle des réponses met en évidence trois dimensions de base de l'identité adolescente.

La première dimension fait appel à ce que Tomé nomme «l'ego-état» ou encore les références abstraites et existentielles: «je suis ceci ou j'appartiens à telle catégorie d'individus». L'autre pôle de cette dimension, appelé «ego-actif», s'appuie sur les références concrètes, les activités préférées ou les goûts: «j'aime ceci ou je pratique telle activité». Ces deux modes d'individuation spécifiques à l'adolescence se succèdent lors de la croissance et ceci peut être rapproché des changements cognitifs qui interviennent entre 12 et 18 ans. Chez les plus jeunes, les références à l'ego-actif, aux activités et aux dimensions concrètes dominent, pour faire place, plus tard, aux références à l'ego-état et aux catégories abstraites.

L'autre axe de la définition de soi s'articule autour des deux pôles suivants: le statut social «officiel» d'une part, les traits de personnalité et les qualificatifs autodescriptifs d'autre part. Ce passage d'une identité qui se déclare publiquement vers une identité qui se livre plus intimement est toujours corrélé avec le sexe: les filles optent pour le second mode alors que les garçons privilégient le premier.

Enfin, un troisième axe, indépendant de l'âge et du sexe, caractérise l'identité adolescente : il s'étend des traits sociaux socialement valorisés — «je suis persévérent, j'ai beaucoup d'amis» — jusqu'aux traits socialement dévalorisés. Il s'agit d'une dimension plus évaluative de l'identité qui s'accompagne d'expression de satisfaction et de bien-être ou d'expression d'insatisfaction sur sa propre situation.

4. Le Moi idéal de l'adolescent

Pour clôturer ce relevé des travaux qui se sont centrés sur l'élaboration et l'évolution de la représentation du moi à l'adolescence, il faut citer la recherche entreprise par Lutte (1971) sur le moi idéal des adolescents européens. Il s'agit d'une recherche interculturelle menée dans sept pays d'Europe — Allemagne, Hollande, Belgique, France, Italie, Portugal et Espagne — qui a approché 32.000 sujets, garçons et filles, âgés de 10 à 17 ans. La méthode retenue est simple, elle consiste à demander aux adolescents de rédiger une composition libre à partir de la consigne suivante : « décris la personne à laquelle tu voudrais ressembler... raconte quelque chose sur cette personne : son apparence, son caractère, son travail, ses loisirs... ». L'analyse du contenu des réponses a permis de dégager une série de catégories précisant le type et les caractéristiques de l'idéal : est-il proche (parents, professeur...) ou lointain (héros, vedette...) ? quel est son sexe, son âge, sa profession? quelles sont les caractéristiques de sa personnalité?... etc. Ces catégories ont été soumises à diverses analyses différentielles portant notamment sur le sexe, l'âge ou l'appartenance nationale.

Il apparaît que le moi idéal des garçons est plus orienté vers l'action, leurs modèles sont plus souvent préoccupés par le succès et la réussite, ils sont plus âgés et plus mûrs que les modèles des filles qui conservent des caractéristiques plus juvéniles et s'orientent plus souvent vers les relations sociales. L'analyse de l'évolution du moi idéal au cours de l'adolescence permet d'observer un détachement progressif des images proches (parents, professeur) au profit d'un modèle plus extérieur: «l'indépendance est la qualité dont le taux d'augmentation est le plus élevé entre 11 et 16 ans» (p. 194)... «l'évolution de l'idéal peut se caractériser dans son ensemble par la recherche de l'autodétermination et de la responsabilité personnelle» (p. 195).

L'analyse des facteurs culturels liés à la nationalité des adolescents est plus décevante. La proximité entre les diverses dimensions de l'idéal l'emporte très largement sur les divergences entre les nations examinées et si les facteurs culturels introduisent certaines différences, l'analyse de ces écarts se révèle très complexe car ils agissent de façons diverses et quelquefois contradictoires sur les différents aspects de l'idéal, au point qu'il paraît impossible de dégager une image cohérente du moi idéal des adolescents allemands par exemple, qui se distinguerait clairement du moi idéal des jeunes Français.

L'ouvrage de Lutte s'achève par une lecture qualitative des données et par diverses tentatives d'analyses factorielles permettant de dégager certaines hypothèses sur la structuration du moi idéal des adolescents.

5. Conclusions: les problèmes de la mesure de l'identité à l'adolescence

Comme en témoignent les travaux qui viennent d'être rapportés, la recherche sur l'identité constitue aujourd'hui un des secteurs les plus actifs dans le domaine de la psychologie de l'adolescence. Cela s'explique par au moins deux raisons: la réflexion sur la notion d'identité se trouve au centre de divers débats scientifiques contemporains et, d'autre part, les diverses transformations qui caractérisent l'adolescence se traduisent toutes par des modifications au niveau de l'identité du moi qui se construit et s'affirme.

Beaucoup de travaux portant sur la représentation du moi à l'adolescence adoptent un point de vue descriptif et pèchent par absence de direction théorique et de cohérence. Les travaux américains de Rosenberg (1965) sur le concept de soi et ceux plus récents de Offer et ses collaborateurs (1980) sur l'image de soi à l'adolescence n'échappent pas à ces critiques. Offer et ses collaborateurs ne dégagent pas moins de onze dimensions différentes de l'image de soi à l'adolescence: self psychologique, self social, self sexuel, etc., sans préciser le principe qui relie toutes ces dimensions en vue d'assurer l'unité du moi.

Parmi les travaux cités dans ce chapitre, la recherche de Tomé offre sans doute le plus de cohérence, puisque les perspectives interactionnistes de Wallon alimentent les hypothèses de base et inspirent directement la méthodologie qui consiste à confronter diverses images de soi à diverses perceptions d'autrui. La portée des travaux de Tomé se révèle en revanche beaucoup plus limitée lorsqu'on examine le contenu de la construction de l'identité du moi à l'adolescence. Sans doute n'est-ce pas là le propos de Tomé qui s'intéresse à des problèmes de structure, mais sa démarche examine la question de l'identité de l'extérieur, s'attardant plus au «soi» qu'au «moi». Les instruments retenus pour explorer la construction de l'identité à l'adolescence sont d'ailleurs assez limités: un questionnaire constitué de 15 items portant sur trois dimensions restreintes de la personnalité ou la composition d'une présentation de soi du type «qui suis-je?».

Ces réserves sur le caractère limité des instruments sont également évidentes dans la recherche de Lutte qui ne poursuit pas par ailleurs un objectif théorique clairement formulé. Il est vain de croire qu'une libre composition à partir d'une très large proposition du type «décris ta personnalité idéale» livre un contenu plus riche, plus spontané ou plus significatif qu'une entrevue systématique ou un questionnaire. Ce type de composition libre donne lieu à beaucoup de réponses stéréotypées et socialement conformes, décrivant plus un idéal valorisé par l'entourage qu'un projet personnel. Lutte est conscient de ces problèmes et propose d'ailleurs des formules alternatives au terme de son ouvrage.

Marcia explore l'identité adolescente au moyen d'une entrevue semi-structurée qui explore trois thèmes principaux: le choix professionnel, l'engagement idéologique et l'adoption d'un rôle sexuel. Il s'agit là d'enjeux fondamentaux autour desquels se bâtit l'identité adolescente. Pourtant les travaux de Marcia, même s'ils se révèlent fertiles en termes de relations établies entre les statuts d'identité et diverses variables, ne font guère progresser la théorie de l'identité du moi à l'adolescence formulée par Erikson.

L'étude de la construction de l'identité à l'adolescence doit s'appuyer sur des fondements théoriques précis et suffisamment élaborés pour pouvoir formuler des hypothèses de base. Sur le plan méthodologique, l'entrevue individuelle systématique menée autour de thèmes qui constituent des enjeux importants dans la construction de la personnalité adolescente paraît le choix le plus indiqué. Les travaux menés par Zavalloni (1977) sur la question générale de l'identité psychosociale offrent des pistes pouvant inspirer la recherche dans ce domaine.

Conclusions

Cet ouvrage s'est donné pour tâche de faire le point sur les travaux récents réalisés tant aux Etats-Unis qu'en Europe dans le domaine de la psychologie de l'adolescence. Les recherches historiques et interculturelles ont ouvert le relevé de ces travaux qui s'est poursuivi par l'analyse des recherches centrées sur les grandes zones du développement adolescent : la puberté et la vie sexuelle, la vie cognitive, la vie sociale et l'identité. Les principales conclusions ont été formulées au cours des différents chapitres mais certaines données plus saillantes imposent des constats qui infirment des stéréotypes persistants sur l'adolescence ou suggèrent certaines lignes de réflexion sur la portée et l'évolution de l'expérience adolescente aujourd'hui.

L'adolescence est une période du cycle de la vie qui se situe entre l'éclosion de la puberté et l'entrée dans l'âge adulte. Mais l'octroi du statut d'adulte n'est pas institutionnalisé dans notre culture et l'accès à l'âge adulte apparaît comme la conjonction de phénomènes de maturation psychologique — l'accès à l'intimité sexuelle, l'affirmation de l'identité psychosociale — et d'événements sociaux — quitter la famille, accéder au marché du travail, établir un habitat indépendant. Si l'adolescence comme étape distincte de l'enfance et de l'âge adulte apparaît comme une réalité universelle dans toutes les cultures et à toutes les époques historiques, cette période a été fortement prolongée dans la culture occidentale, au point de recouvrir toute la décennie située entre 11 et 20 ans et constituer une expérience spécifique qui recouvre un espace de vie important.

Cette expérience particulière que nous appelons aujourd'hui l'adolescence est une réalité historique relativement récente, elle est née au milieu du 19ᵉ siècle, lorsque le contrôle de la famille sur les adolescents s'affirmera et s'étendra progressivement jusqu'au mariage. L'appartition de cette adolescence qui coïncide avec la révolution industrielle est le fruit de facteurs économiques et culturels : le déclin de l'apprentissage des métiers, l'extension de la scolarité et le développement du sentiment domestique entraînant le repli au sein du foyer conçu comme le lieu privilégié de l'affection et des liens d'attachement.

L'expérience adolescente a évolué à divers moments de l'histoire contemporaine et a subi des modifications sensibles au cours de ces quinze dernières années. Plusieurs indices de cette évolution ont été relevés au cours de l'ouvrage. Retenons-en deux qui concernent des enjeux centraux : la vie sexuelle des adolescents et les relations parentales. Si les attitudes sexuelles des adolescents ont évolué rapidement dans le sens d'un libéralisme croissant, leurs comportements sexuels ont connu une évolution plus lente mais ils s'affirment plus précocement aujourd'hui. Sans doute, les chiffres relevés dans les divers pays occidentaux ne traduisent pas la présence d'une «révolution sexuelle» chez les adolescents, on assiste plutôt, et plus particulièrement chez les filles, à une rupture des barrières psychologiques et sociales qui rapprochent les activités sexuelles — autoérotiques et hétérosexuelles — de l'éveil de la sexualité. Sur un autre plan, celui des relations entre parents et adolescents, on constate une évolution des images parentales privilégiées qui se traduit par un déplacement qui favorisait il n'y a guère longtemps l'autorité au profit de qualités expressives comme la proximité, la compréhension et l'affection.

Sans doute, cette évolution est-elle parallèle au changement social puisqu'on observe dans l'ensemble de la société occidentale un libéralisme sexuel croissant et le déclin de l'autoritarisme. Les changements de la mentalité adolescente reflètent donc l'évolution de la société.

Un autre indice, plus significatif peut-être de l'évolution de l'expérience adolescente a été évoqué : la modification du programme qui assure le passage de l'adolescence à l'âge adulte, programme qui échappe désormais à la famille, car il est régi par des règles dictées par la société. Du côté des organismes de jeunesse, il apparaît que la scolarisation massive des adolescents au sein de vastes écoles secondaires renforce l'expérience de ségrégation et le libre jeu de la culture adolescente; parallèlement, les mouvements de jeunesse qui avaient pour mission de prolonger le contrôle familial et de «protéger» les adolescents des influences extérieures ont perdu l'attrait qu'ils exerçaient naguère auprès des adolescents.

Tout ceci laisse clairement entendre que l'expérience adolescente connaît aujourd'hui une évolution significative et le signe le plus tangible de ce changement concerne la perte de certains pouvoirs et de certains contrôles que la famille exerçait sur les adolescents et qu'elle a concédés à d'autres instances sociales.

Cette perte de pouvoir des parents sur les adolescents est le fruit du changement social qui dépasse les parents et les adolescents et n'est nullement le résultat d'une confrontation ou d'une rupture. En effet, une évidence se dégage des données de recherche sur les relations parentales à l'adolescence: on ne retrace pas le tableau d'adolescents rebelles engagés dans une lutte ouverte pour accéder à leur indépendance ni celui de la famille déchirée par les dissensions autour des conflits avec les adolescents. La présence éventuelle de conflits aigus s'inscrit le plus souvent dans une histoire d'enfance perturbée. Si le «Familles, je vous hais» a jamais mobilisé une partie de la jeunesse, ce slogan semble avoir perdu toute actualité: la majorité des adolescents déclarent bien s'entendre avec les parents, éprouver du plaisir en leur compagnie et, comme il vient d'être rappelé, la plupart d'entre eux revendiquent des relations parentales caractérisées par la proximité et l'affection.

Enfin, à divers endroits, notamment sur le plan de l'adhésion à une idéologie politique, il apparaît clairement que les adolescents épousent et perpétuent le système de valeur parental.

Le relevé des recherches sur les relations parentales a également dégagé un problème qui mérite d'être relevé ici, c'est la présence chez une proportion importante d'adultes d'attitudes négatives voire hostile envers les adolescents. Cette constatation qui se retrouve dans plusieurs enquêtes récentes nous montre bon nombre d'adultes peu enclins à partager leurs privilèges avec la génération montante et intolérants face à l'adolescence qui s'insère dans le changement social et culturel. L'analyse des données anthropologiques sur les rites d'initiation nous révèle l'impressionnant dispositif mis en place par les sociétés primitives pour garantir l'agrégation de la génération des adolescents à la société des adultes. En contraste, la société industrielle a instauré un système de ségrégation des générations qui s'accroît par l'augmentation des exigences de formation scolaire et de certification professionnelle et le confinement des adolescents dans de vastes ensembles scolaires et des lieux de loisir spécifiques.

L'adolescence toute entière apparaît comme une période du cycle de la vie particulièrement marquée par le concept de développement, puisque tous les secteurs de la vie biologique, cognitive et sociale vont subir des modification majeures entraînant chaque fois des exigences d'adaptation et de transactions qui vont se succéder tout au long de cette période : les transformations pubertaires qui inaugurent l'adolescence entraînent la nécessité de vivre dans un corps sexué et l'accès à la sexualité génitale impose l'apprentissage de l'intimité sexuelle, les modifications des structures cognitives favorisent l'accès à la pensée formelle, aux niveaux supérieurs de jugement moral et aux idéologies politiques ; l'évolution de la vie sociale qui occupe toute la période médiane de l'adolescence nécessite la rupture progressive des liens d'attachement parentaux et l'engagement dans des relations égalitaires avec les pairs ; enfin, l'affirmation de l'identité qui clôture l'adolescence, impose des choix fondamentaux qui définissent l'individu pour soi et autrui et l'engagent désormais dans la vie adulte.

Il est évident que l'individu aborde l'adolescence avec tout le passé de son enfance, doté d'une personnalité déjà très structurée, marquée par des conflits et des défenses spécifiques, des investissements et des motivations privilégiés. Le relevé des travaux de recherche dans les divers secteurs du développement à l'adolescence ne laissent cependant pas entendre que l'individu rejouerait à l'adolescence un scénario inscrit dans son enfance. Dans les différentes zones de la croissance à l'adolescence — développement cognitif, relations sociales, identité, et plus spécifiquement dans la vie sexuelle — il apparaît que la partie qui se joue n'est pas la simple expression ou réactivation du passé de l'enfance mais, au contraire, une construction psychologique nouvelle qui s'élabore progressivement, englobant l'histoire personnelle et les compétences nouvelles — cognitives, sexuelles, sociales — qui s'inscrivent dans l'expérience et la conscience adolescente.

Les diverses zones d'adaptation qui se succèdent à l'adolescence impliquent des préoccupations et des inquiétudes spécifiques sans entraîner toutefois une rupture ou un état de crise. L'expérience d'une crise n'est pas plus fréquente à l'adolescence qu'à n'importe quelle période de la vie.

Le fait de concevoir l'adolescence comme une période de crise dans le développement s'est alimenté aux deux sens contradictoires que le terme de crise a revêtu au cours de l'histoire : sens bénéfique d'une poussée de fièvre bienfaisante qui annonce le retour à la santé et sens maléfique de « creuset pathologique », porteur de souffrances et de détresse. La première signification investit régulièrement les idées sur l'adolescence au cours du 20e siècle : la crise est porteuse d'espoir, l'accent est mis sur la vivacité, l'énergie ou l'affirmation d'originalité juvénile. La théorie psychanalytique s'appuie sur le second sens du terme : la crise devient synonyme de deuil dépressif, de désinvestissement traumatique des liens d'attachement, de repli régressif ou de faillite du moi. La confrontation de ces perspectives avec les multiples données des recherches récentes font clairement voir qu'il s'agit là des deux versants d'une vision illusoire et stéréotypée de l'adolescence, qui ne trouvent d'appuis ni empiriques ni cliniques et constituent autant d'écrans qui masquent la diversité des expériences à l'adolescence.

Pourquoi cette idée de crise adolescente s'est-elle imposée avec une telle persistance ? Il y a à cela deux raisons au moins. La spécificité et l'importance de l'adolescence dans le cours de la vie se sont imposées depuis longtemps. L'émergence de la puberté et l'éclosion de la sexualité adolescente entraînant l'expérience du désir et la découverte du pouvoir érotique du corps, tout cela a été conçu comme des modifications qui clôturent l'enfance et annoncent l'adulte à venir. D'ailleurs, l'idée de la mort de l'enfance et de la naissance de l'homme nouveau inspire universellement les rites pubertaires dans les sociétés primitives. Les recherches empiriques confirment la présence, au début de l'adolescence, d'un vif sentiment d'avoir changé, les préoccupations qui entourent la perception du corps propre et l'attrait qu'il exerce sur autrui culminent à cette période, comme d'ailleurs l'anxiété suscitée par le thème des relations hétérosexuelles. Ces recherches démontrent toutefois que cela n'entraîne pas dans la majorité des cas, des sentiments de détresse, des incapacités psychologiques ou des replis dépressifs. Les capacités d'affronter le changement acquises au cours de l'enfance vont permettre à l'adolescent de transiger avec ces réalités nouvelles et d'intégrer les apprentissages progressifs à son expérience. Le plaisir et les avantages attachés à la croissance l'emportent largement sur les nostalgies de l'enfance et les deuils dépressifs.

Mais l'usage du terme de crise adolescente assume une fonction sociale plus subtile. Il permet de faire passer des mouvements de revendication sociale où la jeunesse occupe le premier plan, compte tenu de l'importance des enjeux historiques pour elle, pour un banal conflit de générations qui s'estompera avec l'âge, puisque «il faut bien que jeunesse se passe».

Un certain nombre de «slogans» — crise des générations, révolte contre le père, fossé des générations... — ont dominé la psychologie de l'adolescence et entretenu l'illusion d'un phénomène unique et universel. Il n'en est évidemment rien et les grandes divisions qui découpent notre société différencient tout autant les expériences de vie des adolescents.

Il a été peu question de différences socio-économiques dans cet ouvrage car ce thème a très peu été investigué dans les recherches qui portent sur l'adolescence. Lorsque ces différences ont été signalées, elles montrent que les adolescents issus de la classe ouvrière accèdent généralement plus tôt à la vie adulte; en revanche, leurs projets d'avenir, leur représentation du succès et les buts qu'ils s'assignent sont directement limités par leur origine sociale.

Le rôle extrêmement déterminant du sexe sur l'expérience adolescente a été identifié partout, tout au long de cet ouvrage. Dans tous les secteurs de la vie psychologique et sociale, qu'il s'agisse d'image corporelle, d'accès à la pensée formelle, d'émancipation de la tutelle parentale, de relations avec les pairs, de modèles d'identité, etc., il apparaît que le fait d'être fille ou garçon constitue une source permanente de différenciation de l'expérience à l'adolescence. Les observations recueillies à divers endroits rejoignent toujours des images stéréotypées: le garçon vise à s'affranchir, il envisage l'avenir en termes de réalisations, il valorise le succès et la compétition...; la fille offre une image de soumission, elle reproduit les modèles parentaux et surtout valorise les relations interpersonnelles et la réussite sentimentale. Plusieurs données laissent d'ailleurs voir que l'adolescence constitue pour les filles une période de repli des projets personnels et de refuge dans la féminité. Le rôle du groupe des pairs, filles et garçons, serait déterminant, car la conformité aux rôles sexuels prescrits s'impose si l'adolescente désire maintenir le contact avec le groupe de ses pairs où se joue la partie cruciale des premiers contacts hétérosexuels.

Il apparaît une nouvelle fois que la société adolescente reproduit les normes et les modèles que la société des adultes met à sa disposition. Car les diverses tâches de l'adolescence, affirmer l'identité sexuelle ou accéder à l'autonomie sociale, se construisent à partir des réponses offertes par la société des adultes et des programmes sociaux qui définissent le passage au statut d'adulte. A cet égard, notre société a mis en place un système de ségrégation et de confinement des jeunes qui les exclut de la scène sociale, se privant ainsi de la fraîcheur que l'expérience adolescente peut apporter aux tourments qui hantent notre société.

Bibliographie

ADELSON, J., *Handbook of Adolescent Psychology*. New York: Wiley, 1980.
ADELSON, J., The political imagination of the young adolescent. In J. KAGAN and R. COLES (Eds.), *Twelve to Sixteen: Early Adolescence*. New York: Norton, 1971.
ADELSON, J., The development of ideology in adolescence. In S.E. DRAGASTIN and G. ELDER, *Adolescence in the Life Cycle*. New York: Wiley, 1975.
ADELSON, J. and DOEHRMAN, M., The psychodynamic approach to adolescence. In J. ADELSON (Ed.), *Handbook of Adolescent Psychology*. New York: Wiley, 1980.
ARIES, Ph., *L'Enfant et la Vie Familiale sous l'Ancien Régime*. Paris: Seuil, 1973.
ASAYAMA, S. Sexual behavior in Japanese students: comparisons between 1974, 1960 and 1952. *Archives of Sexual Behavior*, 1976, 5, 371-90.
AUSUBEL, P., MONTEMAYOR, R. and SVAJIAN, P. *Theory and Problems of Adolescent Development*. New York: Grune and Stratton, 1977.
BAETEMAN, J., *Formation de la Jeune Fille*. Evreux: G. Poussin, 1922.
BALDWIN, J.M., *Mental Development in the Child and the Race*. New York: Macmillan, 1895.
BARDEWICK, J.M., *Psychology of the Woman: a Study of Bio-cultural Conflict*. New York: Harper and Row, 1971.
BARDEWICK, J.M. and DOUVAN, E., Ambivalence: the socialization of woman. In V. GORNICK and B.K. MORAN (Eds.), *Woman in Sexist Society*. New York: Basic Books, 1971.
BARKER, G. and GUMP V., *Big School, Smal School: High School Size and Student Behavior*. Stanford: Stanford University Press, 1964.
BENEDICT, R., *Echantillons de Civilisation*. Paris: Gallimard, 1950.
BETTELHEIM, B., *Les Blessures Symboliques*. Paris: Gallimard, 1971.
BENGTSON, V. and LAUFER, R., Youth, generation and social change. *Journal of Social Issues*, 1974, 30, (2, 3).

BLASI, A. and HOEFFEL, E.C. Adolescence and formal operations. *Human Development*, 1974, 17, 344-363.
BLOS, P., *Les Adolescents: Essai de Psychanalyse*. Paris: Stock, 1967 (1962).
BLOS, P., *The Adolescent Passage*. New York: International Universities Press, 1979.
BONAPARTE, M., Notes sur l'excision. *Revue Française de Psychanalyse*, N° 2, avril-juin 1948, 213-231.
BOURNE, E., The state of research on ego identity: a review. *Journal of Youth and Adolescence*, 1978, Vol. 7; a) Part 1, n° 3, 223-251; b) Part 2, n° 4, 371-392.
BRITAIN, C.V., Adolescence choices and parent-peer cross pressures. *American Sociological Review*, 1963, 28, 385-391.
BROWN, J.K., A cross-cultural study of female initiation rites. *American Anthropologist*, 1963, 65, 837-853.
BROWN, J.K., Female initiation rites: a review of the current litterature. In D. RODGERS (Ed), *Issues in Adolescent Psychology*. New York: Appelton, 1969.
BURTON, R.V. and WHITTING, J.W., The absent father and cross-sex identity. In D. RODGERS (Ed), *Issues in Adolescent Psychology*. New York: Appelton, 1969.
CANESTRARI, R., MAGRI, M.-T., et MUSCIANESI-PICARDI, F., L'image du corps de l'adolescent. *Neuropsychiatrie de l'Enfance et de l'Adolescence*, 1980, Vol. 28, n° 10, 511-519.
CASTAREDES, M.F., La sexualité chez l'adolescent. *La Psychiatrie de l'Enfant*, 1978, Vol. 21, n° 2, 561-638.
CHAFFEE, S.H., WARD, L.S. and TIPTON, L.P., Mass communication and political socialization. *Journalism Quartely*, 1970, 47, 647-659.
CHIAPPETTA, E.L. A review of piagetian studies relevant to science instruction at the secondary and college level. *Science Education*, 1976, 60, 253-261.
CHILAND, C. L'enfant de six ans devenu adolescent. *Revue de Neuropsychiatrie infantile et d'Hygiène mentale de l'Enfance*, 1978, 26, 12, 697-707.
CLAES, M. et SALAME, R. *La Motivation à l'Accomplissement*. Monographie. Montréal: Librairie de l'Université de Montréal, 1981.
CLERCK, G., Le couple parental et le développement psycho-sexuel de l'enfant. In J.-F. SAUCIER (Ed.), *L'Enfant*. Montréal: Presses de l'Université de Montréal, 1980.
CLOWARD, R. and OHLIN, L., *Delinquency and Opportunity*. New York: The Free Press, 1960.
COHEN, A.K., *Delinquant Boys*. Glencoe: The Free Press, 1955.
COLE, M., GAY, J., GLICK, J.A. and SHARP, D.W. *The Cultural Context of Learning and Thinking*. New York: Basic Books, 1971.
COLEMAN, J.C., *The Nature of Adolescence*. London: Methuen, 1980.
COLEMAN, J.C. Curent contradictions in adolescent theory. *Journal of Youth and Adolescence*, 1978, Vol. 7, n° 1, 1-11.
COLEMAN, J.S. *The Adolescent Society*. New York: Free Press, 1961.
CONGER, J.J. *Adolescence and Youth*. New York: Harper and Row, 1977.
CREPAULT, A. et GEMME, R. *La Sexualité Prémaritale*. Montréal: Presse de l'Université du Québec, 1975.
CRONBACH, L.J., Fives decades of public controversy over mental testing. *American Psychologist*, 1975, 30, 1-14.
CRUBELLIER, M., *L'Enfance et la Jeunesse dans la Société Française: 1800-1950*. Paris: Armand Colin, 1979.
CSABA, M., *La Vie en Fleur*. Tournai: Casterman, 1937.
CUSSON, M., *Délinquants Pourquoi?* Montréal: Hurtebise, 1981.

DASEN, P., Cross-cultural piagetian research: a summary. *Journal of Cross-Cultural Psychology*, 1972, Vol. 3, n° 1, 23-39.
DEBESSE, M., *Comment Etudier les Adolescents?* Paris: Presses Universitaires de France, 1936.
DEBESSE, M., *La Crise d'Originalité Juvénile*. Paris: Presses Universitaires de France, 1941.
DEBESSE, M., *L'Adolescence*. Paris: Presses Universitaires de France, Que Sais-Je?, 1947.
DIEPOLD, J. and YOUNG, R.D. Empirical studies of adolescent sexual behavior: a critical review. *Adolescence*, 1979, Vol. 14, n° 33, 45-64.
DINTZER, L, *Le Jeu d'Adolescence*. Paris: Presses Universitaires de France, 1956.
DOUVAN, E. and ADELSON, J., *The Adolescent Experience*. New York: Wiley, 1966.
DOUVAN, E. Sex role learning. In J.C. COLEMAN (Ed.), *The School Years*. London: Methuen, 1979.
DUCHE, D.J., *Adolescence et Puberté*. Paris: Hachette, 1970.
DULIT, E. Adolescent thinking « à la Piaget »: the formal stage. *Journal of Youth and Adolescence*, 1972, Vol. 1, 281-301.
DUNPHY, D.C., The social structure of urban adolescent peer group. *Sociometry*, 1963, 26, 230-246.
DWYER, J. and MAYER, J. Psychological effects of variation in physical appearance during adolescence. In R.E. MUUSS (Ed.), *Adolescent Behavior and Society*. New York: Random House, 1971.
EBTINGER, R. et BOLZINGER, A. Crises, incertitudes et paradoxes de l'adolescence. *Revue de Neuropsychiatrie infantile et d'Hygiène mentale de l'Enfance*, 1978, Vol. 26, n° 10-11, 539-557.
EISENSTADT, S.N., *From Generation to Generation*. Glencoe: Free Press, 1960.
ELDER, G.H., Structural variations in the child rearing relationship. *Sociometry*, 1962, 25, 241-262.
ELDER, G.H., Parental power legitimation and its effect on the adolescent. *Sociometry*, 1963, 26, 50-65.
ELDER, G.H. Adolescence in historical perspective. In J. ADELSON (Ed.), *Handbook of Adolescent Psychology*. New York: Wiley, 1980.
ELIADE, M., *Initiation, Rites, Sociétés Secrètes*. Paris: Gallimard, 1959.
ELIAS, J.E. Teen-age sexual patterns. Paper presented to the American Social Health Association in New York, November, 1969.
ELKIND, D., *Children and Adolescents: Interpretive Essays on Jean Piaget*. New York: Oxford University Press, 1974.
ELIND, D. Recent research on cognitive development in adolescence. In S.E. DRAGASTIN and G.H. ELDER (Eds.), *Adolescence in the Life Cycle*. New York: Wiley, 1975.
ERIKSON, E., *Enfance et Société*. Neuchatel: Delachaux et Nieslé, 1959(a). (Traduction de Chilhood and Society, 1950, 1ᵉ édition).
ERIKSON, E., *Identity and the Life Cycle*. Psychological Issues. New York: International Universities Press, 1959(b).
ERIKSON, E., *Childhood and Society*. New York: Norton, 1963. (Seconde édition anglaise revue et augmentée).
ERIKSON, E., *Luther avant Luther*. Paris: Flammarion, 1968. (Traduction de Young Man Luther, 1958).
ERIKSON, E., *La Vérité de Gandhi*. Paris: Flammarion, 1974. (Traduction de Gandhi's Truth, 1969).

ERIKSON, E., *Adolescence et Crise: la Quête d'Identité*. Paris: Flammarion, 1972. (Traduit de Identity, Youth and Crisis, 1968).
ERIKSON, E., *Dimensions of a New Identity: the 1973 Jefferson Lectures in the Humanities*. New York: Norton, 1974.
ERIKSON, E., *Life History and the Historical Moment*. New York, 1975.
ERIKSON, E., The dream specimen of psychoanalysis. In R. KNIGHT and C. FRIEDMAN (Eds.), *Psychoanalytic Psychiatry and Psychology*. New York: International Universities Press, 1954.
ERIKSON, E., Reflexions on the dissent of contemporary youth. *Deadalus*, 1970.
ERIKSON, E., Reflexions on Dr. Borg's life cycle. *Deadalus*, 1976, 60, p. 2.
EVANS, R., *Dialogues with Eric Erikson*. New York: Dutton and Company, 1969.
FRAPPIER J.-Y. et ONETTO, N., Adolescence et sexualité. In *Complexités de l'Adolescence*. Cahiers Psychopédagogiques de l'hôpital Ste-Justine, Montréal, 1981.
FREUD, A., Adolescence. *Psychoanalytic Study of the Child*, 1958, 13, 253-278.
FREUD, A., Adolescence as a developmental disturbance. In G. KAPLAN and F. LEBOVICI (Eds.), *Adolescence: Psychosocial Perspectives*. New York: Basic Books, 1969.
FRIEDENBERG, E.Z., *The Vanishing Adolescent*. Boston: Beacon, 1959.
GABEL, D.L., Piagetian research as applied to teaching science to secondary and college students. *Viewpoint in Teaching and Learning*, 1979, Vol. 55, 24-33.
GAGNON, J.H., The creation of the sexual in early adolescence. In J. KAGAN and R. COLES (Eds.), *Twelve to Sixteen, Early Adolescence*. New York: Norton, 1972.
GAGNON, J.H., SIMON, W. and BERGER, A.S. Some aspects of sexual adjustement in early and late adolescence. In J. ZUBIN and A. FREEDMAN (Eds.), *Psychopathology of Adolescence*. New York: Grune and Stratton, 1970.
GALLATIN, J. Political thinking in adolescence. In J. ADELSON (Ed.), *Handbook of Adolescent Psychology*. New York: Wiley, 1980.
GOODNOW, J. and BETHON, G., Piaget's tasks: the effect of schooling and intelligence. *Child Development*, 1966, 37, 573-582.
GRAYBILL, L., Sex differences in problem-solving ability. *Journal of Research in Science Teaching*, 1975, Vol., 12, 341-346.
GRUBER, H., et VONECHE., J. Reflexions sur les opérations formelles de la pensée. *Archives de Psychologie.*, 1976, vol. 44, n° 41, 46-54.
GUGLER, A., *La crise d'Adolescence*. Genève: Aubanel, 1955.
GUSTAFSON, B., *Life Values of High School Youth in Sweden*. Stockholm: Institute of Sociology of Religion, 1972.
HALL, G.S., *Adolescence* (Vol. I and II). New York: Appelton, 1904, 1905.
HANRY, P., La clitoridectomie rituelle en Guinée: motivations, conséquences. *Psychopathologie Africaine*. 1965, Vol. 1, n° 2.
HANSMAN, C., Physical maturation in the teenager. *Journal of School Health*, 1972, 42, 509-512.
HARRISON, S., The body experience of prepubescent, pubescent and postpubescent girls and boys. Thèse de doctorat non publiée: Yeshiva University, 1976.
HART, C.W., Contrast between prepubertal and postpubertal education. In G. SPINDLER (Ed.), *Education and Anthropology*. Stanford: Stanford University Press, 1975.
HILL, R., *Family Development in Three Generations*. Cambridge: Skenman, 1970.
HOFFMAN, M.L., Moral development in adolescence. In J. ADELSON (Ed.), *Handbook of Adolescent Psychology*. New York: Wiley, 1980.
HOLLINGSHEAD, A., *Elmtown's Youth*. New York: Wiley, 1949.
HORROCKS, J.E., *The Psychology of Adolescence*. Boston: Houghton Mifflin, 1978.

HUMBLET, L., *Pour l'Age des Fleurs*. Bruges: Beyart, 1925.
HUNT, M., *Sexual Behavior in the 1970s*. Chicago: Playboy Press, 1974.
INHELDER, B. et PIAGET, J., *De la Logique de l'Enfant à la Logique de l'Adolescent*. Paris: Presses Universitaires de France, 1957.
JAMES, W., *Texbook of Psychology*. London: Macmillan, 1908.
JENNINGS, M.K., NIEMI, R.G., *The Political Character of Adolescence*. Princeton: Princeton University Press, 1974.
JENSEN, A.R., How much can we boost I.Q. and scholastic achivement. *Harvard Educational Review*, 1969, 39, 1-123.
JESSOR, S. and JESSOR, R. Transition from virginity to nonvirginity among youth: a social-psychological study over time. *Developmental Psychology*, 1975, 11, 473-484.
JOCELYN, I.M., Psychological changes in adolescence. *Children*, 1959, 6, 43-47.
KANDEL, D.B. and LESSER, G.S., *Youth in Two Worlds: United States and Denmark*. San Francisco: Jossey-Bass, 1972.
KANDEL, D.B., KESSLER, R.C. and MARGULIES, R.Z., Antecedents of adolescent intitiation into stages of drug use. *Journal of Youth and Adolescence*, 1978, 7, 13-40.
KANTNER, J.F. and ZELNIK, M., Sexual experience of young unmarried women in the United States. *Family Planning Perspectives*, 1972, 4, 9-18.
KARPLUS, R., *Proportional Reasoning and Control of Variables in Seven Countries*. Berkeley: Lawrence Hall of Science, 1975.
KATZ, M.B., *The People of Hamilton: Family and Class in a Mid-nineteeth Century City*. Cambridge: Harvard University Press, 1975.
KATZ, M.B. and DAVEY, I.F., Youth and early industrialization in a Canadian city. *American Journal of Sociology*, 1978, 84.
KATZ, S.H., Anthropologie sociale/culturelle et biologie. In E. MORIN et M. PIATTELLI-PALMARINI (Eds.), *Pour une anthropologie fondamentale*. Paris: Seuil, 1974.
KATZ, S.H., Anthropologie sociale-culturelle et biologiqe. In E. MORIN et M. PIATTELLI-PALMARINI (Eds.), *Pour une anthropologie fondamentale*. Paris: Seuil, 1974.
KEATING, D.P., Precocious cognitive development at the level of formal operations. *Child Development*, 1975, 46, 276-280.
KEATING, D.P., Thinking processes in adolescence. In J. ADELSON (Ed.), *Handbook of Adolescent Psychology*. New York: Wiley, 1980.
KELLY, J.G., *Adolescent Boys in High School*. New York: Wiley, 1979.
KENISTON, K., *The Uncommited*. New York: Delta Books, 1960.
KENISTON, K., *Young Radicals*. New York: Harcourt, Bruce and World, 1968.
KENISTON, K., Youth: a new stage of live. *American Scholar*, 1970, 39, 631-654.
KINSEY, A.C., POMEROY, W.B. and MARTIN, C.E., *Sexual Behavior of the Human Male*. Philadelphia: Saunders, 1948.
KINSEY, A.C., POMEROY, W.B. and MARTIN, C.E., *Sexual Behavior of Human Female*. Philadelphia: Saunders, 1953.
KODLIN, D. and THOMPSON, D.J., An appraisal of the longitudinal approach to studies of growth and development. *Monographs of the Society for Research in Child Development*, 1958, 23, (1, Serial n° 67).
KOHLBERG, L., The development of modes of moral thinking and choice in the year 10 to 16. Unpublished doctoral dissertation, University of Chicago, 1958.
KOHLBERG, L., Moral stages and moralization: the cognitive-developmental approach. In T. LICKONA (Ed.), *Moral Development and Behavior*. New York: Holt, 1976.

KOHLBERG, L. and KRAMER, R., Continuities and discontinuities in childhood and adult moral development. *Human Development*, 1969, 12, 93-120.
KOHLBERG, L., and GILLIGAN, C. The adolescent as a philosopher. *Deadalus*, Fall 1971, 1051-1086.
KOHLBERG, L. and TURIEL, E., Moral development and moral education. In G. LESSER, (Ed.), *Psychology and Educational Practice*. Chicago: Scott, Foreman, 1971.
LAMBERT, B.G., *Adolescence: Transition from Childhood to Maturity*. Monterey: Brooks-Cole, 1972.
LAPLANCHE, J., Symbolisation. *Psychanalyse à l'Université*, 1975, tome 1, n° 1.
LARSEN, L.E., The influence of parents and peers during adolescence: the situation hypothesis revisited. *Journal of Marriage and the Family*, 1972, 34, 67-74.
LAWSON, A.E., Sex difference in concrete and formal reasoning ability as measured by manipulative tasks and written tasks. *Science Education*, 1975, 59, 3, 397-405.
LERNER, R.M. and KORN, S.J., The development of body-build stereotypes in males. *Child Development*, 1972, 908-920.
LERNER, R.M. and KARABENICK, S.A. Physical attractiveness, body attitudes and self-concept in late adolescents. *Journal of Youth and Adolescence*, 1974, 3, 4, 307-316.
LERNER, R.M., KARABENICK, S.A. and STUART, J., Relations among physical attractiveness, body attitudes and self-concept in male and female college students. *Journal of Psychology*, 1973, 85, 119-129.
LEVY-STRAUSS, Cl., *L'identité*. Paris: Grasset, 1977.
LINTON, R., *The Study of Man*. New York: Appelton, 1936.
LOVELL, K., A follow-up study of Inhelder and Piaget's «the growth of logical thinking». *British Journal of Psychology*, 1961, 52, 143-153.
LUCKEY, E., and NASS, E. A comparison of sexual attitudes and behavior in an international sample. *Journal of Marriage and the Family*, 1969, 31, 364-379.
LUTTE, G., *Le moi idéal de l'Adolescent*. Bruxelles: Dessart, 1971.
MALRIEUX, Ph. Genèse des conduites d'identité. In P. TAP (Ed.), *Identité Individuelle et Personnalisation*. Paris: Privat, 1980.
MANNHEIM K., The problem of generation. In P. KECKSKEMETI (Ed.), *Essays on the Sociology of Knowledge*. London: Oxford University Press, 1952. (Publication originale en allemand: 1928).
MARCIA, J., Development and validation of ego identity status. *Journal of Personality and Social Psychology*, 1966, 3, 551-558.
MARCIA, J., Ego identity status: relationship to change in self-esteem, general maladjustement and authoritarianism. *Journal of Personality*, 1967, 35, 1, 119-133.
MARCIA, J., *Studies in Ego Identity*. Monography. Simon Fraser University, 1976.
MARCIA, J., Identity in adolescence. In J. ADELSON (Ed.), *Handbook of Adolescent Psychology*. New York: 1980.
MARSHALL, W.A. and TANNER, J.M., Variation in the pattern of pubertal changes in boys. *Archives of Disease in Childhood*, 1970, 45, 13, 13-23.
MARTORANO, S.C., The development of formal operations thought. Unpublished doctoral dissertation, 1974.
MASTERSON, J.F., The symptomatic adolescent five years after: he didnt' grow out of it. *American Journal of Psychiatry*, 1967, 123, 1338-1345.
MASTERSON, J.F. and WASHBURNE, A., The symptomatic adolescent: psychiatric illness or adolescent turmoil? *American Journal of Psychiatry*, 1966, 122, 1240-1248.
Mc CALL, R.B., APPELBAUM, M.I. and HOGARTY, P.S. Developmental changes

in mental performance. *Monographs of the Society for Research in Child Development*, 1973, 38, 3, serial n° 150.
MEAD, M., *Coming of Age in Samoa*. New York: Morrow, 1961. (Première édition: 1928).
MEAD, M., *Growing up in New-Guinea*. New York: Mentor Book, 1958. (Première édition: 1930).
MEAD, M., *Le Fossé des Générations*. Paris: Denoël, 1971 (1970).
MEAD, M., *Du Givre sur les Ronces: Autobiographie*. Paris: Seuil, 1977.
MENDOUSSE, P., *L'Ame de l'Adolescent*. Paris: Presses Universitaires de France: 1910.
MENDOUSSE, P., *L'Ame de l'Adolescente*. Paris: Presses Universitaires de France: 1927.
MEYER-BAHLBURG, H.F., Sexuality in early adolescence. In B. WOLMAN and J. MONEY (Eds.), *Handbook of Human Sexuality*. New Jersey: Prentice Hall, 1980.
MILLER, W.B., Sexuality, contraception and pregnancy in a high school population. *California Medicine*, 1973, 119, 14-21.
MILLER, P.Y. and SIMON, W. The development of sexuality in adolescence. In J. ADELSON (Ed.), *Handboock of Adolescent Psychology*. New York: Wiley, 1980.
MODELL, J., FURSTENBERG, F.F. and HERSHBERG, T. Social change and the transition to adulthood in historical perspective. *Journal of Family History*. Autumn 1976, 1, 7-32.
MONEY, J. and EHRHARDT, A., *Man and Woman, Boy and Girl*. Baltimore: John Hopkins University Press, 1972.
MORIN, E., *Le Paradigme Perdu: la Nature Humaine*. Paris: Seuil, 1973.
MUSGROVE, F., *Youth and the Social Order*. London: Routhledgde and Kegan, 1964.
MUSSEN, P.H., CONGER, J.J. and KAGAN, J., *Child Development and Personality*. New York: Harper and Row, 1974.
MUSSEN, P.H., and JONES, M.C., Self-conception, motivations and interpersonal attitudes of late and early maturing boys. In J. CONGER (Ed.), *Contemporary Issues in Adolescent Development*. New York: Harper and Row, 1975.
MUUSS, R.E., Adolescent development and the secular trend. In R.E. MUUSS (Ed.), *Adolescent Behavior and Society*. New York: Random House, 1971.
National Society for the Study of Education: Adolescence (43th Yearbook). Chicago: University of Chicago Press, 1944.
NEIMARK, E.D., Current status of formal operations research. *Human Development*, 1979, Vol. 22, n° 1, 60-67.
NESSELROADE, J.R., BALTES, P.B., Adolescent personality development and historical change: 1970-72. *Monographs of the Society for Research in Child Development*, 1974, 39 (1, serial n° 154).
NORBECK, E., WALKER, D. and COHEN, M., The interpretation of dates: puberty rites. *American Anthropologist*, 1962, 64, 463-485.
OFFER, D. and OFFER, J.B., *From Teenage to Young Manhood*. New York: Basic Books, 1975.
OFFER, D., OSTROV, E. and HOWARD, K.I., *The Adolescent: a Psychological Self-portrait*. New York: Basic Books, 1981.
PERCHERON, A., La socialisation politique des enfants. *Education et Développement*. 1978, n° 127, 12-23.
PERCHERON, A., *Les 10-16 ans et la politique*. Paris: Fondation Nationale des Sciences Politiques, 1978.

PESKIN, H., Puberty onset and ego functioning: a psychoanalytic approach. *Journal of Abnormal Psychology,* 1967, 72, 1-15.
PETERSEN, A.C. and TAYLOR, B., The biological approach to adolescence. In J. ADELSON (Ed.), *Handbook of Adolescent Psychology.* New York: Wiley, 1980.
PIAGET, J., *Le Jugement Moral chez l'Enfant.* Paris: Presses Universitaires de France, 1932.
PIAGET, J., Intellectual evolution from adolescence to adulthood. *Human Development,* 1972, 15, 1-12.
PIATTELLI-PALMARINI, M., Puberté et adolescence comme phénomènes d'interférence entre nature et culture. In E. MORIN et M. PIATTELLI-PALMARINI (Eds.), *Pour une Anthropologie Fondamentale,* Paris: Seuil, 1974.
PODD, M.H., Ego Identity status and morality. *Developmental Psychology,* 1972, 6, 497-507.
POUILLON, J., Une petite différence? Discussion. In B. BETTELHEIM, *Les Blessures Symboliques.* Paris: Gallimard, 1971.
PRIEUR, N. et VINCENT, M., Parents et adolescents dans un monde en changement. *Revue de Neuropsychiatrie Infantile,* 1978, 26, 12, 709-717.
PRISUTA, R.H., The role of televised sports in the socialization of political values of adolescents. Unpublished doctoral dissertation, 1978.
RENAULT, J., *Nos Adolescents.* Paris: Letheilleux, 1936.
RICE, P., *The Adolescent: Development, Relationships and Culture.* Boston: Allyn and Bacon, 1975.
RIOUX-MARQUIS, L., L'école secondaire face au développement de l'adolescent: l'émergence de la puberté. Mémoire de maîtrise inédit, Université de Montréal, 1977.
ROAZEN, P., *Erik H. Erikson, the Power and Limits of a Vision.* New York: Free Press, 1976.
ROBERT, M., *La Révolution Psychanalytique.* Paris: Payot, 1964.
ROBERT, Ph. et LASCOUMES, P., *Les Bandes d'Adolescents.* Paris: Editions Ouvrières, 1974.
ROHEIM, G., *Psychanalyse et Anthropologie.* Paris: Gallimard, 1967.
ROSEN, B.M., BAHN, A.K., SHELLOW, R. and BOWER, E.M., Adolescent patients served in outpatient psychiatric clinics. *American Journal of Public Health,* 1965, 55, 1563-1577.
ROSENBAUM, M.B., The changing body image of the adolescent girl. In M. SUGAR (Ed.), *Female Adolescent Development.* New York: Brunner-Mazel, 1979.
ROSENBERG, M., *Society and the Adolescent Self-image.* New Jersey: Princeton University Press, 1965.
ROSZAK, Th., *Vers une Contre-Culture.* Paris: Stock, 1972.
RUTTER, M., *Changing Youth in a Changing Society.* Cambridge: Harvard University Press, 1980.
RUTTER, M., GRAHAM, P., CHADWICK, O. and YULE, M. Adolescent turmoil: fact or fiction. *Child Psychology and Psychiatry,* 1976, 17, 35-56.
SAGHIR, M.T. and ROBINS, E.R. Male and female homosexuality: natural history. *Comparative Psychiatry,* 1971, 12, 503-510.
SAUVY, A., *La Révolte des Jeunes.* Paris: Calman-Lévy, 1970.
SCHMIDT, G. and SIGUSCH, V. Changes in sexual behavior among young males and females between 1960-1970. *Archives of Sexual Behavior,* 1972, 2, 27-45.
SCHOFIELD, M., *The Sexual Behavior of the Young People.* London: Green and Co., 1965.
SHAH, F. and ZELNIK, M., Sexuality in adolescence. In B. WOLMAN, and

J. MONEY (Eds.), *Handbook of Human Sexuality*. New Jersey: Prentice Hall, 1980.
SHIRCKS, A. et LAROCHE, J.-L., Etude des opérations intellectuelles chez les adultes de la promotion supérieure du travail. *Le Travail Humain*, 1970, 33, 1-2, 99-112.
SHORTER, E., *Naissance de la Famille Moderne*. Paris: Seuil, 1977.
SIMONS, R., G. and ROSENBERG, F., Sex, sex-roles and self-image. *Journal of Youth and Adolescence.*, 1975, Vol. 4, n° 3, 229-258.
SINDZINGRE, N., Le plus et le moins: à propos d'excision. *Cahiers d'Etudes Africaines*, 1977, Vol. 17, 1er cahier, 65-75.
SMITH, D.M., Social class differences in adult attitudes to youth. *Journal of Adolescence*, 1978, 1, 147-154.
SORENSEN, R.C., *Adolescent Sexuality in Contemporary America*. New York: Word Publishing, 1973.
SROLE, L., LANGNER, T.S., MICHAEL, S.T., OPLER, M.K. and RENNIE, T.A., *Mental Health in the Metropolis: the Midtown Manhattan Study*. New York: McGraw-Hill, 1962.
STONE, L. and CHURCH, J., *Childhood and Adolescence*. New York: Random House, 1973.
SURBLED, (Dr.), *La Vie de la Jeune Fille*. Paris: A. Maloine, s.d.
TANNER, J.M., *Growth at Adolescence*. Oxford: Blackwell Scientific Publication, 1962.
TANNER, J.M., *Foetus into Man*. London: Open Books, 1978.
TAP, P., *Identité Individuelle et Personnalisation*. Paris: Privat, 1980.
TAP, P., Etude différentielle de la représentation des qualités paternelles à l'adolescence. *Enfance*, 1971, n° 3, 249-289.
TAP, P., La représentation des qualités maternelles à l'adolescence. *Enfance*, 1977, n° 2-4, 123-140.
TOME, H.R., *Le Moi et l'Autre dans la Conscience de l'Adolescent*. Neuchâtel: Delachaux et Nieslé, 1972.
TOME, H.R. et BARIAUD, F., La structure de l'identité à l'adolescence. In P. TAP (Ed.), *Identité Individuelle et Personnalisation*. Paris: Privat, 1980.
TOMLINSON-KEASEY, C., Formal operations in females from eleven to fifty-four years of age. *Developmental Psychology*, 1972, 6, 364.
TOTH, T., *La Chaste Adolescence*. Paris-Tournai: Casterman, 1936.
TRASHER, F., *The Gang*. Chicago: The University Press, 1927.
Université de Montréal, Rapport Annuel, 1980-81. Montréal: Publications de l'Université de Montréal, 1981.
VAN GENNEP, A., *Les Rites de Passage*. Paris: Emile Noury, 1909.
VERNER, A.M., STEWART, C.S. and HAGER, D.L., The sexual behavior of adolescents in Middle America. *Journal of Marriage and the Family*, 1972, 34, 696-705.
VERNER, A.M. and STEWART, C.S. Adolescent sexual behavior in Middle America revisited: 1970-1973. *Journal of Marriage and the Family*, 1974, 36, 728-735.
WALLON, H., Le rôle de l'autre dans la conscience du moi. *Enfance*, 1959, 3-4, 279-286.
WATERMAN, A.S., The relationship between freshman ego identity status and subsequent academic behavior. *Developmental Psychology*, 1972, 6, 1, 179.
WEINER, I.B., *Psychological Disturbance in Adolescence*. New York: Wiley, 1970.
WEINER, I.B. Psychopathology in Adolescence. In J. ADELSON (Ed.), *Handbook of Adolescent Psychology*. New York: Wiley, 1980.
WHITING, J.W., KLUCKHOHN, R.C. and ANTHONY, A., La fonction des céré-

monies d'initiation des mâles à la puberté. In A. LEVY (ed.), *Psychologie Sociale*. Paris: Dunod: 1968 (Ed. angl.: 1951).

WITELSON, S.F. Sex and the single hemisphere: specialization of the right hemisphere for spatial processing. *Science*, 1970, 193, 425-427.

YOUNG, F.W. The function of male initiation ceremonies: a cross-cultural test of alternative hypothesis. *The American Journal of Sociology*, 1962, 67, n° 4, 379-396.

ZAVALLONI, M. et LOUIS-GUERIN, Ch., *Identité Sociale et Construction de la Réalité: Images, Pensées et Action dans la Vie Quotidienne*. Paris: Cordes. (Miméo), 1977.

ZAZZO, B., *La Psychologie Différentielle des Adolescent*. Paris: Presses Universitaires de France, 1966.

ZAZZO, B., Les adolescents d'aujourd'hui vus par les adultes. Post Scriptum. *La Psychologie Différentielle des Adolescents*. Réédition. Paris: Presses Universitaires de France, 1972.

Table des matières

Remerciements 5

Préface 7

CHAPITRE I. L'ADOLESCENCE DANS UNE PERSPECTIVE HISTORIQUE 11

1. Les étapes de la vie et la recherche historique 13
2. L'adolescence, le temps historique et le changement social 15
3. L'évolution des institutions de la jeunesse 19
   - A. L'école secondaire 19
   - B. L'école des filles 21
   - C. L'école secondaire contemporaine 21
   - D. Les organismes et les mouvements de jeunesse 22
4. L'histoire de l'étude de l'adolescence aux Etats-Unis 24
   - A. Stanley Hall 24
   - B. De 1940 à 1970: de la ségrégation à la culture adolescente 26
   - C. Et aujourd'hui? 28
5. L'histoire de l'étude de l'adolescence en Europe 30
   - A. Pierre Mandousse 31
   - B. Maurice Debesse 32
   - C. La psychologie de l'adolescence contemporaine 33

CHAPITRE II. L'ADOLESCENCE DANS UNE PERSPECTIVE ANTHROPOLOGIQUE 35

1. L'apport de l'anthropologie culturelle 35
2. Les rites d'initiation 38

A. Les fonctions psychologiques des rites d'initiation chez les garçons ... 39
   a) la maîtrise des émotions disruptives à l'adolescence 39
   b) l'attribution de l'identité sexuelle 40
   c) la résolution des désirs bisexuels 41
B. Les fonctions sociales des rites d'initiation 42
C. Les rites d'initiation chez les filles 43

3. Les rites d'initiation et la signification de l'adolescence dans notre culture   46

CHAPITRE III. L'ADOLESCENCE DANS LE CYCLE DE LA VIE: DEFINITION, DUREE ET PROBLEMATIQUE 51

1. La durée de l'adolescence dans le cycle de la vie 51
   A. La durée de l'adolescence: perspectives psychologiques 52
   B. La fin de l'adolescence: perspectives psychanalytiques 53
   C. L'adolescence et la jeunesse: perspectives sociologiques 54

2. L'adolescence comme période de développement 55
   A. Les zones de développement et les principales tâches développementales à l'adolescence 56
   B. Un schéma du développement à l'adolescence 57

3. La crise adolescente 59
   A. La psychanalyse et la crise juvénile 60
   B. Les recherches empiriques sur la «crise adolescente» 62
   C. Les recherches épidémiologiques sur la psychopathologie adolescente . 66
   D. Conclusion: la crise adolescente, un concept sans fondements 68

4. Quelques problèmes particuliers de la recherche sur l'adolescence 69

CHAPITRE IV. LA PUBERTE ET LE DEVELOPPEMENT DE LA SEXUALITE A L'ADOLESCENCE 73

1. Les transformations physiques de la puberté 74
   A. L'endocrinologie pubertaire 74
   B. Les modifications de la morphologie 76
   C. Le développement du système de reproduction et des caractéristiques sexuelles 77
   D. Les différences individuelles 80
   E. La tendance séculaire 81

2. Les implications psychologiques de la croissance pubertaire 84
   A. L'image corporelle 84
   B. La maturité sexuelle précoce ou tardive 86
   C. La conformité sexuelle subjective 87

3. Les comportements et les attitudes sexuels des adolescents 89
   A. Les attitudes sexuelles 89
   B. Les comportements sexuels des adolescents 90
      a) considérations méthodologiques 90
      b) les principales enquêtes sur les comportements sexuels des adolescents 91
      c) la masturbation 92
      d) les comportements hétérosexuels 94

e) les pratiques contraceptives 99
f) l'homosexualité 99
4. La signification de la sexualité à l'adolescence 100

CHAPITRE V. LE DEVELOPPEMENT COGNITIF: L'ACCES A LA PENSEE FORMELLE, LES CAPACITES INTELLECTUELLES, LE JUGEMENT MORAL ET LES IDEOLOGIES 103

1. Le développement de la pensée formelle à l'adolescence 104
   A. L'accès à la pensée hypothético-déductive 105
   B. La structure combinatoire 106
   C. La maîtrise de la réversibilité: le groupe I.N.R.C. 108
   D. Le problème de la généralisation de la pensée formelle à l'adolescence .. 109
   E. L'accès à la pensée formelle: l'effet de l'expérience scolaire 111
   F. Le rôle du sexe sur le développement cognitif à l'adolescence 112
   G. La pensée formelle et la problématique de l'adolescence 114

2. L'évaluation de l'intelligence à l'adolescence 115
   A. La stabilité du Q.I. 115
   B. Origine sociale et développement intellectuel 117

3. Le développement du jugement moral à l'adolescence 119

4. L'accès aux idéologies politiques 124
   A. Les agents de socialisation politique à l'adolescence 125
   B. L'évolution de la pensée politique à l'adolescence 128

CHAPITRE VI. LE DEVELOPPEMENT DE LA SOCIALISATION: LES RELATIONS FAMILIALES, LES ROLES SEXUELS ET LES AMITIES .. 131

1. Les relations familiales 131
   A. L'émancipation de la tutelle parentale 131
   B. L'accès à l'autonomie comportementale 133
   C. L'accès à l'autonomie affective 135
   D. La représentation des images parentales par les adolescents 138
   E. Les modèles parentaux et le développement de la socialisation 140
   F. La représentation de l'adolescence par les adultes 142
   G. Conclusion 144

2. Les rôles sexuels à l'adolescence 146
   A. L'identité de genre 147
   B. Les rôles sexuels 148
   C. L'identité sexuelle 150

3. Le groupe des pairs 150
   A. Le groupe des pairs et les comportements asociaux 151
   B. L'évolution des groupes et des amitiés en fonction de l'âge et du sexe . 153
   C. L'évolution de la structure du groupe des pairs 154
   D. La référence aux pairs ou aux parents: distance ou proximité des générations 156
   E. Conclusion: les fonctions du groupe des pairs 157

CHAPITRE VII. LA GENESE DE L'IDENTITE A L'ADOLESCENCE ...   159

1. Eric Erikson et la théorie de l'identité à l'adolescence   161
   A. Le concept d'identité   162
   B. La conception du moi chez Erikson   162
   C. L'origine et le développement du concept d'identité   164
      a) Eric Erikson   164
      b) les travaux cliniques auprès de militaires   165
      c) les recherches anthropologiques auprès des Indiens   165
   D. Le modèle du développement et la genèse de l'identité   167
   E. L'anatomie du concept d'identité à l'adolescence   168
   F. Diffusion et confusion d'identité   172
   G. La genèse de l'identité du moi   172
   H. Les limites de la vision d'Erikson   173

2. L'évaluation de l'identité à l'adolescence: les travaux de Marcia   175
   A. La définition de l'identité   176
   B. Méthodologie   177
   C. Validation de la technique d'évaluation des statuts d'identité   178
   D. La mesure de l'identité auprès des filles   180

3. Le développement de la structure de l'identité à l'adolescence   180
   A. Le moi et autrui dans l'identité adolescente   181
      a) méthodologie   181
      b) résultats   182
   B. La différenciation de la structure de l'identité   183

4. Le moi idéal de l'adolescent   184

5. Conclusion: les problèmes de la mesure de l'identité à l'adolescence   185

Conclusions   187

Bibliographie   195

Table des matières   205